中國学術思想 研究輯刊

二五編

林慶彰 主編

第12冊

港臺新儒家之道家觀研究
——以唐君毅、牟宗三、徐復觀爲中心

汪頻高 著

花木蘭文化出版社

國家圖書館出版品預行編目資料

港臺新儒家之道家觀研究——以唐君毅、牟宗三、徐復觀為中心
／汪頻高 著 -- 初版 -- 新北市：花木蘭文化出版社，2017
〔民 106〕
序 10+ 目 4+172 面；19×26 公分
（中國學術思想研究輯刊 二五編：第 12 冊）
ISBN 978-986-404-923-3（精裝）
1. 儒學 2. 道家
030.8   106000998

ISBN-978-986-404-923-3

9 789864 049233

中國學術思想研究輯刊
二五編　第十二冊　　　　　　　ISBN：978-986-404-923-3

港臺新儒家之道家觀研究
──以唐君毅、牟宗三、徐復觀爲中心

作　　者　汪頻高
主　　編　林慶彰
總 編 輯　杜潔祥
副總編輯　楊嘉樂
編　　輯　許郁翎、王筑　美術編輯　陳逸婷
出　　版　花木蘭文化出版社
社　　長　高小娟
聯絡地址　235 新北市中和區中安街七二號十三樓
　　　　　電話：02-2923-1455 ／傳眞：02-2923-1452
網　　址　http://www.huamulan.tw 信箱 hml 810518@gmail.com
印　　刷　普羅文化出版廣告事業
封面設計　劉開工作室
初　　版　2017 年 3 月
全書字數　153805 字
定　　價　二五編 20 冊（精裝）新台幣 38,000 元

港臺新儒家之道家觀研究
——以唐君毅、牟宗三、徐復觀爲中心

汪頻高　著

作者簡介

汪頻高（1969～），男，湖北崇陽人，早年修習金融，供職於中國建設銀行；工作近十年後，難忘學生時代理想主義情懷，厭倦銀行工作生活方式，毅然去職向學，負笈西北，入蘭州大學攻讀哲學碩士學位，研究方向為中西哲學比較；2003 年返回武漢，應聘入職江漢大學，得一枝之棲。後又考取武漢大學，攻讀哲學博士學位，研究方向為道家哲學；目前以中國哲學博士的身份供職於《江漢學術》編輯部。

提 要

本書對唐君毅、牟宗三、徐復觀這三位港臺新儒家代表人物各自的道家觀進行了較為全面、系統的研究。如對於唐君毅，從他論老子言道之六義及其貫釋，論道家思想之流變，到晚年心通九境論對道家思想的涵攝，都做了比較充分的探討；對於牟宗三，從他以主觀的、實踐的、境界形態的形上學來簡別道家之道，到他《才性與玄理》對先秦道家玄理的弘揚，從他對人物品鑒包括名士氣、英雄氣、聖賢氣象、水滸漢子氣的深入研究即所謂從品鑒之人學到全幅人性了悟之學問，到晚年共法說的提出及其意義，都有比較系統的討論；對於徐復觀，則從其《中國人性論史》之論老、莊，到《中國藝術精神》中的莊子觀及其儒道會通觀，都有比較全面的研究。

在對唐、牟、徐三人分別研究的基礎上，本書對三人的道家觀也做了比較研究，除了分別以「求心之善」、「求理之真」、「求生之美」來簡別和表徵三人為人為學之不同的風格外，本書還對唐、牟、徐三人作為港臺新儒家體現出來的一些群體性特徵做了分析和總結。

最後，在上述研究的基礎上，本文嘗試對道家精神的現代意義做了一些探討，並對唐、牟、徐之道家觀的貢獻及歷史局限性做了一些反思。

序一

徐水生

　　晚清以來，隨著國外列強的入侵以及清帝國自身的衰敗，國家、民族和中華傳統文明遭受了前所未有的衝擊和巨變，其中尤以文明的衝擊為最甚。自上古之始，處於中原的中華文明就先進於周邊的少數民族文化，是以當時華族的人以本民族文化為驕傲，故孟子說「吾聞用夏變夷者，未聞變於夷者也」（《滕文公上》）。在晚清以前，這種文化自信與自豪一直得以保持，儘管外族曾多次入侵中國，乃至入主中原。而事實上，中華文明也確曾長期在世界文明中處於領先地位，並廣泛影響了周邊國家。簡言之，近代以前國人從未對中華文明有過動搖、疑惑之心。然而這一點在近代西方列強的軍事入侵和文化衝擊下，逐漸發生了轉變，而在新文化運動中達至一個高峰。當時，一些極端的知識分子打著救亡圖存的旗號，猛烈地批判傳統文化，甚至於認為傳統文化是中國落後的罪魁禍首，必須將其連根剷除，全心擁抱西方文明，才是唯一出路。這種偏執的主張，缺乏深度的理性根據，遠離社會現實，不僅現在看來十分荒唐，即使在當時也沒能得以實現。但是，完全可以把它們看作是中國傳統文化自晚清以來逐漸衰落的一種反面的、激烈的、誇張的反映。這種衰敗與失勢並沒有因為新文化運動的結束而終止，而是貫穿了整個二十世紀，在一定意義上講甚至可以說是延續至今。

　　然而在此邊緣化和命運多舛的大形勢下，仍有一些對中國傳統文化知之深、愛之篤的人，本著鮮明的民族文化意識，面對西方文明的衝擊和挑戰，深刻反思傳統，力圖在繼承其核心價值和精神的基礎上，涵納西方文明之長，以開出新的局面。這其中最典型、最重要的，非現代新儒家莫屬了。一般來說，自民國初年至今，現代新儒家可以被分為三代。第一代的中心人物是熊

十力先生。熊先生具有強烈的中華文化意識，以「斯文在茲」爲念，對儒家所闡釋的大易生生之道、心性之說有眞切體悟，對傳統哲學「體用一源，顯微無間」（伊川）之義有深刻認識，在繼承這些要義的基礎上，批判地吸收佛教思想，並對相應的西方宗教、哲學思想加以衡定，創造了儒家特徵非常顯著的「新唯識論」哲學體系。這可以視作是立足中國傳統哲學對西方哲學和科學所作的創造性的、現代性的回應，爲中國傳統哲學在新時代的發展奠定了基礎。現代新儒家第二代的中心人物是熊先生的弟子唐君毅、牟宗三和徐復觀。因在大陸解放後，他們都生活於港臺，其最具原創性和影響力的作品也大都產生於其港臺生活時期，故也被學界稱作港臺新儒家。唐君毅先生，牟宗三先生評價爲本時代「文化意識宇宙巨人」（其實，現代新儒家的學者都無愧於此稱號），是說唐先生是用全副生命，並且在踐行中繼承和弘揚中國傳統文化。唐先生通過一系列皇皇大著全面梳理了中國傳統哲學，並努力衡定人類全部的哲學、宗教、科學等思想在心靈世界中的地位，最後歸宗於儒家哲學。牟宗三先生哲學思辨力和識見強勁而深刻，他對西方哲學做了眞切的瞭解，獨立完成康德三大批判的翻譯，對中國儒釋道思想做了令人信服和歎爲觀止的理論闡釋與梳理，這使他能夠清楚地看到中西哲學的短長，一方面，指出儒家的道德的形上學與康德論實踐理性在義理上是相通的，一方面又指出康德哲學要吸納中國哲學的智慧，承認人具有「智的直覺」，百尺竿頭更進一步。他承認西方哲學對人類認識心的深入探索，以及在邏輯、數學和科學上的相應成就，這是西方哲學之長，也是儒家哲學之短。儒家哲學要正視此缺陷，但並不是要丟棄其道德的形上學和「智的直覺」（本心、良知）之長，而是通過「良知坎陷」，突顯認識心，進而開出科學與民主，以實現中國傳統文化的現代化。牟先生對於東西哲學的體認和見識都是非常深刻的，通過其出類拔萃的哲學天賦和終身不懈的追求，他爲會通中西哲學、推進儒家義理實質性發展和傳統文化的現代化提供了一套基本的理論框架。徐復觀先生雖然中年過後才開始做學問，但他本有深厚的古典學功底。他矢志發掘中國文化的永恆價值和世界意義，持續不斷地努力，創作出了諸如《中國人性論史》《中國藝術精神》《兩漢思想史》等不朽傑作，把中國文化中道德心性、自由精神（藝術精神）對於人類精神生活的普遍價值揭示出來。徐先生也是一位反專制的自由民主鬥士，他撰寫了大量犀利的雜文，一邊豁顯中國傳統文化本有的民主精神，一邊猛烈抨擊當世的黑暗專制政治，乃至於社會上的不正

義現象。他從自己的獨特體驗和視角，爲中國傳統文化的價值和新生做出了貢獻。三位先生繼承前輩新儒家的精神與事業，以其更完備的知識結構、更廣闊的文化視野和理論視野，對中國哲學和文化的現代化作出了卓越的、典範性的貢獻。他們吸引了許多青年人的追慕，也因此培養了一批優秀的學生，被視爲現代新儒家的第三代，其代表人物有杜維明、劉述先等。

現代新儒家的理論學說體現了中國哲學和文化發展的時代新水平，是任何從事這方面研究的人所不可繞過，也無法繞過的。學界對現代新儒家的研究開始地很早，至今仍然是熱點之一，並且積累了數量不小的成果。但這些研究成果也存在多方面的缺陷和不足，其中一個明顯的短板是對其道家詮釋和探索的研究。比較而言，這方面的研究數量少，並且缺乏系統性，是一個令人遺憾的、不該出現的狀況。眾所周知，道家是中國文化中一大流派，起源早，思想內涵豐富，發展過程複雜，跟其他學說如儒釋二家在歷史上有著較深的相互影響，相互滲透，對於塑造國人精神世界和現實世界的作用是巨大的。是以，中國哲學和文化的現代化與創造性轉化，離不開對道家資源的汲取。現代新儒家的許多理論創獲都經歷了對道家思想資源加以反思、評判和吸收的過程，如唐君毅先生在心靈九境論中對莊子思想的反思與定位，牟宗三先生斷定道家是境界形態的形而上學與肯定其作用層「無」的哲學價值，徐復觀先生解釋莊子精神是藝術精神等等。換言之，對道家思想深入研究和借鑒，本就是現代新儒家理論建構的有機部分，無法剝離。因此，對現代新儒家道家思想詮釋和探索方面研究的缺陷是不該出現、並亟需彌補的問題。

汪頻高博士的《港臺新儒家之道家觀研究》正是一本彌補上述不足的、令人見之可喜的力作。該書以現代新儒家最具代表性的第二代核心人物唐、牟、徐爲中心，系統地論述他們對道家思想的詮釋和探索，分析入微，比較見要，衡論有識，對於推進相關專題研究，貢獻良多。擇其大端而言，該書有以下顯著的特色。

首先，對每位人物思想的分析細膩而合理，論述層次清晰。以某個主題爲線索的系統性論述，必須建立在各單元清晰分論的堅實基礎上，然而就本書的主題而言，若想很好地做到此點殊爲不易。三位大家著作宏富，思想複雜，前後變化也不少，所以清晰合理地展示其道家觀是爲難事。然而該書在分論時，既抓住了每位的特徵性的思想要旨，又合理地展示了其結構，使論述點線面有機結合，極爲清晰。舉例而言，如論述唐君毅的道家觀，既有對

唐先生論老子之道的具體要義分析（可謂之點的展示），又有對唐先生論道家思想流變的討論（可謂之線的展示），這樣就把唐先生的道家觀立體地描畫出來了。然對唐先生道家觀的論述，不限於此，作者並結合唐先生「不在立言，而在成教」的根本性理論追求，以及其心靈九境論對道家境界的定位，概括唐先生道家研究的總體風貌爲「求心之爲善」，這是將唐先生的道家觀置於其思想系統中加以把握（可謂之面的展示）。因此，唐先生的道家觀在作者的精心安排下和精確論斷下，就獲得了格外明晰的展示。對牟先生道家觀的展示也是如此，既有總論牟先生道家爲境界形態的形上學觀點的內容，也有分別論述牟先生對具體道家人物和思想看法的內容。總之，作者對每位人物思想的分析細膩而合理，論述層次清晰，這是本書一個十分顯著的特點。

其次，論述時注重在三家間相互比較，既展示其共通之處，又突顯各自特色。主題性的研究，若比較的方法和由此而來的通論運用不佳，就不能深入和出彩。本書的作者顯然對此有著高度的方法論自覺，在論述的過程中，關鍵之處必作比較以見其同異，又對各個人物作畫龍點睛式的概括，讓本書的論述和論斷有深度、有高度。舉例而言，評論牟先生的道家觀之時，將其對道家爲境界形態形上學的專斷意味十足的觀點，與唐先生老子之道有六義和四層之說比較，充分顯示了牟先生學問在義理上的「強勢」。這個比較，既顯示了二家理論思維的不同，又能啓發讀者作進一步的思考。再如，在總結唐先生道家觀之時，作者不忘提及牟先生對唐先生的主要思想觀點在三十歲就穩定下來了的評說，並引用唐先生自己的說法來作爲回應，通過這個比較作者清楚地爲我們展示了唐先生求全體哲學義理之通和重在立教的學問特徵，而這個特徵顯然便於更加深刻地瞭解其道家觀。再如，對徐復觀道家觀的評析，恰是在與唐、牟二先生的特點的比較中加以鋪陳的，這更是一種十分巧妙的論述方法。

再次，本書的一些研究結論精闢、深刻、啓人良多。本書中常常閃露出精彩見解的光芒，無論在具體細節性的觀點，還是高度概括性的結論方面皆是如此，這是作者思想成熟的自然流露。舉例而言，作者把唐、牟、徐三人的道家觀分別概括爲「求心之爲善」「求理之爲眞」「求生之爲美」，如此簡易（「乾以易知，坤以簡能」之「簡易」），而又比較準確，眞有一語道破之美感。再如，作者總結三家道家觀的一個共通之處是他們都很重視道家思想，看重道家思想對中國文化未來發展的意義，另外，「他們都持開放式的儒家觀，都

有世界性視野和時代發展觀，致力於傳統與現代的對接」，這無疑是直截了當地指出了他們這代新儒家的一個基本特點，就是認清了傳統文化必須進行現代轉化的內在性和外在性事實，而這種現代轉化必須在與古今中外的思想，尤其是現代文明的對話中進行。這一基本特點雖然十分清楚而爲人熟知，但作者是在對三家道家觀做了具體研究後得出的。這無疑會加深人們對此的認知。再如，素來存在爭議的牟先生所判定的道家是境界形態的形上學的觀點，作者對此提出了自己的看法：牟先生對道家如此大刀闊斧的簡約處理，其實是類似孟子道性善那種聳人聽聞的宣稱，其本質是一種理論創新，或者說是理論創新的一個關節點。這種新的見解頗能啓人深思。

當然，本書在一些具體問題上也存在繼續深化研究的空間，如，對當代大陸新儒家的界定，關於他們後續思想的發展及其對當代中國社會發展和思想變遷的作用，都有待進一步的觀察和分析；就港臺新儒家而言，唐君毅、牟宗三、徐復觀他們固然重要，但另一些重要的代表人物如錢穆、方東美、張君勱等也極具分量，並且不是唐、牟、徐就能代表得了的。和唐、牟、徐相比較，他們的思想會呈現出別樣的光輝和精彩！以後有機會的話，建議汪頻高博士把錢穆他們都擴充進來，那樣的話，研究範圍會更廣闊，研究內容更扎實，研究成果更厚重。

期待著汪頻高博士在中國哲學研究方面取得更大的成績！

是爲序。

（本序言作者徐水生先生爲武漢大學哲學學院教授，博士生導師。）

序二

汪清標

一、作者的二三事

我是本書作者汪頻高的二哥。在我們家六個兄弟姐妹中，汪頻高是最小的一個，我們那裏稱爲「老么」。印象中，他有這樣幾個突出的特點：

一是性子急。汪頻高自從上學後，別人都以爲他是慢性子，看他做起事來總是一副慢條斯理的樣子。其實，小時候，他是出了名的急性子，一言不合就放聲大哭，一哭起來，一口氣可以憋得很長，直至閉過氣去，人事不知。好在那時候村裏有個文爹爹是武林高手，懂得治病救人。每次汪頻高哭出問題，都是請文爹爹過來，他一上手推拿幾下就緩過來了。

二是記憶力好，有過目不忘的本事。小時候讀書的成績好就不說了。記得他經常和人下象棋，玩得興起時，他就背對棋盤，跟人下盲棋。即便這樣，好多人還不是他的對手。後來他在銀行工作時，多次參加象棋比賽，拿了幾個冠軍。至於單位內部比賽，更是難逢敵手。

三是具有獨特的洞察力。汪頻高大學學的是金融類的投資分析專業，因此對企業財務報表非常熟悉。前幾年我同時經營多個公司，但是我對財務這一塊，可以說是門外漢，我就請他看各個公司的財務報表，看他能不能找出些什麼問題。結果是，他只要瞭解一下公司的組織架構（人員情況）、經營流程（成本構成及銷售情況），再對照財務報表，馬上就能指出報表中哪些做得不好、企業大致盈虧情況、哪裏還有需要改善的地方，竟然與我自己的直觀判斷八九不離十！

二、我對汪頻高和他這本書的再認識

汪頻高本來在銀行工作好好的，在外人眼中，他就是端著「金飯碗」的，結果他辭職考研、去讀哲學了，讓別人眼鏡掉了一地……

我是事後才知道他辭職的，也是吃了一驚——我倒不是反對他辭職，當時大陸改革開放，發展機會很多，辭職我能理解，只是覺得讀哲學有什麼用呢？

一段時間以來，由於眾所周知的原因，「獨立之人格、自由之思想」在大陸早已蕩然無存，整個學術界集體道德淪喪、粉飾太平、甚至爲虎作倀，逐步淪爲專制和獨裁的奴婢！所以我一直認爲，在當下的中國，除了「實業救國」對推動社會進步、改善民生還能有一點作用外，其它的都是空談，在當今的體制下都是沒用的，所謂「百無一用是書生」。

還有一個原因，近年來，一些人迎合上意「以德治國」，打著「復興國學」的旗號，什麼東西都往「傳統文化」「國學智慧」的筐裏裝，好像現在中國的一切問題，都可以通過「國學」來解釋，也只有用「國學」才能得到解決。以至於人們一談到「國學」，就聯繫到招搖撞騙、沽名釣譽的江湖郎中的形象，一股酸腐的「書呆子」氣。

但是，當汪頻高把他寫的「港臺新儒家之道家觀研究」書稿給我看後，卻讓我有耳目一新的感覺。

該書全書共五章，第一章對現代新儒學與港臺新儒家的興起、發展與演變過程進行概論性的介紹與綜述。後面三章則分別探討了唐君毅、牟宗三、徐復觀的道家觀，並以唐君毅的求「心之爲善」、牟宗三的求「理之爲眞」、徐復觀的求「生之爲美」來總結各自道家觀的思想品格。第五章爲結語，對港臺新儒家的道家觀展開了較爲詳細的批評總結，並反省了新儒家的道家觀的理論貢獻及其思想局限。

我認爲，汪頻高的選題比較新穎，視角獨特，資料充分，有很強的說服力，也有相當的理論創新性。

一直以來，儒、道給人們的印象，如通俗來講就是：儒家重養性，道家重養生；儒家追求「入世」，道家追求「出世」；儒家主張「克己復禮」「內聖外王」，道家側重「超然自得」「清靜無爲」。所以，就中國傳統文化而言，儒學蔚爲主流，道家隱而不顯。以唐君毅、牟宗三、徐復觀爲代表的港臺新儒家，在重建現代新儒學的過程中，不是揚儒抑道，而是在堅守儒家立場的同

時，重視儒道會通，主張攝道歸儒，把道家作爲傳統文化的重要思想資源，從正面肯定道家思想的價值與意義。

三、我的一點建議和期望

新儒學作爲當今傳統文化研究的顯學，如何才能得到國際社會、國際學術界的認同、進入國際學術界的主流？答案應該是：新儒家（研究者）必須具有廣闊的學術視野，才能提升中國人的文化地位，提升中國學者的學術地位。

我認爲，冷戰之後，整個世界正在走向一種新的文明整合，正如塞繆爾‧亨廷頓在《文明的衝突》一書中指出的那樣，現在是世界幾大文明的主流價值正面的遇合和交融，其中最有希望的趨勢，是儒家爲主軸的中國傳統文化與西方基督教文明之間的對話。中國文化與西方文化都有普世主義的性格，也就是我們常說的「人同此心、心同此理」，對基本價值有很多共識。儒家的「道」，講的就是承認人類共通的價值和人類尊嚴，一旦中國文化回到主流之「道」，中國與西方對抗的大問題也將終結！

果如此，則中國幸甚，世界幸甚！

（本序言作者汪清標先生乃本書作者汪頻高的胞兄，廣東地區知名企業家。）

目
次

引 言

近三十年來，關於港臺新儒家的研究無疑是一個相當熱門的課題，也已取得十分豐碩的成果。這不僅表現在發表或出版的研究論著質高量豐，研究隊伍不斷壯大，而且表現在社會影響日益深廣，在促進國人重視我們自己的民族文化傳統、培養一種「溫情和敬意」方面，取得了不小的成效。尤其是近些年來，在中華民族全面復興的形勢感召下，隨著民族文化自覺意識的復蘇和文化主體性的高揚，已經出現了一種「尊孔崇儒」的社會思潮，令人矚目。可以說，新儒家思潮在大陸社會影響力已經今非昔比。現在中國大陸，無論民間還是官方活動，在討論中國社會發展的現狀和未來的場合，往往都能看到新儒家的身影，聽到新儒家的聲音。新儒家的觀點已經受到中國社會的普遍重視和尊重。無論以樂觀還是悲觀的態度看，在當前中國社會思潮中，新儒家的思想和影響都不可忽視。正是在這樣的背景下，我們說，大陸學界對港臺新儒家的研究已經進入新的階段，研究目的、方式、內容都有了一些明顯的轉變。從最開始對港臺新儒家代表人物基本觀點、思想體系的學習、瞭解，到全面深入的探究和多層次的反思、考察；從專人、專題的研究、詮釋，到整體、全面的解析和超越，這都是必然的趨勢。

研究港臺新儒家的道家觀，正是順應這一趨勢而作的努力和嘗試。港臺新儒家在特殊的時代背景和文化環境下，以一種「儒門淡泊」、「花果飄零」的特殊情懷慘淡經營，為中國哲學的重建作出了艱苦卓絕的努力，取得了令人矚目的成果。他們是新儒家，但在他們的學思過程中，道家思想同樣是他們重視的對象。研究他們的道家觀，反思他們各有特色的體系和理路，探討他們的哲學會通觀，有助於我們更深入地瞭解他們的思想本質，瞭解他們是如何處理我們民族文化傳統內部的儒道關係，如何通過哲學會通解決中西文化問題。

　　單從道家思想方面看，作爲我們源遠流長的傳統文化中的三大主要精神遺產和思想資源之一，對我們中國社會發展變遷、對我們民族深層文化性格都有重要的影響，道家思想也一直受到人們的重視。但從客觀上講，正如一些論者所指出，人們對道家研究尙顯不夠。在當前全球化的時代背景下，反思我們的傳統文化和思想資源，重建中國哲學，道家這一寶貴的精神遺產和思想資源理應發揮更大的作用。道家思想的重要性確實有待重新衡量，特別是在現代社會中，傳統的道家思想、道家之精神能爲我們提供什麼樣的幫助，究竟有何種價值意義？這確實值得我們去認眞探究。

　　中國文化中一直有求會通之傳統。在前人看來，哲學本來就是求通之學，從《易傳》包羅萬象，到魏晉玄學中王弼之會通孔老，從隋唐三教融合之趨勢、佛教中的判教，到宋明理學之綜合創新，歷來如此。如象山所言：「東聖西聖，心同理同。」（《陸九淵集》卷三十六《年譜》）荀子也有言：「倫類不通，仁義不一，不足謂善學。學也者，固學一之也。」「全之盡之，然後學者也。君子知夫不全不粹之不足以爲美也，故誦數以貫之，思索以通之，爲其人以處之。」（《勸學》）求通求一，實質就是義理進步和創新。哲學的眞正難處在此，哲學的眞正魅力亦在於此。

　　港臺新儒家是我們民族傳統文化的體認者、熱愛者和守護者，他們的代表人物尤其是牟宗三、唐君毅、徐復觀等重鎮，無一不是融合儒釋道、會通印中西的大家。之所以說他們的哲學成就能代表中國傳統哲學在當代發展的新水平，就因爲他們建構的哲學體系中有創新，更直接地說，就在於他們的哲學會通。

　　基於上述考慮，我選擇了「港臺新儒家之道家觀研究」作爲我博士階段的研究課題，並且以爲，這項研究是有意義的嘗試。

　　和儒家思想一樣，道家思想作爲中國本土原創性精神遺產和思想資源，當然受到港臺新儒家的重視與關注。以唐君毅、牟宗三、徐復觀爲代表的港臺新儒家，在研究和護持中國傳統文化的同時，對道家思想同樣有深入的討論和研究。而他們對道家的看法，即他們的道家觀，就表現在他們對道家思想的討論和闡釋之中。

　　隨著對港臺新儒家思想研究的深入，港臺新儒家學者們對道家思想的看法和闡釋也逐漸進入研究者的視野。一般地研究港臺新儒家的成果、專著已經很多了，其中部份通論新儒家的研究專著也可能涉及新儒家對道家的看

法，但往往隱含在新儒家其它觀點表述之中。若純就新儒家之道家觀之研究而言，就筆者檢視所見，這方面的主要研究成果並不多。這裡本文選擇其中較有學術價值、有代表性的文章簡要綜述如下：

大陸方面，早期有學者黃海德的論文《現代新儒家與傳統道家哲學：唐君毅對老、莊哲學思想的研究與涵攝》（見於《四川師範學院學報：哲社版》，1992 年第 4 期，後被收入方克立、李錦全主編《現代新儒學研究論集：二》，北京：中國社會科學出版社，1991）；朱哲的論文《唐、牟、徐道家思想比觀》（見於《雲南社會科學》，1995 年第 5 期）；單波的論文《心通九境：唐君毅與道家思想》（http://blog.sina.com.cn/s/blog_a6eb92f00101eh08.html）；鄧文金的論文《徐復觀道家觀探析》（見於《漳州師範學院學報（哲社版）》，2008 年第 4 期）；等等。這些文章都對港臺新儒家學者的道家觀做了探討，或對單一對象，或對多個對象，都有自己認真學習、思考的心得，或多或少都有有價值的研究成果。但因為屬於早期開拓性研究，在資料的佔有方面可能還不夠全面，在對文本的解讀、對港臺新儒家總體思想精神的消化方面也可能還比較倉促。隨著大陸學界對港臺新儒家研究的深入，近期陸續面世的一些相關研究成果越來越有價值。他們佔有材料更豐富，研究視野更開闊，問題意識更強烈，對研究對象的把握更準確，討論更具體、深入，相關研究成果也就顯得更為厚重。相關論文如白欲曉《「哲學名理」與「教下名理」：對牟宗三道家義理定位的論衡》（見《中國哲學史》，2014 年第 1 期），陸暢《「境界形態形上學」的開展：試論牟宗三對道家哲學重要概念的梳理》（見《商丘師範學院學報》，2014 年第 7 期）等，具體關注牟宗三對於道家義理的「境界形態」定位，對其背後的深層考量及牟宗三獨特的詮釋理路做了較為深入的探討。

港臺方面，袁保新的專著《老子哲學之詮釋與重建》一書（臺北：文津出版社，1995）在討論對老子哲學的各種詮釋理路時，對牟宗三關於老子之道的「境界形態」定位也有相應的評析，並提出自己的詮釋，以作為對牟宗三做法的修正。吳汝鈞的論文集《老莊哲學的現代析論》（臺北：文津出版社，1998）中有兩篇論文專論唐君毅、牟宗三對老子之道的看法：一篇是《牟宗三先生對老子的道的理解：主觀的實踐境界》，另一篇是《唐君毅先生對老子的道的詮釋：六義貫釋與四層陞進》。劉笑敢的論文《「反向格義」與中國哲學研究的困境：以老子之道的詮釋為例》（見於《南京大學學報》：哲社版，

2006 年第 2 期）對牟宗三以「境界形態」簡別老子之道的做法也有相關討論，但該文主要是討論中國傳統哲學的現代詮釋方法，關注的是接引西學背景下中國哲學研究及自身學科建設的方法論問題。杜保瑞則有一系列的論文，討論唐君毅、牟宗三的哲學思想，尤其對於牟宗三關於道家「境界形態」之定位，明確提出了質疑。他以系列論文《對牟宗三道家詮釋的方法論反省》《對牟宗三由道家詮釋而建構儒學的方法論反思》《從〈四因說演講錄〉和〈圓善論〉論牟宗三先生的道家詮釋》（見「杜保瑞的中國哲學教室」網站：http://homepage.ntu.edu.tw/~duhbauruei/），分別對應於牟宗三的相關著作《才性與玄理》《智的直覺與中國哲學》《現象與物自身》《中國哲學十九講》《四因說演講錄》《圓善論》，通過不厭其煩的文本分析方式，對牟宗三的道家觀理路做了詳盡、細緻的解析。杜保瑞認爲，牟宗三站在新儒家的立場，將道家簡別爲「境界形態」，完全是對道家思想的曲解和誤讀，而其歧出的關鍵就在於以郭象的思想代替了王弼、老子和莊子，化掉了老子之道所具有的實體意味，無視莊子、王弼思想的複雜蘊涵，而以郭象個人的「境界形態」來定位整個道家哲學。所以，牟宗三的處理方式是他所不能接受的。〔註1〕

應該說，無論是大陸還是港臺，對於港臺新儒家之道家觀方面的相關研究成果都有自己的價值。但從整體看，這些研究還是比較局部的、零散的，缺乏系統、全面、深入、細緻的研究。

本課題雖以「港臺新儒家之道家觀研究」爲題，但限於學力和精力，本書暫以港臺新儒家的主要代表人物唐君毅、牟宗三、徐復觀三人爲研究對象，先分別研究他們三人各自的道家觀，最後通論他們的道家觀的同異及港臺新儒家之道家觀之群體性特徵。

〔註 1〕 牟宗三以「境界形態」定位道家義理，這一做法的確引起相當多的質疑。本文後面第五章「總論」部份還將進一步討論。杜保瑞的質疑不能說全無道理，但牟宗三的做法和他的堅持也有其深意，只是杜保瑞不理解而已。牟宗三自己曾講過，《孟子·告子上》開篇談與告子辯論「性猶杞柳也，義猶桮棬也」，否定「生之謂性」，強調「仁義內在」，千百年以下無人能懂，其實，這是講道德自律，不如此，不能入道德之門。故孟子主性善，言必稱堯舜。參見牟宗三《莊子〈齊物論〉講演錄》（盧雪昆錄音整理，楊祖漢校訂，牟宗三 1987年 2～4 月講於香港新亞研究所。本文寫作過程中，牟宗三先生女弟子金貞姬曾爲我收集、匯寄此講演稿紙質複印件，在此特別表示感謝！）其實，牟宗三以「境界形態」簡別道家，其做法就非常類似於孟子之言性善。孟子豈真不知人性之複雜？一句「生之謂性」豈不更省事？但孟子言必稱性善，自有其深謀遠慮也。牟宗三亦然。

研究港臺新儒家的道家觀，本文在研究方法上還是以文本分析和比較研究爲主，同時還有這樣幾點考慮：

一是重視所謂「即哲學史以言哲學」的路徑。前面講過，以唐君毅、牟宗三、徐復觀爲代表的港臺新儒家，在研究和護持中國傳統文化的同時，對道家思想同樣有深入的討論和研究。而他們對道家的看法，即他們的道家觀，就表現在他們對道家思想的討論和闡釋之中。討論他們的道家觀，不能脫離他們的文本。根據他們的論述和闡釋，把握他們言說之中的意涵和理路。

二是重視直覺體認。要瞭解唐君毅、牟宗三、徐復觀的道家觀，離不開他們的學問全體。特別是在找尋、把握他們各自道家觀的整體特徵時，不能拘泥於他們的文本，往往需要透過他們言說的話語，通過一種整體的觀照，憑直覺來契會、體認。如果糾纏、拘泥於他們的文字，往往並不容易從總體上把握他們的道家觀。

三是通過比較研究來簡別、會通，從而把握他們作爲港臺新儒家之群體性特徵。本文除了研究唐牟徐三人各自的道家觀之外，還注意將三人的觀點作比較研究，對他們各自義理和思路有分別、有會通，從而將研究的目標定在對港臺新儒家的總體研究，將他們置於港臺新儒家這一群體之中，通過他們各自的具體表現，瞭解港臺新儒家的總體風貌。

研究港臺新儒家的道家觀，目的是理解他們的哲學會通觀。會通乃義理之事。會通才有發展。我們以爲，求通求一，蘊涵著一種積極的進取精神和一種對於人類理性的堅定信念，而中國文化的開放性、包容性、眞理性和生命力皆來源於此，中國文化未來的希望及解決中西文化關係問題的唯一出路端在於此。

第一章　關於現代新儒學與港臺新儒家

　　現代新儒學是中國傳統儒家學說發展的最新階段和最新形態。按牟宗三先生的儒學三期說，儒家學說的發展有三個大的分期：先秦到漢董仲舒、宋（元）明、現當代。〔註1〕現代新儒學作爲儒家學說最新的發展形態，與前兩期有著

〔註1〕　牟宗三提出「儒學三期說」較早，在其早期著作《道德的理想主義》《人文講習錄》等書中都有表述。（另，據有的學者考證，牟宗三提出「儒學三期說」，最早可見於牟於 1948 年起草的《鵝湖書院緣起暨章則》。可參見程志華《牟宗三哲學研究》，人民出版社，2009 年第一版，第 488 頁。）其中，《道德的理想主義》一書中表述較爲簡單，不夠嚴謹，當以《人文講習錄》中表述爲準。按牟宗三的原話，講儒家學問三期的發展，這三期都是大的分期，其中第一期，指從春秋戰國的孔子、孟子、荀子一直到到漢董仲舒造成漢大帝國；而第二期指宋明理學；最後第三期指現在。」（見牟宗三《人文講習錄》，廣西師範大學出版社，2005 年版，第 75 頁。）但人們往往將牟宗三三期說簡化爲先秦、宋明、現代，多少忽視了牟宗三對董仲舒的看重，容易引起一些不必要的爭論。如 2011 年 12 月 5～7 日於香港中文大學召開的第九屆當代新儒學國際學術會議上，劉述先教授做主題講演，題爲「當代新儒家對西方哲學的回應」，開篇即講：「牟宗三先生首先提出儒家哲學三個大時代：先秦、宋（元）明、當代的說法，由杜維明廣布於天下。」（文見《深圳大學學報》，2012 年第 1 期，第 28～35 頁。）劉教授這樣講牟宗三先生的儒學三期說，就是援引牟宗三在《道德的理想主義》一書中的表述（見牟宗三：《道德的理想主義》，臺灣學生書局，1982 年版，第 1～2 頁）。李澤厚在《己卯五說》中提出「儒學四期說」，主要就是質疑牟宗三「三期說」對董仲舒的忽視。實際上，要是針對牟宗三在《人文講習錄》中的表述，李的四期說就甚是無謂了。事實上，經過這些年的討論與傳播，牟先生的「儒學三期說」已爲海內外學界廣泛認可和接受。如在方克立教授的著作《現代新儒學與中國現代化》一書中，長春出版社在「出版說明」中即明言：「儒學的發展分爲三個時期，一是先秦儒學，以孔子、孟子、荀子爲代表，二是新儒學，即宋明理學，三是產

很大的不同，其中最根本的一點，就是現代新儒學距當今時間間隔不長，從開端到今天也不到一百年，甚至一些重要的當事人或研究對象依然健在，並且現代新儒學時至今日依然在蓬勃發展，並非一個簡單的「過去完成時」，而是既有已經完成了的環節，也有「現在進行時」。〔註2〕特別是隨著海內外對現代新儒學研究的日漸深入，世界信息科技及交通水平的蓬勃發展，社會政治和文化生態也有了長足的改善，大陸與港臺文化交流日益便捷，海內外研究信息基本上可謂同步共享，現代新儒學的發展已明顯進入當代形態，甚至在一定程度上與當前的研究合流，情況非常複雜，前景難以預料。就現代新儒學而言，人們的看法差異很大，即便是對一些相關的基本問題諸如稱謂、指稱、範圍、開始時間、代表人物、發展歷程等看法都不盡相同，對那些所謂現代新儒學大師們的重要觀點更是理解不一，對他們的理論成就和價值意義評價更是褒貶各異，相差甚遠。因此，本文在展開主要的討論之前，有必要對一些相關的基本問題做一簡單梳理，明確本文的基本立場和態度，以免引起一些無謂爭論。

第一節　現代新儒學研究及方克立課題組的貢獻

　　研究者一般認爲，就我們的研究對象即 20 世紀以來興起的以復興儒學爲目標的文化現象而言，說「現代新儒學」比「現代新儒家」從概念上講更寬

生於 20 世紀初的現代新儒學。」（見方克立《現代新儒學與中國現代化》，長春出版社，2008 年，第 1 頁。）如前述劉述先教授所言，牟宗三先生的「儒學三期說」之所以廣爲流傳，杜維明教授功莫大焉。作爲牟先生嫡傳弟子，杜教授不僅對牟先生「三期說」予以繼承，而且還對「儒學三期說」做了理論上的豐富和發展。一般來說，在探討儒學分期時，人們往往關注的是時間意義，杜維明卻將儒學分期融進了空間和地域意義。杜教授認爲，第一期包括先秦至兩漢之儒學，正是在此期間，儒學從源於魯國的這樣一種地方文化發展爲整個華夏文明的思想主流；而第二期涵蓋從隋唐一直到宋明清之儒學，也是在此期間，儒學從僅僅是中國的民族文化發展傳播爲整個東亞文明的體現；而第三期指民國以來之現代儒學，杜維明認爲，在此期間，儒學面臨的任務應該是如何走向世界，並且成爲世界多元文化的一元。（見郭齊勇等編《杜維明文集》（第四卷），武漢出版社，2002 年版，第 438～439 頁。）

〔註 2〕方克立教授作爲國家社科規劃重點課題「現代新儒學思潮研究」的負責人，對此甘苦有深切的感受。他曾說：「一旦涉獵中國現代思想史的研究領域，才體會到爲什麼人們常說這項研究工作難做，把它視爲畏途，爲什麼『厚古薄今』的選擇對學者來說相對比較安全較少麻煩。」參見方克立《現代新儒學與中國現代化》，長春出版社，2008 年，第 4 頁。

泛。大陸學者往往愛用「現代新儒學」這一說法，而港臺學者則往往言必稱「現代新儒家」。〔註3〕成中英曾提出一個關於「新儒學」與「新儒家」區分的觀點。他指出，若就「新儒學」、「新儒家」兩種說法相比較，前者傾向於通過批判的理性來裁決儒家學說的眞實性和現實性，而後者則注重通過內在體驗來求證其眞實性和現實性；比較而言，前者旨在以客體性爲基礎，力求增進知識，而後者則以主體體驗爲基礎，力求印證價值；講「新儒學」，旨在通過知識研討，做出價值判斷，同時也力圖在知識的基礎上重建邏輯與價值，講「新儒家」，則往往先行肯定價值判斷。〔註4〕

　　這裡，我們首先應該說，成中英關於「新儒學」與「新儒家」的這一區分是非常深刻的，也是非常必要的。但問題是，明知這兩個概念有區別，大陸學者往往愛用「現代新儒學」這一說法，而港臺學者則往往言必稱「現代新儒家」。這一現象背後的原因究竟又何在？有大陸學者「一語道破」：「儒家」的名稱應該愼用，因爲儒家的後面總使人聯想到一個個活生生的「儒者」，而說「儒學」則不易產生這種誤會，因爲討論儒學的人不一定是儒者。〔註5〕對於這種說法，筆者認爲它恰恰充分暴露了持這種觀點之研究者特有的一種狹隘的前見，同時也是一種自我封閉的陋見。作爲新儒家學說的研究者，研究對象明明是那些新儒家大師，大師也是「人」，研究者卻首先帶上一種前見，即儒者是批判的對象，是羞於提及的，因而要把「人」羞羞答答地隱藏起來，用一個冰冷的「學」來遮掩。這不是實事求是，也不是搞學術研究應有的態度。

　　事實上，雖然自清末廢除科舉以來，儒家思想從社會中心逐漸被邊緣化，到五四之後更是徹底被邊緣化，特別是在 1949 年後，儒家思想在大陸更是無立足之地，但幾千年的深刻影響，讓儒家思想依然頑強地以某些方式存在於我們的世界，可以說，幾乎我們每個中國人都難講自己完全沒有受儒家思想的影響。儒家人物有什麼可以遮掩的呢？儒者就一定要是批判的對象嗎？儒家先賢荀子有言：「以仁心說，以學心聽，以公心辨。」（《荀子・正名第二十

〔註3〕劉述先教授對此深有感觸。可參看劉述先《從中心到邊緣：當代新儒學的歷史處境與文化理想》一文，收錄於吳光主編《當代新儒學探索》（中華文化研究集刊之四）一書，上海古籍出版社，2003 年版，第 2 頁。

〔註4〕成中英教授的這一觀點可參見其《合內外之道》一書，中國社會科學出版社，2001 年版，第 403 頁。

〔註5〕此說法可參見陳鵬《現代新儒學研究》一書（該書被列入二十世紀中國人文學科學術研究史叢書之哲學專輯，樓宇烈主編），福建人民出版社，2006 年版，第 3 頁。

二》）我們說，一種思想之所以偉大，往往都是因爲那思想後面有「人」，有「人」才有「心靈」、「人格」，沒有偉大的「心靈」、「人格」，就不會有偉大的思想。我們研究新儒家的思想，是因爲新儒家的思想值得研究，而這些思想都是來自那些新儒家的「人」。他們的思想價值往往跟他們的人格是緊密相連的，往往正是因爲他們的人格魅力，他們的思想才更值得我們珍視。

所以，就「現代新儒學」和「現代新儒家」兩個概念來講，我們的研究對象用「現代新儒家」或「現代新儒家」這兩種說法均無不可，如果以研究港臺新儒家人物爲主，則「現代新儒家」的說法更合適，大可不必羞羞答答、遮遮掩掩。研究他們的思想，當然離不開研究他們的學問生平，離不開他們的偉大的人格。沒有了「人」的話語是無根的，也是無價值的。

就「現代新儒學」或「現代新儒家」來講，其指稱都是對於 20 世紀以來興起的以復興儒學爲目標的文化現象而言。復興儒學這一文化現象，其中既有一種作爲思潮的歷史，也有學派的統緒，同時也有運動的訴求。澳大利亞學者梅約翰（John Makeham）有個說法，他明確宣稱，如果說我們把「新儒家」視爲一個學派，實際上這不過是上世紀八十年代之後倒溯回去重新再建構才有的結果。〔註6〕考察大陸的「新儒家」研究歷程，我們可以發現，特別是如果對大陸而言，這一觀點尤其準確。

我們知道，自清末廢除科舉後，儒門淡泊，西學東漸，儒家學說在中國社會日漸從中心被邊緣化。經過五四前後的風雲激盪、鬥爭洗禮，在中國現代思想史上西學占得絕對上風。相反，傳統被視爲導致一切腐敗、落後甚至反動的藉口和最終緣由。尤其是五四運動，表面看是狹義的政治運動，實際上背後卻是廣義的文化革命的訴求。就當時來說，關於救亡圖存的討論，在多個陣營、多條道路的交鋒中，以徹底摧毀傳統爲第一步目標的主張無疑佔了上風。在這種時代大潮中，少數知識分子回應時代訴求，積極探尋現代儒學復興的途徑，從而開啓了現代新儒學這一儒家歷史上第三期發展的契機。所以劉述先講，如果說傳統是正，西化是反，那麼現代新儒學則是反之反。〔註7〕

應該說，現代新儒家的思想在當時對中國社會特別是思想界有著重要的

〔註6〕梅約翰（John Makeham）這一觀點轉引自劉述先教授在第九屆當代新儒學國際學術會議上主題講演「當代新儒家對西方哲學的回應」文稿。文見《深圳大學學報》，2012 年第 1 期，第 29 頁。
〔註7〕劉述先教授這一說法見於他「當代新儒家對西方哲學的回應」講演文稿。文見《深圳大學學報》，2012 年第 1 期，第 29 頁。

影響和地位，新儒家思想和西化派思想、馬列派思想一起，共同構成當時中國現代社會三大思潮。1949 年後，現代新儒家的發展中心移向港臺海外，在儒門淡泊、花果飄零的艱難境況下遞續傳承，薪火相傳，通過他們艱苦卓絕的努力，現代新儒家思想被推向了一個新的高度，成就斐然。但後來的這些與大陸全然無關。

對於大陸來講，直到 1980 年代前期，隨著思想解放的深入、改革開放的推進，在當時興起的文化熱中，現代新儒家逐漸引起人們的重視，特別是港臺新儒家的思想、著作也零零星星地被接引進來，打破了大陸思想界幾十年來的氛圍。因應這一時勢，1986 年方克立教授帶頭發起「要重視對現代新儒家的研究」這個倡議。〔註8〕到 1986 年 11 月，在討論全國哲學社會科學「七五」規劃的重要會議上，他們提出的「現代新儒家思潮研究」這一課題被成功列為國家社科基金重點課題之一（後來 1992 年初又被繼續列為「八五」重點課題），方克立、李錦全一起擔任課題負責人。他們隨後廣泛聯絡國內相關高校、社科院系統共十多家單位的相關研究人員組成課題組，從而開啓了大陸研究現代新儒家的帷幕。〔註9〕到 1996 年為止，雖然說「現代新儒家思潮研究」課題組仍然尚未完全結題，但該課題作為國家社科基金重點項目之一則已截止。前後歷時十年，方克立教授他們的課題組做了大量紮實有效的工作，也取得了令人矚目的研究成果。

在此期間，受新儒家研究課題的巨大影響，加上由於現代新儒家研究本身就蘊涵的深刻義理及港臺新儒家大師們所獨具的精神魅力，又得益於現代新儒家後學杜維明等人的積極推廣，越來越多的學者先後自發地參與到現代新儒家這一研究中來，從「七五」到「八五」時期，關於現代新儒家的研究取得了非常豐碩的成果，原來在大陸不為人知的現代新儒家思想研究儼然成為一時之「顯學」，甚至在西方也引起反響。

〔註8〕參見方克立《要重視對現代新儒家的研究》一文，《天津社會科學》，1986 年第 5 期，該文後來被收入方克立《現代新儒學與中國現代化》一書，長春出版社，2008 年版。

〔註9〕關於方克立「現代新儒家思潮研究」課題組的相關情況，本文除了參考方克立《現代新儒學與中國現代化》一書外，還借鑒了胡治洪《近二十年我國大陸現代新儒家研究的回顧與展望》一文中的相關資料。該文見胡治洪《儒哲新思》一書，中華書局，2009 年版，第 162～195 頁。胡文作為綜述類文章，資料翔實，分析精當，對我寫作本文收集資料等方面提供了很大便利，在此特致謝忱！

對於「現代新儒家」這一研究對象的基本界定，方克立和他們的課題組認爲：所謂現代新儒家是產生於上世紀二十年代、時至今日仍然具有一定生命力的，以復興儒學爲主旨，試圖承續儒家數千年來之「道統」，以高度認同、繼續發揚宋明理學特別是儒家的心性之學爲主要特徵，主張把儒家學說作爲主體和本位，對西方文化做交流、涵攝和會通，以探索中國走向現代化的道路的這樣一個學術思想研究流派，或者說同時也是一種文化思潮。根據這一基本界定和認識，他們通過反覆討論，就作爲研究對象的現代新儒家的代表人物確定了一個由熊十力、梁漱溟、馮友蘭、牟宗三等人組成的十五人名單。〔註10〕毋庸諱言，關於方克立和他們的課題組，由於研究方法、立場等方面的問題，一直受到各方面的批評和質疑，但他們在推動關於現代新儒家研究方面的貢獻不容忽視，他們關於新儒家研究方面所做的大量細緻的基礎性工作非常重要，包括對一些基本問題的討論和研究，如關於現代新儒家概念和研究對象的界定、代表人物的十五人名單等還是被海內外學界基本接受和認可，作爲進一步討論和研究的重要基礎。特別是從客觀上來看，就推動關於現代新儒家的研究而言，方克立和他們的課題組起到了非常關鍵的作用，確實可謂功莫大焉。

第二節　代表人物：十五人名單；三代四群說

由於人們對於現代新儒家這一稱謂及其指稱對象理解不一，到底哪些人屬於現代新儒家的範圍？哪些人應該作爲現代新儒家研究的對象？在這個問題上可以說人們的爭論很大，而這卻是開展現代新儒家研究必須明確的基礎性前提。

1987 年 9 月，在安徽宣州，以方克立、李錦全爲負責人的「現代新儒家思潮研究」課題組舉行了第一次學術討論暨工作協調會。會議就現代新儒家的一些基本問題如學派界定、形成原因、思想特徵、階級屬性、學術成就、歷史意義、發展階段、代表人物以及研究方法和分工安排等做了深入的討論，就一些根本性問題達成了一些初步的基本共識，作爲該課題研究進一步展開的前提性基礎。

〔註10〕參見方克立《關於現代新儒家研究的幾個問題》一文，見於方克立《現代新儒學與中國現代化》一書，長春出版社，2008 年版，第 11 頁。

　　關於現代新儒家的代表人物，他們通過反覆、認眞的討論，首先確定了一個包括 10 個人的初步名單：梁漱溟、熊十力、馮友蘭、張君勱、賀麟、方東美、錢穆、唐君毅、牟宗三、徐復觀。在這個名單的基礎上，經過反覆討論，後來又補上了老一輩的馬一浮，而較年輕一輩的則增加了劉述先、余英時、杜維明，再後來又加上了成中英。這樣，最後形成了一個十五人名單，作爲現代新儒家的代表人物，也就是現代新儒家研究的主要對象。關於這個十五人名單，雖然還有不少爭論，但就目前新儒家研究的實際情況來看，海內外大多數研究者都基本認可和接受，至少也是非常重視，當作研究和討論的一個前提和參照。

　　就上述十五人名單而言，他們之間具體有何關聯？對現代新儒家的開端和發展有何重要影響？劉述先對此曾提出一個所謂「三代四群」的架構，爲人們所重視。具體如下：

　　　　第一代第一群 4 人：馬一浮（1883～1967）、熊十力（1885～1968）、張君勱（1887～1969）、梁漱溟（1893～1988）。

　　　　第一代第二群 4 人：馮友蘭（1895～1990）、錢穆（1895～1990）、方東美（1899～1977）、賀麟（1902～1992）。

　　　　第二代第三群 3 人：徐復觀（1903～1982）、唐君毅（1909～1978）、牟宗三（1909～1995）。

　　　　第三代第四群 4 人：余英時（1930～）、劉述先（1934～）、成中英（1935～）、杜維明（1940～）。〔註11〕

　　對於上述十五人名單及「三代四群」之架構，質疑的意見大略可歸爲兩類，一是認爲未列入名單的某些重要人物應該補充進去，如大陸的李澤厚、張岱年，臺灣的羅光等。〔註12〕二是認爲已被列入名單的某些人物因爲某些

〔註11〕關於劉述先教授的「三代四群」說，按他本人的說法，首先是在他的英文書稿 Essentials of Contemporary Neo-Confucian Philosophy 中提出 Three Generations and Four Groups 的架構，後寫成中文，始見於《現代新儒學研究之省察》一文，載於《中國文哲研究集刊》第 20 期，2002 年 3 月。之後在多種場合均有表述，包括前述劉述先教授在第九屆當代新儒學國際學術會議上主題講演「當代新儒家對西方哲學的回應」文稿。參見《深圳大學學報》，2012 年第 1 期，第 29 頁。詳可參見該文後注三。

〔註12〕此類意見可參見陳鵬《現代新儒學研究》一書（該書被列入二十世紀中國人文學科學術研究史叢書之哲學專輯，樓宇烈主編），福建人民出版社，2006 年版，該書爲大陸之李澤厚列專門章節；程志華《中國近現代儒學史》，人民

原因應該剔除出來。如研究者程志華等認爲，杜維明等人顯然早已加入外國國籍，已經不再是法律嚴格意義上的中國人，因而不適合列入名單，似乎列入類似所謂《美國儒學史》更合適。〔註13〕

　　關於第一類意見，筆者以爲，應結合學者本人的學問思想及生平來整體考察，具體像李澤厚、張岱年、羅光等，雖然他們重視儒家思想，但從思想整體上看並不是服膺儒家，從其生平看，更不是以復興儒學爲職志，因而不適合列入。至於第二類意見，倒値得認眞對待，至少列入中國現代哲學史或思想史確不合適，但考慮到杜維明他們在國際上不遺餘力推廣儒家學說的巨大貢獻以及他們和第二代人物唐、牟、徐長期而密切的師生關係，作爲現代新儒家研究對象似乎問題不大。

第三節　發展歷程：簡單的三階段說；劉述先的四波說

　　關於現代新儒家的發展歷程，有一個簡單的三階段的說法，基本上就是按現代新儒家代表人物的三代之別來區分。被公認爲第三代新儒家領袖人物之一的著名學者杜維明曾多次談到，以儒學爲基礎的哲學反省，在「五四」時代就已經開始了，到二十世紀末已經包含了至少三代人的努力。「梁漱溟、馮友蘭、熊十力、張君勱、賀麟屬於第一代人。」「繼續他們的事業的學者，有熊十力在海外的一些學生，像牟宗三、徐復觀、唐君毅等人。」「我們則屬於第三代人。」〔註14〕這個三代人的說法現在已被廣泛認可。有些研究者根據這個三代人的說法，得出一個簡單的三階段說。如方克立就講過：

　　　　三代人的努力，也代表著現代新儒學發展的三個階段。如果從時間上來劃分，從「五四」到中華人民共和國成立，這30年是現代新儒學發展的第一階段；從50年代初到70年代末，以1978年唐君毅先生去世和延續幾個月的「悼唐風波」爲其終結的標誌，大約也是30年，是現代新儒學發展的第二階段；從80年代開始的第三階

出版社，2010年版，該書「現代部份」爲大陸之張岱年、臺灣之羅光分列專門章節。

〔註13〕可參見程志華《中國近現代儒學史》，人民出版社，2010年版，第9頁。

〔註14〕可參見杜維明《創造的轉化——批判繼承儒家傳統的難題》一文，《中報月刊》，1987年，5、6、7、8、9號。轉引自方克立《現代新儒學與中國現代化》，長春出版社，2008年版，第55頁。

段，至今還只有 10 年（作者說這話時間是 1989 年底，當時在新加坡講學。筆者注），還在發展過程中。〔註15〕

　　應該說，像方克立這樣把現代新儒學的發展簡單分爲三階段的做法也無大的不妥，這種劃分也好理解，因而也容易被接受。但是，也有人提出一些其它的說法。其中值得關注的主要有劉述先的四波說、蔣慶的四期說等。

　　如前所述，劉述先是「三代四群」說的提出者。實際上，他同時還有一個四波說來表述他關於現代新儒家發展歷程的看法。劉述先認爲，如果把他所謂「三代四群」的架構同現代新儒家思潮的所謂四波發展當作一個整體結合起來考察，就可以更容易把握到現代新儒家這一思潮發展的脈動。其實，劉述先所謂的四波內容，簡單地講就是：1920 年代早期乃現代新儒家面對「五四」做出自己的回應；而 1940 年代則是現代新儒家先後嘗試建立自己新的富有現代特徵的哲學系統；而 1960 年代開始部份流亡港臺的新儒家從民族傳統文化的存亡繼絕回歸學術研究；到 1980 年代則有一部份海外新儒家倡議將中國文化與世界其它文化系統交流、對話。這就是劉述先所謂的現代新儒家發展的四波。〔註16〕

　　具體來講，關於現代新儒家發展的四波，按劉述先的說法，1920 年代屬第一波。其中兩個重要人物是梁漱溟與張君勱，而梁啓超（1873～1929）是促成這一變化的一個關鍵人物。劉述先認爲，雖然梁啓超本人並不太會西文，但他熟悉日本方面的情況和材料。他一向熱衷於向國人介紹西方的觀念，長期努力試圖引進新的思想。但是第一次世界大戰讓他改變了看法。1918 年至 1920 年，梁啓超以「巴黎和會」中國代表團會外顧問的身份率團前往歐洲遊歷，親眼目睹歐洲在戰後的凋敝與殘敗，念及一向以爲進步的西方（歐洲）反而造成了毀滅性的後果，因而決不可能當作中國走向未來的榜樣。他重新反思中國傳統，重新認識到傳統之中依然不無價值，就這樣一路寫下自己的所見所想。1920 年回國，梁啓超發表《歐遊心影錄》（1920 年 3 月上海《時事新報》）。剛從西方文明的執迷中猛然清醒過來的梁啓超驚呼，歐洲人做了一場科學萬能的大夢，到如今卻叫起科學破產來。他開始認爲只有通過中國

〔註15〕參見方克立《現代新儒學與中國現代化》，長春出版社，2008 年版，第 56 頁。

〔註16〕劉述先教授關於現代新儒家發展歷程的四波說有多次表述，最近的一次是 2011 年 12 月 5～7 日於香港中文大學召開的第九屆當代新儒學國際學術會議上，劉述先教授做主題講演，題爲「當代新儒家對西方哲學的回應」。該文稿可參見《深圳大學學報》，2012 年第 1 期，第 29 頁。

文化傳統的「心物調和」，才能拯救西方物質文明的困境。梁啓超的這些論調啓發了中國知識界對西方現代文明的重新審視和批判，刺激了當時中國的文化保守主義思潮，從而開啓了現代新儒學復興的機運。

第一個站出來亮相的是梁漱溟。梁先生出身於北京一個並不保守的書宦之家，從小讀西文書，還雅好心理學。1916 年梁漱溟發表佛學論文《究元決疑論》，得到蔡元培的欣賞。蔡元培邀請他到北京大學講授印度哲學和唯識學。1917 年梁漱溟去拜訪蔡元培，就說自己要爲孔子和釋迦說幾句話。梁漱溟進北大以後，與胡適和李大釗等過從甚密，思想上也變化很大，他不再沉迷於佛學，相反，他認爲人在年輕時還不能講解脫道，而應該先要完成在世間的責任，之後才能講出世。1921 年梁漱溟代表作《東西文化及其哲學》出版，引起廣泛關注，一年之內再版 4 次，到 1922 年出新版，一時洛陽紙貴，激起當時熱烈討論，並被譯成多種語言文本，影響之大，盛極一時。當時中國社會上整體的文化背景還是五四新文化運動的影響佔據絕對優勢，因爲中國文化在西方文化的逼迫下節節敗退，五四新文化運動高呼打倒孔家店，開始對中國自身傳統的徹底清算，要求做一徹底的改變。用胡適的話講就是，我們處處不如人，「西化」似乎成了中國文化的唯一出路。可恰在此時，隨著第一次世界大戰的爆發，西方文化的危機顯露，旅歐歸來的梁啓超在《歐遊心影錄》中大聲疾呼：西方文化正等著我們去拯救呢！正是在這種大背景下，梁漱溟的《東西文化及其哲學》帶給當時人們極大的震撼。梁漱溟首次將中國文化和世界上的其它幾種主要文明平等地放在整套文化哲學的架構下進行比較考察。他認爲中、西、印三大文化系統是根源於人類生存意欲之發用流行，而表現爲三種不同的生活態度，走了三種不同的路向。在三者之間不能做高下優劣之比較，而只能說就不同時期來說，哪種更合時宜。梁漱溟認爲，人類意欲不外乎有三種情況，一是像在西方文化中，意欲向前要求；二是在中國文化中，意欲自爲調和持中；三是在印度文化中，意欲反身向後。這是中西印三種文化各自的根本精神。在梁漱溟看來，中國和印度文化一樣有「早熟」的毛病。現階段中國就要毫無保留地全盤西化，這樣才能免於亡國滅種的危險。不過在一段時期之後，就要轉而趨向中國文化，要重視社會和諧。而從長遠來講，人類終不能夠迴避生死問題，故最後仍然有必要皈依印度的解脫道。總體來看，儘管梁漱溟提出的看法不免粗疏，但在當時西風席捲之際，他能率先肯定中國文化的獨特價值，甚至敢於斷言以後西方文化也必須

要走孔子的道路，確實難得。若就現代新儒家思潮之發展而言，梁漱溟不愧為開風氣之先的人物。

劉述先所言現代新儒家發展第一波中，另一件大事為 1923 年張君勱挑起的所謂科玄論戰。1923 年 2 月，張君勱在清華大學做關於「人生觀」的演講，倡導「主觀的、直覺的、綜合的、自由意志的」人生觀，而反對所謂科學的人生觀，他認為「人生觀問題之解決，決非科學所能為力」。該演講文稿於 3 月在《清華周刊》上發表。4 月，張君勱的好友、曾與張君勱一起隨梁啓超同團旅歐還同住一室的丁文江在《努力周報》上發表《玄學與科學》一文，向張君勱發難，攻擊張君勱為玄學鬼。由此引發了大規模的「科玄論戰」，許多當時著名的學者都紛紛加入辯論。從聲勢看，似乎對張君勱他們不利。其實，丁文江當時所持有的「科學主義」本身並不是科學。就當時整個論戰來看，可以說整體之理論水平並不高，正所謂情勝於理。眾所周知，像張君勱這樣的人怎麼可能是反科學的人呢？相反，張君勱認為不能由科學來解決人生的意義與價值問題，這是非常難能可貴的。

1940 年代為劉述先所言現代新儒家發展的第二波。當時抗日戰爭已經全面打響，全國上下正面臨民族危亡的嚴重局勢，而這些時代困境也刺激了那些主張大力發揚民族精神、努力復興民族文化的思想學說的發展。而當時「全民抗日，一致對外」的大輿論環境，也恰恰有利於現代新儒學運動打開新局面。再從現代新儒家的自身發展來說，在經過一段較長時間的理論準備，包括完成對西方文化精神的學習、瞭解、消化和吸收，可以說現代新儒家早期的一些代表人物已有可能創造出比較完整、系統的新的哲學理論體系。其中卓然名世者主要有馮友蘭的「新理學」，賀麟的「新心學」，熊十力的「新唯識論」。他們的共同特點是，以較完整的理論形式，闡述自己的現代新儒學思想，在學術氣質、思想取向、文化立場、研究方法等方面都有了新的特徵，具備了現代學術的形態。

馮友蘭先生一向被視為正統學院派哲學家的代表。他不同於梁啓超、梁漱溟、熊十力等老先生之處首先在於他受過正規的西方化的學術訓練，對東西方學術文化的精神特徵都比較熟悉，有相當充分的世界文化視野。馮友蘭早年留學美國哥倫比亞大學，1923 年博士畢業後回國，抗戰爆發後擔任西南聯大文學院院長，於抗戰南遷之艱難困苦中先後寫作和出版了六本著作，即《新理學》《新原道》《新原人》《新事論》《新世訓》《新知言》，並且援《易》

「貞下起元」之意，統稱「貞元六書」，創制了一個龐大的「新理學」體系。馮友蘭自稱是接著「程朱理學」講，以接續正統中國哲學自命。但馮友蘭在清華的同事賀麟卻對其新理學進行了批評。

在賀麟看來，馮友蘭的新理學之根本缺失在於他只談朱子的理氣論而未及其心性論。賀麟同時預言，儒學將來的前途在於復興陸王心學。賀麟本人一直企圖建立一個「新心學」哲學體系，但他只寫了一些相關論文而未有像馮友蘭那樣系統的哲學論著，所以影響不及馮友蘭。但賀麟關於現代新儒學發展的許多論斷極具慧識，尤其是他 1941 年 8 月在《思想與時代》雜誌創刊號上發表的《儒家思想的新開展》一文，堪稱中國現代新儒家早期發展的一篇綱領性文獻。賀麟宣稱，根據他對於中國當時的文化和思想發展趨勢的觀察，所謂中國現代思潮的主流，就是廣義上所講的新儒家思想的發展或者說是儒家思想的新開展。關於現代新儒家的發展，他還提出了自己的一些具體看法和主張。賀麟指出，若就學術文化的角度談重建儒學，則應該包括這樣三個方面的內容，首先是借鑒西洋的哲學，重點發展儒家的理學，以讓儒家哲學條理更明晰，內涵更豐富，體系更嚴謹；其次是吸收基督教的精華，以豐富儒家禮教，光大儒家的宗教精神；最後還要學習西洋的藝術，以促進儒家的詩教，弘揚儒家的藝術精神。可以說，賀麟的這些主張和預言，在之後的現代新儒家思想的發展中基本上都被實踐、被證實。

而賀麟關於新心學的預言，很快就被熊十力先生及其《新唯識論》所實現。熊十力 1922 年冬開始在北大講唯識學，初印《唯識學講義》仍然忠實於佛家本義，次年盡毀前稿，著手草創以儒學精神爲根本義的「新唯識論」哲學體系，歷十年而成，1932 年出版《新唯識論》文言文本。又歷 12 年，至 1944 年出版全本語體文本，即在原本《新唯識論》的基礎上全部翻譯成白話，並且對書中內容進行了較大規模的增補，由當時的重慶出版社出版。該書還被當時的中國哲學會選定爲《中國哲學叢書甲集》之第一部著作，並立即被譽爲同時代最具原創性的哲學著作。熊十力和梁漱溟、張君勱基本上是同時代人，與梁、張相比，熊可謂大器晚成。熊十力的「新唯識論」體系成熟並產生影響已經到了抗戰前後，但他被公認爲是現代新儒家學派的一位更重要的人物，有人認爲他是實際的精神領袖，有人強調他是「中心啓導人物」〔註17〕。梁漱溟、張君勱等

〔註17〕劉述先語，「當代新儒家與中國的現代化」座談會上的發言，《中國論壇》第
　　　　15 卷第一期，1982 年 10 月。

固然開啓了現代新儒學發展的精神方向，但是他們並未能爲這個學派建構起一套相對精緻的哲學理論體系，事實上，他們也都是那種不甘心於純粹的哲學玄思、相反更熱衷於實踐運動的人物。可以說，爲現代新儒家構造一套新的哲學體系的任務，乃由熊十力歷經多年博學審問、愼思明辨而完成。熊十力對儒家精神確有其獨特的生命體悟，其學問、人格都極具感召力，對後學影響甚大。而當時弟子從遊者甚眾，特別是後來港臺新儒家的三大重鎮唐君毅、牟宗三、徐復觀都是追隨熊十力多年的弟子，所以熊十力對現代新儒家的影響確實深遠，他也成爲狹義當代新儒家的開山祖師。

　　1960 年代爲劉述先所説的第三波。1949 年前後，值中國歷史大變局之際，現代新儒家學者中多數學者都選擇留在了祖國大陸，包括被譽爲現代儒學「三聖」的梁漱溟、熊十力、馬一浮，還有著名哲學家馮友蘭、賀麟等，而張君勱最開始選擇遠赴美國，而錢穆、唐君毅則到了香港，還有方東美、牟宗三和徐復觀等人則去往臺灣。這一段時期，在祖國大陸這邊，非馬克思主義哲學基本上屬於被批判的對象，整個學術可以說都被政治意識形態一元化所影響、所籠罩。年紀大的學者如梁漱溟、熊十力等前輩，在一定程度上依然頑強地堅持舊說，殊爲不易，而馮友蘭、賀麟等人則更是長期掙扎在思想批判和改造中。與儒學在大陸的沉寂相反，1950 年代以後，特別是大陸捲入「文化大革命」期間，港臺和海外掀起了一場大規模的儒學復興運動。因爲港臺亦屬中國，所以就整個中國來講，現代新儒學並未斷絕薪火，只是此一階段現代新儒學的發展，中心已轉移到港臺了。其中起骨幹作用的還是那些從大陸流亡過去的新儒家學者。他們在一種失去故國家園的「花果飄零」的特殊心態下，爲中國民族文化和儒家精神的延續進行了艱苦卓絕的努力，並由最先痛苦於民族文化之存亡繼絕，後來終於轉向專注於冷靜、理性的傳統文化研究和學術創新道路，並且取得了令人驚歎的成就，將中國傳統文化和哲學理論提高到了一個全新的高度，代表了中國傳統哲學在當代發展的新水平，也成爲當代中國哲學中最具活力、最有影響的哲學運動之一。唐君毅、牟宗三、徐復觀三人通常被視爲港臺新儒家的傑出代表。而通常所謂狹義新儒家實際上就是指以唐、牟、徐三人爲中心，加上他們的師友、弟子構成的當代新儒家學派統緒而言的，以別於大陸所謂現代新儒學之籠統也即廣義現代新儒家之稱謂。

　　在此期間，流亡到港臺的新儒家學者繼承了抗戰時期的傳統，十分重視辦書院和辦雜誌，建立研究中國文化、弘揚儒家精神的學術陣地。1949 年夏，

先後漂泊到香港的錢穆、唐君毅和張丕介、程兆熊等人一起創辦了亞洲文商夜校，1950 年改爲新亞書院。其時，錢穆爲書院所標宗旨稱：「上溯宋明書院講學精神，並旁採西歐導師制度，以人文主義教育爲宗旨，溝通世界東西文化。」這一時期的新亞書院可謂港臺新儒家傳道授業的一個大本營，連在臺灣的牟宗三、徐復觀也先後過來任教，包括張君勱也經常來書院講學。可以說當時活躍的港臺新儒家幾乎全部彙聚於此，新亞書院也就當仁不讓地成爲港臺新儒家學說傳播、孕育、發展的重要基地。當時在香港還有兩家雜誌與新亞書院配合，成爲港臺新儒家自由發言的陣地，那就是徐復觀於 1949 年夏天創辦的《民主評論》和王道於 1951 年初創辦的《人生》。二者都是半月刊，分別出刊到 1966 年和 1968 年。而在臺灣的徐復觀、牟宗三 1955 年和 1956 年先後到臺中的東海大學任教，當時劉述先是東海的青年教師，杜維明還是學生。他們師生一起，共同推進中國文化研究和新儒家思潮，使東海大學成爲港臺新儒家在臺灣的一個中心。

　　1958 年元旦，唐君毅、牟宗三、徐復觀和張君勱四位先生聯名發表了著名的文化宣言《爲中國文化敬告世界人士宣言——我們對中國學術研究及中國文化與世界文化前途之共同認識》（又名《中國文化與世界》）。該宣言中文版同時發表在香港《民主評論》和臺灣《再生》雜誌，英文版稍後刊發於臺灣中國文化學院出版的《中國文化季刊》。這篇宣言的發表是整個現代新儒學史上意義重大的一件大事，文中闡發的觀點也基本上代表當時港臺新儒家主要代表人物的思想共識，該宣言也歷來被視爲彰顯港臺新儒家思想的一個綱領性文獻，成爲代表港臺新儒家的一個標誌。

　　就港臺新儒家而言，唐君毅、牟宗三、徐復觀無疑是其中的三大重鎮。他們同爲熊十力先生的弟子，依個性風格而言，三人分別爲仁者型、智者型、勇者型人物，但他們在畢生致力的學術思想和學術活動中相互支撐，相得益彰，共同成爲港臺新儒家即中國現代新儒家第二代之中堅力量及第三代後學的師長，影響極其深遠。

　　作爲哲學家和哲學史家，唐君毅的貢獻主要在文化哲學的重建方面。他長期致力於詮釋人文精神，對人文世界的方方面面都有廣泛涉獵和深閎而肆的發揮。他的文化哲學的出發點是「道德自我」，後來由此推擴爲生命存在與心靈境界。唐君毅早期著作主要有所謂「人生三書」，包括《人生之體驗》《人生之體驗續篇》《道德自我之建立》，此外還有《文化意識與道德理性》等。

　　同樣作爲哲學家和哲學史家，牟宗三的貢獻主要在道德形上學方面。他早期代表作主要有所謂「新外王三書」，即《道德的理想主義》《歷史哲學》《政道與治道》，著力闡述在所謂儒學現代化的語境下，如何依傳統的內聖之學開出新外王。

　　1960 年代以後，唐君毅、牟宗三都過了 50 歲，二人都收斂精神，發憤潛心創建自己的哲學體系，而他們採取的進路都是從中國哲學入手，詳細疏導儒釋道之哲學義理，深入解析作爲中國傳統學術核心之心性之學的具體內涵。在哲學方法和研究風格上，他們兩位都是善於融攝東西印三大文化傳統而又以儒家爲最高判教標準的大家巨匠。

　　唐君毅在 1960 年代初出版了《哲學概論》上下兩冊。其後又用了十餘年時間專門研究中國傳統哲學中的基本概念、範疇，疏導其義理源流及演變，出版了《中國哲學原論》六大冊，除「導論」外，以「原性」「原道」「原教」名之，意契《中庸》「天命之謂性，率性之謂道，修道之謂教」之旨，力圖展現中國傳統文化特別是眞儒學之精神。唐君毅逝世前不久出版巨著《生命存在與心靈境界》，爲其一生哲學思考的最後結晶。唐君毅弟子霍韜晦教授在評介中說：

> 　　本書爲唐先生逝世前一年出版之巨著，前後醞釀三十餘年，兩易其稿……但本書出版後，震驚學界，旅美學者吳森認爲可與柏拉圖之《理想國》、康德之《純粹理性批判》、海德格之《存在與時間》，及懷海德（原文如此，或當爲懷特海。筆者注）之《歷程與實在》媲美。若依我的看法，唐先生此著應超越上述諸書，蓋涵蓋之廣、洞察之深、志氣之大、調適之順，爲人類思想史上所僅見，允宜流傳千古。……再從本書之主旨、格局、規模（看），唐先生是想論證一切哲學、一切思想、一切學術文化活動、一切道德行爲與生命超昇之教，都是吾人生命存在與心靈活動所形成或所感通之境。此境有九：……由上述之判分與陞進，可知唐先生之心靈九境已超出一般之認識論，而達至一以生命成長爲本源的文化價值論、層次論、整體論之形上學，不但總持一切哲學，更重要的是通過生命的成長（心靈活動）來爲一切文化立根，判分其分位，使各種思想、文化，不相混淆，隱顯有序，從而彰顯其永恒價值。所以這不但是一個總合人類文化的體系，而且是一個安頓人類文化的體系。〔註18〕

─────────────────────

〔註18〕參見霍韜晦爲其師唐君毅《生命存在與心靈境界》一書所寫的導讀。見唐君

關於唐君毅的巨著《生命存在與心靈境界》，因其艱澀難讀，人們往往等閒視之。對於像這裡霍韜晦這樣的說法，人們可能會以爲，霍韜晦作爲唐先生弟子，像上述評價該書的說法多少有些溢美之詞。但若依筆者研讀該書的感受來看，霍韜晦的讚美似乎也並不爲過。唐君毅的《生命存在與心靈境界》一書，不惟涵蓋範圍廣，該書說理之深刻、處理之匠心確有其動人之處。

在這一時期，牟宗三在後期的哲學研究中也以疏導中國哲學中的心性之學爲主，尤其在對宋明理學及其它各時期儒釋道思想資源的系統梳理上付出了大量的心力。在 1960～1970 年代，牟宗三先後出版了《才性與玄理》、《佛性與般若》、《心體與性體》和《從陸象山到劉蕺山》等重要著作。在這些著作中，牟宗三對中國各時期的哲學思想資源做了細密深邃的系統梳理和發揮，體現了他深厚的學術功力和天才的原創力，也使他道德的形上學得以證成。牟宗三超凡的原創力尤其體現在他創制的「兩層存有論」上，這是港臺新儒家哲學的一個標誌，也是現代新儒學的一個範本。

牟宗三「兩層存有論」最初發端於 1960 年代的著作，尤其是《心體與性體》一書，最後完成於其 1970 年代的著作即《智的直覺與中國哲學》和《現象與物自身》二書。他在中年時期已先後提出「智的直覺」說和「良知坎陷」說，晚年又以此作爲中西文化之間及儒家與康德之間的重要分界，他依中國哲學的智慧方向，就康德對現象與物自身所做超越的區分，建立起自己獨特的「執的存有論」與「無執的存有論」，用前者消融西方哲學的知解，同時用後者消融東方哲學的智慧。後來到 1980 年代，牟宗三又繼續著《圓善論》，用實踐理性作開端，把中國先哲獨有的實踐的智慧及所謂最高的圓滿的善，一起套入所謂無執的存有論中，通過圓教來看圓善，從而使兩層存有論系統之圓成更爲眞切。〔註 19〕

同爲港臺新儒家重鎮的徐復觀，與唐君毅、牟宗三一樣，致力於對中國文化作「現代的疏釋」〔註 20〕。但徐復觀主要不是作爲哲學家，他更多地是

毅《生命存在與心靈境界》，中國社會科學出版社，2006 年第一版，第 1～2 頁。

〔註 19〕 可參看郭齊勇《唐君毅、牟宗三、徐復觀合論》一文，見郭齊勇著《中國哲學智慧的探索》，中華書局，2008 年第一版，第 308 頁。

〔註 20〕 此據徐復觀先生自己所言。他曾講：「我所致力的是對中國文化作『現代的疏釋』。……在我心目中，中國文化的新生，遠比個人哲學的建立更爲重要。」參見林鎮國等《擎起這把香火──當代思想的俯視》，《徐復觀雜文續集》，臺灣時報文化出版事業有限公司，1986 年版，第 410 頁。

作為思想史家和社會批評家來從事學術研究和參與社會活動。他對現代思想史的影響更多地來自他那些數量眾多、文風犀利的政論時評和雜文。這與他的個性風格及學問志趣有關。與唐、牟相較,他的現實關切及批判意識更強,加上他個人獨特的傳奇人生經歷,讓他總是活躍在「學術與政治之間」。他是文化保守主義陣容中最富有現實批判精神、最易於與自由主義接洽的代表人物。有人稱頌他為「自由民主的鬥士」,也有人用「以傳統主義衛道、以自由主義論政」〔註21〕來概括他一生的志業。而他在思想史方面的學術研究,也是成就斐然。其主要代表作有《兩漢思想史》《中國人性論史》(先秦篇)、《中國藝術精神》等。

第二代新儒家不斷發表各自的重要著作,把中國傳統的哲學思想在學術意義上推向了前所未有的深度與高度。除唐、牟、徐外,在此期間,方東美也完成了他論中國哲學的英文版巨著《中國人生哲學》(1957)、《中國哲學之精神及其發展》(1976),錢穆也出版了他研究宋明理學的偉構《朱子新學案》。他們除了著書立說,還積極組織和參與各類學術交流和宣講活動,並且潛心傳道授業,培育出了新一代新儒家弟子,使港臺新儒家運動代有傳人,薪火相傳,把現代新儒家思潮推向了高潮。

劉述先所謂的四波說的第四波是指1980年代。當時國際大環境方面有了一些新的變化。美國自從朝鮮戰爭、越南戰爭之後,已經難言往日的自信,而其國內知識分子的批判意識普遍增強,同時那些黑人爭取人權、平等的鬥爭也不斷推進,多元文化主義思想越來越流行。1970年代又逢亞洲經濟騰飛,引起全球矚目。港、臺、新、韓所謂「四小龍」及日本皆有儒家背景,所以重新評價儒家文化就更有必要。在這種背景下,第三代新儒家人物中有部份人從港臺流寓海外,而他們既受過西方的學術訓練,又長期學習、生活在西方社會,以謀求一枝之棲。時至1980年代,他們的學術思想又正好日趨成熟,在西方的多元文化架構中發言,堅持維護中國文化的立場,努力為儒家文化爭取一席之地,在與世界多種文化系統交流、對話中,相互頡頏、調和共存,獲得了前所未有的國際視野。

如前所述,十五人名單中屬於第三代代表人物的主要是杜維明、劉述先、余英時、成中英等。他們以各自的方式為儒家思想在世界範圍的推廣及儒家

〔註21〕韋政通語。見韋政通:《以傳統主義衛道,以自由主義論政——徐復觀先生的志業》,《中國論壇》(臺北),23卷1期,1986年。

傳統的現代轉化做出了積極的努力。他們在世界各地穿梭奔走，積極參與和組織各類哲學討論和文化交流活動，促進中國儒家思想與其它文化傳統的對話和共存，爭取儒家傳統在世界範圍內的話語權。和前輩學者相比，他們的觀點和思想也有了一些相應的調整。正如劉述先所說，如果還像牟宗三那樣斬釘截鐵宣稱，能體現終極中道的只有中國文化，那樣必然不利於各文化傳統之間展開有建設性的對話和交流。〔註22〕

所以劉述先近年來一直致力於對傳統的「理一分殊」作創造性的現代闡釋。在他看來，世界上任何一種文化都不能說自己就獨佔「理一」，包括中國儒家歷代已講出來的道理，無論是孔孟，還是程朱、陸王，甚或現代的唐牟，都只能說是在「分殊」的領域而且皆有其局限，同時他們都指向「理一」這樣一種具有普世意義的所謂超越的「規約原則」。就儒家思想而言，其中固然有萬古常新的部份，但也必然有與時推移的部份，所以我們不可固執成見，而應該強調儒家思想的開放性及其批判意識。在這個基礎上，劉述先討論傳統思想文化的資源與負擔一根而發，近年又專注於通過對「理一分殊」的再闡釋，努力超越絕對主義與相對主義、一元論與多元論之爭，試圖找尋到第三條道路。

杜維明是「在海外推動新儒家最有力的一個人」〔註23〕。他早年在臺灣東海大學求學，師從牟宗三和徐復觀等人，年輕時就以「第三代新儒家」自命。杜維明在重視個人的「體知」的同時，也看重文化在社會實踐中的實際表現和效果。1970 年代以來亞洲發生的經濟奇跡及其背後的儒家背景都引起世界的矚目。西方知識分子激烈批評啓蒙理性的霸權，努力在文化上另覓出路。可以說，現代化絕不止西方一途，並且科技商業文明的過度膨脹已經是弊害百出。身爲華裔知識分子，杜維明長期堅持立足中國文化本位，以開放的態度與其它文化傳統對話、交流，以寄望於未來。杜維明學問的終極關懷及其「道」「學」「政」三分這樣一種思想框架，都明顯有著牟宗三特色的痕跡。但和前輩相比較，他更樂於借鑒、融合其它文化。在杜維明看來，由現代到後現代，對儒家是好事，不但儒家之智慧不會過時，反而生出新的發展

〔註22〕 見劉述先教授在第九屆當代新儒學國際學術會議上主題講演「當代新儒家對西方哲學的回應」文稿。載《深圳大學學報》，2012 年第 1 期，第 33 頁。
〔註23〕 劉述先語。參見劉述先教授在第九屆當代新儒學國際學術會議上主題講演「當代新儒家對西方哲學的回應」文稿。載《深圳大學學報》，2012 年第 1 期，第 33 頁。

之可能性。在這種大背景下，杜維明提倡「文化中國」的理念，主張不僅海峽兩岸、東南亞以及其它海外的華人，甚至可以包容同情中國文化理想的洋人，都可以展現中國文化的價值，由此還導致所謂「波士頓儒家」的應運而生。可以說，儒家思想在西方影響越來越大。

第四節　以大陸為主體：現代新儒學發展的新階段

如前所說，關於儒學在現當代的發展之階段劃分，影響較大、較有意義的還有蔣慶的「四期說」。蔣說不同於前述簡單的三階段說，也迥異於劉述先教授的四波說。蔣的四期說，主要是就儒學現當代發展與中國大陸的關聯來講的。

早在上世紀 80 年代末，大陸學者蔣慶就提出了儒學在現當代的發展共分四期的說法：即第一期到第四期分別為「守先待後期」、「講明正學期」、「傳播反哺期」、「返鄉復位期」。蔣慶認為，我們現階段處於第三期，即「傳播反哺期」，在蔣慶看來，所謂第三期「傳播反哺期」的特徵，乃儒家傑出之人物在世界文化激蕩的背景下，將儒家思想積極傳播於海外，又反哺於國內，從而擴大儒學在國際國內的影響。的確，自中國內地進入改革開放的新時期以來，海外的一些新儒家學者席不暇暖，積極於海外與內地之間奔波、遊說，大力宣講港臺新儒家的思想及其在海外的最新進展。蔣慶欣喜地認為，唐君毅先生在世時曾堅信，終有一天海外的新儒家們可以把中國的儒家思想文化「反哺」進中國大陸，現在，這樣的時候終於來到了。〔註24〕

對於港臺新儒家的思想觀點和研究成果，蔣慶有著自己獨特的看法。除了重視、理解和認同外，他還有一番激烈的批評。蔣慶認為，歷史上儒學其實有兩大傳統，除了心性儒學傳統也即生命儒學傳統之外，還有政治儒學傳統或曰制度儒學傳統。心性儒學和政治儒學都是傳統儒學中應有的內容，按傳統的講法，心性儒學屬於內聖之學，而制度儒學則屬於外王之學。在傳統儒家思想長期的發展過程中，心性儒學和政治儒學這兩大傳統相輔相成、各盡其用，共同形成所謂的內聖外王之道，並且在微觀上安立中國人的生命存在，在宏觀上維繫中國社會的穩定和諧。問題出在宋明之後，雖然心性儒學

〔註24〕 參見蔣慶《中國大陸復興儒學的現實意義及其面臨的問題》一文，載臺灣《鵝湖》第 170、171 期，1989 年 8、9 月。

興盛一時，但是政治儒學卻日漸式微，造成的結果是內聖有餘而外王不足，由於一直以來外王開不出而內聖亦終難獨美，因而最終還是一起走向枯寂。

李維武指出，現代新儒學的形態已經開始出現新的變化。尤其在中國大陸，已經出現了一批新的儒學思想者，他們成爲了現代新儒學的新生代。他們不再像前輩新儒家學者那樣重視形上儒學和文化儒學的傳統，而是致力於政治儒學的重建。在這其中，蔣慶無疑是政治儒學最積極的倡導者和思想者，他是最重要的代表人物。〔註25〕

方克立更是斷言，中國的現代新儒學運動，已經進入以蔣慶等人爲代表的大陸新生代新儒家唱主角的全新階段，或者說進入了屬於整個現代新儒學運動的第四個階段。這是方克立在《致郭齊勇、吳根友》信函中提出的重要判斷。方克立有他充分的理由，他在《致李宗桂、楊海文》信函中明確指出，進入新世紀以來，雖然港臺、海外新儒學仍然在繼續發展，但是由於其基本格局、規模氣象已經定型，基本上可以說不可能有什麼新的突破性進展了。從另一方面講，新儒學歸根到底是爲了解決我們國家的發展前途問題，解決中國文化的發展前途問題，所以考慮問題時我們必須做到以日益強盛的中國大陸爲中心、爲主體。實際上新儒學已經成爲當今中國保守主義的中心話語，同時還成爲一面政治和文化旗幟。所以方克立認爲，中國的現代新儒學運動已進入大陸新生代新儒家唱主角的新階段。〔註26〕

相比較而言，海外學者他們的問題意識和大陸學者確有很大的不同。究其原因，海外學者和大陸學者所處的環境不一樣，他們內心的關懷和訴求也不一樣。而這一點區別非常重要，不容忽視。正是在這個意義上，恰如方克立所言，新儒學說到底還是爲了要解決中國的發展前途問題，中國文化的發展前途問題，所以我們考慮問題不能不以日漸強盛的中國大陸爲主體、爲中心。因此，就現代新儒學思潮的發展而言，完全可以說，現在已經進入一個

〔註25〕 參見李維武《政治儒學的興起及其對中國思想世界的影響》一文，原載《求是學刊》2006 年第 6 期，後收入他個人的文集《中國哲學的現代轉型》，中華書局，2008 年版。

〔註26〕 參見方克立：《甲申之年的文化反思——評大陸新儒學「浮出水面」和保守主義「儒化」論》一文，載《中山大學學報》社會科學版，2005 年第 6 期，及其專著《現代新儒學與中國現代化》一書相關章節。另可參看楊海文：《重建儒教》：一個學術史描述——以方克立、張祥龍對蔣慶的評論爲主線》一文。可參見 http://www.aisixiang.com/data/17171.html；或張世保：《大陸新儒學評論》一書，線裝書局，2007 年版。

全新的階段，即以大陸為主體的階段。

　　之所以說現代新儒學的發展已經進入以大陸為主體的新階段，還有兩個方面的原因。一是港臺新儒家發展到現在，隨著唐君毅、牟宗三、徐復觀等老一輩代表人物相繼去世，現在唱主角的中堅力量多是他們的學生、弟子輩甚至再傳弟子輩。這就帶來一個新的變化，即港臺新儒家思想本身的繼承、發展已經與對港臺新儒家思想的學習、研究合流，而一向作為研究對象的港臺新儒家的後起的代表人物也常常參與、主導對港臺新儒家思想的研究。如劉述先、杜維明等人既是被研究的對象，同時也是研究者。研究對象與研究者已經很難嚴格區分。二是隨著科技和經濟的發展、社會政治文化環境的變遷，港臺與大陸內地的往來日益便利，聯繫日益緊密，兩岸學者的交流往來日益頻繁。不惟在越來越多的學術會議場合，兩岸學人可以面對面交流、切磋，平常學者發表論文、出版著作，港臺與內地也是相互交叉，交流共享。一些學者奔走兩地、席不暇暖。很多學術研究成果甚至學者本人都很難嚴格區分究竟是屬於港臺，還是內地。特別是隨著中國內地日益強盛，中國學術研究與發展已經離不開大陸這個主體。加上所謂大陸新儒家的崛起，當代中國新儒家學術的繼承和發展、學習和研究，早已經是以內地為中心了。正是在這個意義上，我們說，現代新儒學已經進入以大陸為主體的新階段。

第二章 求「心之爲善」：
唐君毅道家觀研究

　　唐君毅，四川宜賓人，1909 年 1 月 17 日生於四川宜賓柏溪鎮，1978 年 2 月 2 日病逝於香港浸會醫院。他是我國現代著名的學者、哲學家、哲學史家，現代新儒家的代表人物，在港臺和海外有著廣泛的影響，被牟宗三譽爲「文化意識宇宙的巨人」。

　　唐君毅一生著述豐富，其門人弟子在唐先生病逝後整理出版《唐君毅全集》，「前後十年，編成三十巨冊，凡一千萬言，由臺灣學生書局 1989 年出版」〔註1〕。大陸出版的《唐君毅著作選》第一批書目有十本，由唐先生門人霍韜晦編選，基本上涵蓋了唐君毅著作的精華，包括早期的《人生三書》（含《人生之體驗》《人生之體驗續篇》《道德自我之建立》）、盛年的力作《中國哲學原論》（含《導論篇》《原性篇》《原道篇》《原教篇》）及晚年的絕唱《生命存在與心靈境界》。

第一節　唐君毅論老子之道

一、唐君毅論老子言道之六義

　　關於如何解老，即如何理解老子的思想，唐君毅有深刻而獨到的思考。

　　故唐君毅在解釋老子言道之六義之前，於序言部份先爲自己的解老方式和理路做一解釋。唐君毅開宗明義：

〔註 1〕霍韜晦語，見《唐君毅著作選編序》，唐君毅《生命存在與心靈境界》，北京：中國社會科學出版社，2006。

老子五千言，文約旨遠。解老之書，汗牛充棟。約而言之，不外數途：……以上數途，用以解老，皆本無不可，而各有其得失。大道無方，常存天壤，非家派之所能限，亦非一家一派，所得而私，則三教之論，東西之說，亦自當有足以相明相發之處，故第三途亦可容人自擇。故守文之士，功在下學，或膠滯於章句訓詁之末，其弊也瑣。申發玄旨，觸類旁通者，意在上達，又或抑揚過當，引喻失義，其弊也誕。欲兼去此二弊，其道宜先類辭以析義，而觀其義之所存，則無復章句之拘，而有訓詁之實，下學之功斯在；既得義之所存，再濟以統宗會元之功，而上達之事無極。愚年來所著，解釋中國思想之文，皆循此道，冀去彼或瑣或誕之弊，以合於先聖下學上達之旨。此文解老，仍本斯意，先析老子所謂道之六義，再論其關聯通貫之幾，及老子言形上之道，其局限之所在。〔註2〕

在唐君毅看來，前人解讀老子思想，不外乎三種方式：一是以漢代經生解經爲代表，特別注重文本、尋章摘句；二是以魏晉名士注老爲代表，重在妙會冥悟、暢申玄旨；三是以比附儒佛解老爲代表，力主會同三教、觸類旁通。雖然這三種方式各有優劣，但唐君毅認爲，從整體上看，三者都不太高明，其毛病在於「瑣」或「誕」，即謂三者不是失之於膠滯繁瑣，就是流於荒誕不經。那麼，有何良策去此二弊呢？對於這個難題，唐君毅是眞正下了一番工夫的，最後他摸索出一套獨特的研究方法，「即哲學史以言哲學」〔註3〕。按唐君毅自己的說法，就是「先類辭以析義，而觀其義之所存」，「既得義之所存，再濟以統宗會元之功」，如此則能免於前述「瑣」「誕」之弊，又合乎先聖下學上達之旨。實際上，唐先生所說，就是先對經典文本整理反省，梳理出其中的關鍵和核心，即哲學概念，深入剖析這些概念所蘊涵的義理，在此基礎上，再將相關概念在各家學說中的義理蘊涵條分縷析，融會貫通。唐君毅是這樣說的，也是這樣做的。他的《中國哲學原論》系列著作就是對中國哲學中的一些核心概念及其蘊涵的義理進行系統深入的梳和會通。唐君毅論老子之道之六義貫釋，也就是他按這種學術理路，以道爲核心，通過梳理老子之道的六義、六義貫釋、四層陛進，來解讀老子哲學的一種嘗試。

〔註2〕 唐君毅《中國哲學原論・導論篇》，北京：中國社會科學出版社，2005年版，第224～225頁。

〔註3〕 見霍韜晦，《唐君毅著作選編序》，唐君毅《生命存在與心靈境界》，北京：中國社會科學出版社，2006年版，第2頁。

按唐君毅統計，在老子書中，「道」先後出現了 67 次，解析「道」的涵義，大致可分爲六種。〔註4〕

（一）道之第一義：有通貫異理之用之道

這個第一義，類似於今天我們所謂的自然法則、宇宙原理，或萬物的共同之理。

唐君毅的這一說法，顯然深受韓非子的影響。韓非子解老，別理於道，其解老篇謂：「道者，萬物之所然也。……萬物各異理，而道盡稽萬物之理。」由此，唐君毅歸納出道之第一義。既然是所謂萬物之共同之理，則道當非實體，而只爲一虛理。所以第一義之老子之道，即就其非實體而乃虛理而講。唐君毅強調，此虛理之虛，言其無單獨之存在性，不可視同於一存在的實體。

關於此第一義老子之道，唐君毅舉老子書爲例以說明。例爲：

> 天之道，其猶張弓歟？高者抑之，下者舉之，有餘者損之，不足者補之。天之道，損有餘而補不足。（《老子‧七十七章》）

唐君毅解釋說，我們日常所見，日中則昃，月盈則虧，川谷日滿，丘陵日卑，所有這些現象都可謂天之所爲。而這些現象都有一個共同的特點，即有餘者日損，不足者日盈。天之道，即就這一規律形式而言，「損有餘而補不足」，或謂「物極必反」，故以張弓喻之。天之道，損有餘而補不足，這只是普遍規律，是一種虛理。

（二）道之第二義，為形上道體

按唐君毅的說法，老子書中這一涵義的道，明顯是指一實有的存在者，或一形而上之存在的實體或實理者。他舉老子書中例爲：

> 有物混成，先天地生。寂兮寥兮，獨立而不改，周行而不殆，可以爲天下母。
>
> 吾不知其名，字之曰道。（《老子‧二十五章》）〔註5〕

按唐君毅的解釋，老子在這裡言「道」，直接講有物混成，而爲天下母，則道當爲一形而上之存在者，且有生物之實作用，如母之能生子；且有寂兮

〔註4〕唐君毅《中國哲學原論‧導論篇》一書，北京：中國社會科學出版社，2005年版，第225頁。

〔註5〕唐君毅引用老子書的版本顯然不是古本，古本非「天下母」，而作「天地母」。關於此章老子書版本同異及相關考證，可參看陳鼓應《老子注譯及評介》，北京：中華書局，1984年版，第164～165頁。

寥兮，獨立不改，周行不殆之實相。喻如有物，則其如物之具實體性可知。〔註
6〕

　　所謂有生物之實作用，如母之能生子。此是言道能生物，亦即言物之所
以成。韓非子《解老篇》謂：「道者，萬物之所以成也。」此所以成，非虛指
其成之所依之律則、形式，而是實有使之成也。故老子言道之第二義有別於
第一義，其要在一虛一實。第一義爲虛，第二義爲實。

（三）道之第三義，為道相之道

　　唐君毅解釋說，老子書中道之第二義爲形上道體，此爲形而上之存在者，
本非可說、可道、可名之範圍。凡言相者，都是對他者而顯現。道體本身，
無相可說。但道體既能生物，而爲萬物之母，則對其所生之物而言，道體也
應該有不同於其所生萬物之相者。如道體相對於萬物之有形，可謂「大象無
形」、「道沖而用之」、「虛而不屈」，則道呈現「無」、「沖」、「虛」之相，而可
以「無」、「沖」、「虛」言說之。又由道生萬物而言，萬物既有，道亦當爲有，
遂亦呈「有」相，可以「有」言說之。即便前面講的道之本身非可說、非可
道、非可名，相對於萬物之可說、可道、可名而言，此非亦可視爲道之「不
可說相」、「不可道相」、「不可名相」。言道體本身無相，亦可言其具有無相之
相，如老子所謂無狀之狀、無象之象，仍是狀是象也。這樣一來，說道有名
無名、可道不可道、可說不可說，盡可並行不悖。其自道體觀之，爲不可說、
不可道、不可名者，自道相而觀，則大有可說、可道、可名者在。即便說其
不可說、道其不可道、名其不可名，亦皆是有所說、有所道、有所名，而皆
在「說」、「道」、「名」之範圍內。

　　既明道相乃道體對萬物而呈之相，則道相本與道體有別。然因道相依於
道體，至道之一詞，既可專指道體，亦可兼指道相。此即爲老子書中道之第

〔註 6〕這裡，老子所謂「有物混成」之「物」，唐君毅理解爲具實體性的實物，此解
　　　　未必確切。實際上，老子所謂「有物混成」之物，和老子二十一章所言「道
　　　　之爲物」之「物」，用法是一樣的。陳鼓應講，老子對於道的理解，決不及我
　　　　們今天有了科學的分析方法這樣清楚。他沒有一個現成名詞可用，但又要打
　　　　破天、帝的有神論的傳統，所以老子對道有種種描述、種種討論。所以老子
　　　　所說「有物混成」、「道之爲物」之「物」，實際不過是一種表述上的臨時性借
　　　　用，以指代正在討論的對象，約略相當於「這麼一個東西」，而並非實指某種
　　　　實物，更遑論具有實體性了。可看陳鼓應《老子注譯及評介》，北京：中華
　　　　書局，1984 年版，第 163～164 頁。

三義的由來。唐君毅舉老子書中例云：

> 吾不知其名，字之曰道，強而名之曰大，大曰逝，逝曰遠，遠
> 曰反。(《老子・二十五章》)

按唐君毅的解釋，老子在這裡既字之曰道，又名之曰大，曰逝，曰遠，曰反。此大、逝、遠、反，皆爲形容詞，唯所以狀道之運行之相。是以道相指目道體，而意涵道之一辭，義可同於道相之大、逝、遠、反。

（四）道之第四義，爲同德之道

在老子書中，道與德本來是有分別的。按唐君毅講的前述道之第一義與第二義，道乃萬物所循之共理，或萬物所自生之本始或本母。而德，則爲具體的人或物得之於道以自生自循者。但說道和德雖有分別，也復不可一概而論，道之義亦未嘗不可同於德之義。唐君毅解釋說，說物有得之於道者爲德，則此德之內容，亦只是其所得於道者；而此其所得於道者，固亦只是道而已。又，萬物得之於道者爲德，從道自身來看，也可說道有得之於其自身者，道也當有道之德。道自身之德，老子稱爲玄德。

> 道生之，德畜之，物形之，勢成之。是以萬物莫不尊道而貴德。
> 道之尊，德之貴，夫莫之命而常自然。故道生之，德畜之；長之育
> 之；成之熟之；亭之毒之；養之覆之。生而不有，爲而不恃，長而
> 不宰。是謂玄德。(《老子・五十一章》)

唐君毅認爲，道之畜物生物，亦只是以其自身去畜物生物。彼雖畜物生物而有德，仍不失其爲道，則有德亦同於有道也。基於這些原因，唐君毅得出結論，道之一義，亦可同於德。不過，道之同於德，只有兩種情況，或同於物所得所有之德，或同於道之畜物生物之德。唐君毅分別舉例說明如下：

> 道者萬物之奧，善人之寶，不善人之所保。(《老子・六十二章》)

按唐君毅的解釋，「奧爲屋之一隅，寶者人之一物」〔註7〕，老子講道爲萬物之奧，人之寶，則這裡的道，當然屬於人物所有所得者。所以，此處的道，同於人物所得所有之德。

> 大道泛兮其可左右，萬物恃之而生而不辭，功成不名有，衣養
> 萬物而不爲主。(《老子・三十四章》)

〔註 7〕 此處唐君毅關於奧和寶的解釋，異於一般傳統的理解，但唐君毅只是取其原始本義，故亦未嘗不可。可參看陳鼓應《老子注譯及評介》，北京：中華書局，1984 年版，第 303 頁。

唐君毅認為，此處實言道之畜物生物之玄德之狀，故此處言道，同於言道之玄德也。

（五）道之第五義，為修德之道及其它生活之道

按唐君毅的說法，老子書中之道之第五義，為人欲求具有同於道之玄德，而求有德時，其修德積德之方，及其它生活上自處處人之術，政治上軍事上治國用兵之道。就道之第五義而言，比前述同德之道層次要低，純屬應用上之道，類似於人們今天講的修養方法，生活方式或處世應務之方，簡言之，即謂人之生活之道也。

最典型的例子為：

> 上士聞道，勤而行之；中士聞道，若存若亡；下士聞道，大笑
> 之，不笑不足以為道。（《老子·三十四章》）

此處所謂道，唯待人之勤行，則顯然不同於第二義有物混成之道，亦非此形上之道之道相，復非第一義之自然律。人聞此道，或行或笑，則聞道不同於有德，而與第四義之道亦異。然則此道之義，要在不外人之求所以有德之修德積德之方。其它如老子所謂致虛守靜，滌除玄覽，三寶之所謂慈、儉、不敢為天下先，以及見素抱樸，少私寡欲等，皆為老子所謂修德積德之方。

除此修德積德之道之外，老子復盛言其它種種生活上自處處人之道、政治軍事上治國用兵之道。凡此種種，皆屬於道之第五義。唐君毅講，在老子書中，言及此第五義之道者，實在是最多。老子之思想，對中國之政治社會與一般人之人生觀，其影響最大者，亦在於是。唐君毅特別強調，此第五義之道，老子講得最多，然第五義不過僅為老子之道之一端，亦最不足以見老學之全及老子根本精神所在也。

事實上，老學之所以容易讓人誤解，老子之學之所以容易被人利用，容易產生負面影響，直至今日依然不止，究其原因，罪魁禍首就在這個道之第五義。老子所言第五義之道，盡可脫離其它數義之道，為人之所瞭解而奉行。此第五義之道，盡可脫離老子之形上學而獨立。後之持不同形上學者，亦可有類似之言論或觀點，或於此徑直照搬老子之說。老子之說，在老子之道、老子之思想系統中，本來有其特定的意義，但其它人或不同派別的學者，亦未嘗不可兼依老子之言而行，以達到不同於老子之做人目標。又，老子之言，在老子系統中本來應該是一個整體，但其它人斷章取義，只取老子所言之其一，不顧其二，這也是讓人無可奈何的事情。

關於老子之道之第五義引發的相關問題，乃至關於老子之道之整體性局限，唐君毅也有自己的認識。在《中國哲學原論・導論篇》一書中第十二章《原道上：老子言道之六義貫釋》之最後，單列一節專門討論老子論道之思想之外限。通過將老子論道之思想與儒家思想特別是中庸易傳中的義理相比較，唐君毅得出的結論是，老子之道可謂智慧及之，而無仁以守之，所以不及儒家思想智及仁守之至善也。

關於老子之道的局限，牟宗三也有重要的批判，並表現出與唐君毅的一些區別。唐君毅認爲老子之道有智及而無仁守，這一點牟宗三是認同的。牟宗三認爲，老子之道不過是「破除了外在形式和人爲的對待而顯的一個混沌，其中並無德性內容」〔註8〕。老子言道之第五義的內容，在老子書中說得很多，其中一些類似權謀之術，歷來容易被後世一些政治、軍事、管理等方面的陰謀家、野心家所利用。典型的一些話語如：

　　　古之善爲道者，非以明民，將以愚之。民之難治，以其智多。
　　故以智治國，國之賊；不以智治國，國之福。(《老子・六十五章》)
　　　將欲掩之，必固張之。將欲弱之，必固強之。將欲廢之，必固
　　興之。將欲取之，必固與之。是謂微明。」(《老子・三十九章》)

這種權謀之術構成老子哲學中常被人詬病、被認爲「陰險」的一面。老子書也被後世許多政治陰謀家當作從中汲取鬥爭策略術數權謀的秘本珍籍，成爲弄權克敵的法寶，至有後來所謂「人君南面之術」。牟宗三對此有深刻的批判。在《歷史哲學》一書中，牟宗三於其中第二部「春秋戰國秦」之末專列章節，批判「佛老申韓之生心害政」〔註9〕。在《政道與治道》一書中，牟宗三於「法家的物化的治道」章節對後期法家特別是韓非的思想做了非常深刻的批判。〔註10〕

牟宗三認爲，後期法家思想和秦政的實踐由盡物力之戰國時代精神墮落到「物化的治道」，背棄人文理想，走向歷史的反動。本來，商鞅言法，申不害言術，韓非卻俱以爲不足，而強調法術兼備。這本身也是一個發展。然韓非就此而普遍化之，先反賢、反德、反民智、反性善，進而反孝悌反仁義禮智，由此進而言君術。由乾枯的理智與君術，遂把道家的道吸收進來以爲

〔註8〕　牟宗三，《政道與治道》，桂林：廣西師範大學出版社，2006年版，第36頁。
〔註9〕　牟宗三，《歷史哲學》，桂林：廣西師範大學出版社，2007年版，第126～134頁。
〔註10〕　牟宗三，《政道與治道》，桂林：廣西師範大學出版社，2006年版，第36～37頁。

「體」。道家的道並無德性內容，只是破除外在的形式與人爲的對待而顯的一個混沌，故爲法家所用。君在權位上本是個超越無限體，今復益之以無德性內容、無價值內容之乾枯冷靜的虛寂渾全之心以爲神秘莫測之術府，則極權專制爲不可免。

後期法家思想對人類歷史的破壞性非常大，因爲君術之秘府中並無光明，所以法所傳達的只是黑暗；而又反賢、反德、反民智、反性善，則人間光明之根已被抹殺。這樣整齊劃一之法由術府壓下去而昏暗了一切，亦即物化了一切。

所以，牟先生說：「韓非之教是極端愚民、獨裁、專制之教。嬴政、李斯實行這種思想政策，就是焚書坑儒，反歷史文化，以法爲教、以吏爲師，而大敗天下之民。」〔註11〕在對待韓非的看法和態度上，唐君毅與牟宗三有明顯的區別。唐君毅對韓非及其《解老篇》很重視，甚至推崇。唐君毅論老子之道之六義，時常引用韓非之見，甚至連老子書的文本都借用韓非《解老篇》。而牟宗三對韓非顯然是非常反感並極力批判的。牟宗三認爲，韓非從老子書中讀出了自己需要的東西，即老子之道並無德性內容，只是破除外在的形式與人爲的對待而顯的一個混沌，故正好爲法家所用。按牟宗三的說法，「韓非的思想深刻、動人，他搞出這一套來，要把人變成物，很不容易」，但顯然走向了歷史的反動，包括其解老、喻老之作，雖然用功頗深，但分明是走錯了路，讀歪了。〔註12〕

（六）道之第六義：為事物及心境人格狀態之道

按唐君毅的說法，老子書中所謂道之第六義，爲指一種事物之狀態，或人之一種心境或人格狀態，而以「道」之一名，爲此事物狀態或心境、人格狀態之狀辭。

老子對道之第六義的用法有幾種情況，唐君毅分別舉例說明：

> 上善如水，水善利萬物而不爭，處眾人之所惡，故幾於道。（《老子·八章》）

唐君毅解釋說，因爲老子以弱爲道之用，以處下處卑爲教，以慈爲寶，而水至柔弱，又處眾人所惡之卑下之地，還能澤及萬物，正有類於是。即說水能體現老子所講的道，故說近於道。此處道像表現於水上，故爲一加於「水」

〔註11〕牟宗三，《政道與治道》，桂林：廣西師範大學出版社，2006年版，第37頁。
〔註12〕牟宗三，《政道與治道》，桂林：廣西師範大學出版社，2006年版，第37頁。

之狀辭，可謂水之道相。

> 天下有道，卻走馬以糞。天下無道，戎馬生於郊。罪莫大於多
> 欲，禍莫大於不知足，咎莫大於欲得。故，知足之足，常足矣。(《老
> 子・四十六章》)

老子常言類似「天下有道」之語，按唐君毅的解釋，此道之在天下，並
非講「天下」有所得於道者，以成爲天下之德。蓋天下一名，乃總天下萬物
之集體名辭，非如個體人物之能實有得於道而爲一己之德。故所謂天下有道，
乃泛言天下政治社會及人之行爲，合乎宜有之方式或道之謂。當此之際，由
道之普泛地表現於天下，言天下有合乎道之狀態，此道亦可視爲加於「天下」
之狀辭也，可謂天下之道相。

> 古之善爲士者，微妙玄通，深不可識。夫唯不可識，故強爲之
> 容。豫兮若冬涉川，猶兮若畏四鄰，儼兮其若客，渙兮若冰之將釋，
> 敦兮其若樸，曠兮其若谷，混兮其若濁。孰能濁以止？靜之徐清。
> 孰能安以久？動之徐生。保此道者不欲盈，夫唯不盈，故能敝不新
> 成。(《老子・十五章》)〔註13〕

此處所謂保此道之道，如解釋爲形上之道，則顯然疏遠而不切。唐君毅
講，如通全文而觀，則此道之一辭，當指人之心境及人格狀態合乎道之狀態，
故爲加於人之心境、人格狀態之上之狀辭，可謂人之道相。

二、唐君毅論老子言道之六義貫釋

（一）何為六義貫釋？

如前文所述，唐君毅析老子之言道有六義。事實上，老子本未言所謂道
之六義，老子只言道，是唐君毅根據自己的理解，將老子書中老子所言之道
的具體義涵劃分爲六種，而老子本人則未必會認同也。唐君毅在《中國哲學
原論・導論篇》一書中先論老子言道之六義後，又列一章專論老子言道之六
義貫釋。

何爲六義貫釋？若要追問唐君毅所謂六義貫釋到底是指什麼意思？他想
說什麼？我們還是先看唐君毅原文怎麼說。根據本人細讀，有三處文字可能
關涉唐君毅所謂六義貫釋之意。一是該章第一節標題中謂「會通此六義之

〔註13〕 唐君毅原著引文如此。老子此段文字各版本間差異甚大，具體考證可參看陳
　　　　鼓應《老子注譯及評介》，北京：中華書局，1984 年版，第 117～123 頁。

道」，二是開篇文字中有言，欲對老子所言之道之六義，「加以一貫之解釋」；三是唐君毅接下來的思路，謂我們唯有先從六義中選擇一義，以爲貫釋之始點，然後引申其涵義，以「次第順通其餘五義而無迂者」。根據這三處提示，我們可推測唐君毅所謂「六義貫釋」的大致意思。本來，老子書中老子言道並無六義之別，唐君毅將老子所言之道的意思解析爲六義，然而，正如唐君毅自己所言，此六義「並非彼此處處相依相待而成立，亦非決不可分離而論之一整體」〔註14〕。六義是可以各個單獨分開的。唐君毅同時又認爲，老子書畢竟不能無一貫之宗旨，所以，唐君毅認爲自己應該對六義作進一步的解釋，以說明六義雖然看起來不是一個整體，但其中應有一以貫之之內在關聯，可以做會通的理解。

我們認爲，唐君毅的這些考慮都是可以理解的，但他的具體做法卻令人費解：先從六義中選擇一義（第二義），然後試圖「次第順通其餘五義而無迂」。問題是，究竟何爲「順通」？

唐君毅費力作這種所謂六義貫釋究竟有何意義？事實上，唐君毅的《中國哲學原論·導論篇》一書問世幾十年來，雖然研究者不少，但其六義貫釋受到的重視和關注並不多見，即便有專門研究者評價也不太高，如臺灣學者吳汝鈞在其專文《唐君毅先生對老子的道的詮釋：六義貫釋與四層陞進》中也表示：「唐先生在這方面，做得並不夠清晰與妥貼。」〔註15〕

（二）以第二義爲始點，而第二義又不可致詰，只能直覺印證其存在

唐君毅六義貫釋工作的第一步，是要從道之六義中先擇一義作爲始點，繼而順通其餘五義。那麼該選擇六義中的哪一義合適呢？這裡，唐君毅先辨六義之虛實。唐君毅認爲，道是有虛與實兩面的。說道爲虛，即謂其本身不能單獨存在，沒有實際作用，亦無實相可言。這類似於佛家所謂的假法，或西方哲學中所謂抽象的有。而說道爲實，則謂其不是假法，亦非抽象的有，而是具有實際作用、實際相狀的實質存在的東西，可謂實體或實理。唐君毅認爲，這裡所謂的實，雖不及具體事物之有形體，但也絕非抽象思維所對應的規律或形式，而是形而上的具體的存在。

這樣一來，問題就簡單了。在前述道之六義中，按唐君毅的理解，第一

〔註14〕唐君毅《中國哲學原論·導論篇》，北京：中國社會科學出版社，2005年版，第235頁。

〔註15〕參見吳汝鈞《老莊哲學的現代析論》，臺北：文津出版社，1998年版，第278頁。

義即原理之道，為虛而非實；第三義之道相，亦虛而不實；第五義積德修德之方與生活之術，就其方術本身而言，亦為虛而不實，第六義事物、天下及人之道相，顯然也虛而不實。餘下的只有第二義形上道體之道及第四義之人得於道之德。在這兩者之中，人有得於道，乃由於形上之道體先在。故唯第二義之道，堪為順通其餘五義之始點。

　　按唐君毅的說法，我們可由形上道體為如何，言其相之如何，再由其體、相之如何，以言其生人物時，其自身之玄德如何，人物所得於道者如何，言人物之由道生及有得於道之後，其存在所依循之律則原理又如何，更言人欲進一步有得於道時，其積德修德及生活之方術該如何，事物、人之心境與人格狀態合於道時其道相又如何。如此，從第二義出發，其餘五義皆可次第順通。

　　不過，唐君毅自己馬上提出一個問題：即便以第二義之道為始點，可以依次順通其餘五義之道，然則第二義之道本身如何確立？唐君毅指出，老子言道，涵自然律之義，則非徒為物質材料；有實作用，又不只是一形式之理念。老子並未明言道為一超越之上帝心靈或上帝之人格，復未證明其只能為一而不能為多，又何以謂必有此混成之道，為天地萬物之本始或本母，且恒說為一而不為多乎？通觀老子之書，對此實無任何論證。

　　於此，唐君毅又舉老子書為例：

　　　　視而不見，名曰夷；聽之不聞，名曰希；搏之不得，名曰微。

　　此三者不可致詰，故混而為一。（《老子‧十四章》）

　　按唐君毅理解，老子於此「有物混成」之道體，直言人對之「不可致詰」，就是說，老子認為對此道體不容人有理性的懷疑和追問。那麼顯然，老子之道體，並非依靠理性原則確立。我們又不能視之為老子所作的一個假設，亦不能當作人們的一種宗教式的信仰。唐君毅於是得出結論：老子之知有此形上道體，唯有一種可能，即老子之直覺告訴他此道體之存在。

　　然則老子又是如何直覺到道之存在的呢？

　　唐君毅認為，老子之能直覺到道之存在，必源於老子自己之心境與人格狀態，與道相應。而這心境和人格狀態之能與道相應，必來自老子的修養工夫，即致虛守靜，滌除玄覽。唐君毅進一步指出，如果我們也有像老子那樣的修養工夫，也可能達到類似老子見道那樣的心境或人格狀態，於是也應該可以直覺道體之真實存在，即也可以見道了。

唐君毅又強調，言見道者，初非無見於萬物之有相，實先見萬物之有相，乃由致虛守靜之工夫，由觀一一之有之歸根復命，以見其無相，遂由有見而無見；乃轉而再見彼萬物之實體之有相，皆渾化於此無相之中，以爲一混成之道體，而再見此道體之混成相，以悟此道體之呈於目前。

何爲見道？唐君毅有一段解釋很漂亮：

> 人由致虛守靜之工夫而見道，非即彼夜霧迷茫，物皆昏昧，醉酒魂迷，悶悶無知；而是即此清明在躬，諸事既爾歷歷分明，而復如悶悶無知；即此晴日當空，萬象既爾列列森羅，而復如昏如昧。此乃惟賴人於萬事萬物之「既有」而「復歸於無」之二者，如實深觀，而舉此「無」以涵蓋於萬物之「有」之上，再混而一之，使一混成之物，躍然如見，並使以後之思想，念茲在茲，更無歧出，以捨近求遠、捨易求難，方爲見道也。〔註16〕

關於道體之眞實存在之致詰，唐君毅講，人之易有此問，實因人之捨近求遠、捨易求難之心習牢不可破。而此心習之化除又確實艱難。關鍵在於依直覺印證道體存在，這本身不僅僅是一個認識論的問題，更重要的是一個修養工夫問題，是實踐問題。若只憑理性心理習慣思考、追問，這是沒辦法回應的，因爲這是實踐的問題，不是僅憑理性思考就能解決的問題。

（三）第二義與其餘五義的貫通，及道何以生不道之問

按唐君毅的思路，所謂六義貫釋，就是以道之第二義爲始點，順通其餘五義。

剛才前面我們討論道體，已經附及道相與物相之異，可見由第二義之道體，完全可以直接順通至第三義之道相之論。道相乃對照物相而呈現於人心者，苟無道體生物，物無物相，則一切道相，畢竟不可說；苟無物相對照，則無道相可言；又或苟無吾人靈慧之心，持舉物相爲對照，以觀道相而體現之，以成玄覽，則道相亦不呈於心，道相亦無可說。故必有此道之生物，物呈物相，與此靈慧之心之玄覽，三者皆具，然後道相斯呈。是見道相不能虛懸，單循老子所謂道相如「無」、「自然」等以觀世間，亦不能作爲論道之始點所在，而當次於論道體之後也。

接下來由第二義之道體順通第四義同德之道。

〔註16〕唐君毅《中國哲學原論・導論篇》，北京：中國社會科學出版社，2005年版，第239頁。

前文論道之六義部份討論第四義時，我們已經解釋過，在老子書中，道與德本來是有分別的。按唐君毅講的道有六義，而德則爲具體的人或物得之於道以自生自循者。其實，老子書中並未有明說德爲得之於道者，但是通觀老子書，若言以得於道者爲德，也未拂老子之意。眞正首先明言德得於道的是王弼。王弼注老子時說：

德者得也，常得而無喪，利而無害，故以德爲名焉。何以得德？

由乎道也。（王弼《老子道德經注》三十八章）

但說道和德雖有分別，也復不可一概而論，道之義亦未嘗不可同於德之義。唐君毅講，說物有得之於道者爲德，則此德之內容，亦只是其所得於道者；而此其所得於道者，固亦只是道而已。又，萬物得之於道者爲德，從道自身來看，也可說道有得之於其自身者，道也當有道之德。道自身之德，老子稱爲玄德。唐君毅認爲，道之畜物生物，亦只是以其自身去畜物生物。彼雖畜物生物而有德，仍不失其爲道，則有德亦同於有道也。基於這些原因，唐君毅得出結論，道之一義，亦可同於德。不過，道之同於德，只有兩種情況，或同於物所得所有之德，或同於道之畜物生物之德。

至於道之第二義與第四義的貫通，唐君毅先從「有生於無」說起。唐先生指出，我們說萬物先無後有，由無而生，這個無不應爲虛無之無，而應該是指混成道體之無物相之無。這樣，道便能生物，我們也可說物源於道，而物有得於道者便成爲其德。德來自道，在本質內容上仍是道。這樣，實體的道與表示同於萬物得於道之德的道就可以貫通。

關於道之第二義與第一義之貫通，老實說，唐君毅並未能做出清晰與妥貼的解釋。如前所述，第一義爲萬物的自然律，此萬物之自然律如何與第二義的形上道體相貫通呢？唐君毅先從萬物的生物功能著眼，由萬物之功能衰竭，由生而壯、由壯而老、由老而死，最終歸入「由始而終，由有而無」的共同律則。萬物之所以有這些生滅變化，是由萬物自身的功能、特性決定的，而這些功能、特性即爲萬物之德。而此德是來自於道的。又，萬物之自然功能、特性究竟是什麼樣呢？那是一種無形的有，或隱於無中之有，這也與道相通了。

另一方面，我們可由萬物之生滅變化、時有時無，而言萬物之無常之性。而無常性乃和常住性相對而言、相對而顯的，既言萬物之生滅無常，則必有無生滅、常住之對象同在，此正是第二義之形上道體。萬物之無常，對顯道之常住。從這個層面，也可言自然律則與道體之貫通。

關於道之第二義與第五義、第六義之貫通，唐君毅說得比較簡略。如前所述，道之第一義萬物之自然律則，唐君毅稱之爲自然律。相應地，第五義本爲人的修德積德之方、生活中自處處人之術、政治軍事上的治國用兵之道，唐君毅稱之爲生活律。自然律屬於自然實然，而生活律屬於宜然當然，所以二者不同。自然律是萬事萬物共同遵循的普遍的法則，我們人則在此基礎上建立爲人自作主宰的生活律。自然律是來自於道，生活律同樣也是爲了使人生活之事與形上道體之要求相符合，是爲了求得人的生活具有形上之道的德性，使道之德性表現於人的生活之中。這樣，人的生活律就與道貫通起來。而一旦人們遵循生活律行事，道之德性表現於人的生活之中，人生命就與其所來自的道體相接通，道之德性就會內在地被人心攝納，而人的心境、人格狀態，自然就會合於道，從而呈現道之相狀，即具有道相。這樣，道之第五義、第六義就都與第二義貫通了。

唐君毅討論至此，忽然靈光乍現，提出了一個所謂「不道」的問題。如前文所講，萬事萬物的功能特性、人的行爲方式若能合於道，道之相狀就會呈現出來，從而表現出道相。這時候，我們可以說事物有道，說人有道，或說天下有道。唐君毅講，既有合於道而同於道者，就應當也有不合於道、不同於道者。老子亦有言云：

> 物壯則老，是謂不道，不道早已。(《老子・三十章》)

> 天下有道，卻走馬以糞。天下無道，戎馬生於郊。(《老子・四十六章》)

老子也稱不合於道者爲不道或無道。唐君毅於是就追問：老子既言天下萬物皆由道生，何以復有彼「無道」「不道」者？如此無道不道者，初不由於道而生，則道非生一切者，而不得爲萬物之母。如其亦由道而生，則道又何能生彼不道與無道者乎？

善哉此問！道何以生不道？這是一個很好的問題，也是我們應有之問。

然而，唐君毅卻說，此問似難而實易。

唐君毅的回答非常漂亮，他解釋說，所謂不道無道者，唯對道而立名。老子言「物壯則老，是謂不道，不道早已」，表明老子亦承認有不道無道者存在，然依老子之義，此不道者日趨死亡，而將由存在變爲不存在。此則前述自然律使之然，亦即自然律所根之道體使之然。不道者早已，即謂此不道者日趨死亡，而將由存在變爲不存在，實乃根於道體，而爲合於道者。由是觀

之，此不道者，雖宛然與道相對而並存，實則並不能與道並存也。至於要問，道何以生不道，則須知彼不道者之初生，原非不道，如壯老者爲不道，而壯老者固非初生即壯老也。而不道者早已，此不道者將由存在變爲不存在，實乃根於道體，正爲合於道者。所以，唐君毅說：

> 通此「道之生所謂不道之物，而又使之早已」之全部歷程以觀，實無不道之物，亦無不道之道，堪與此道相對而並存；而吾人亦不須爲之另求其所以存在之根源。彼道何以能生不道之物之問，乃源於吾人之以道與不道之物，乃相對而相反，故疑其不可以相生。今吾人能明其雖一時宛然相對相反，終必歸於不成相對，而不復相反，則可從根上加以解消此問，無待另答矣。〔註17〕

三、唐君毅論老子言道之四層陞進

關於老子之道，如前所述，唐君毅在《中國哲學原論・導論篇》一書中作了六義貫釋，對老子之道的義涵做了系統而深入的剖析。在另一書《中國哲學原論・原道篇》之第八、九章，唐君毅又專門討論《老子之法地、法天、法道，更法自然之道》，將老子之道從法地、法天、法道、法自然四個層面作了進一步的揭示，爲我們展現了老子之道的另一番理境。

老子言道有云：

> 人法地，地法天，天法道，道法自然。（《老子・二十五章》）

唐君毅認爲，老子雖只講人法地，而地法天，則人亦應法地所法之天；天法道，則人亦應可法地、天所直接間接法之道；道法自然，則人亦應可法地、天、道所直接間接法之自然。換句話說就是，人之法道，可以有法地、法天、法道、法自然四個層面。

（一）法地

地的性格可稱爲地道。地道是趨向於下，且主柔弱。唐君毅認爲，地道可以給我們重要的啓示。凡事物之狀態，類似柔弱的，反而容易生存下去，所謂與生爲徒；而類似剛強的，反而不易長久，所謂與死爲徒。萬物所居位置都是相對的。居於高位的，都會趨於向下，下位象徵柔弱，但柔弱反而容

〔註17〕唐君毅《中國哲學原論・導論篇》，北京：中國社會科學出版社，2005年版，第253頁。

易得到生存下去的機會。此即所謂「剛柔相勝，高下相傾」。地道展現的這種性格，其實亦爲道之性格。所以，我們要效法地道。

地趨於向下，落下來便形成谷。谷之喻，老子非常重視且經常提到，所謂「上德若谷」、「曠兮其若谷」、「知其榮，守其辱，爲天下谷」。谷之可貴，在於它雖爲一切水流之所歸向，但並不把水留住，而是任由水流入江海。這足以顯示谷之沖虛的性格及不窮的作用。所以，老子說「谷神不死」，以喻道之玄德。

老子看到地道之「剛柔相勝，高下相傾」，要我們效法地道，循卑弱之道而行。從實踐意義上講，老子關於地道之教具有較強的功利意味。所謂「外其身而身先，後其身而身存」。

一切委曲是爲了求全，一切算計都爲了自保。這裡也可看到老子之道的某種陰暗、虛僞的特性。老子之道對中國歷史文化、民族性格的消極、負面影響，此即爲根源之一。

（二）法天

所謂「天之道，損有餘而補不足」，是說天道對於地上的一一個體事物有「抑高舉下」的作用原則。它要平世間之不平，對於或高或下、有餘或不足的事物之存在狀態、相對地位作重新的規定和調整。所謂地法天即就此而言，即謂地上之事物都會順從天道「抑高舉下」、「損有餘補不足」之要求而作相應調整。唐君毅指出，人之法天，亦應效法天道之「抑高舉下」、「損有餘補不足」之原則，平世間種種不平，以此爲己任，最後歸於利而不害。這便是人法天之義之所在。

唐君毅特別指出，和地道相比較，天道有兩點重要不同。其一，天道是就它表現於萬物的總體而言，它所對的，是天地萬物的全部，而不是其中的一部份，更不是某個具體的個體。而地道則不然，地道是就地上種種具體的事物而言，如水、川谷、江海、嬰兒，等等。這些特殊事物各有各的具體的現實的狀態及相對不同的地位，或柔弱、或剛強，或居高、或居下。這些狀態都是可以互相轉換的。其二，天道是就萬物的客觀公有性而言，不同於地道之從特殊個體事物的主觀的私有性而言。如天道之「抑高舉下」、「損有餘補不足」之原則，乃對天地萬物總體而言，與地上一一分別的個體事物主觀的私有的願望無關。唐君毅認爲，憑這兩點，天道層次就高於地道。

（三）法道

天道、地道，本身也是道之表現。唐君毅講，按老子言道之義，我們除了法地、法天，還可以直接法道。法道，就是直接效法道之本身。

　　關於法道，唐君毅先從道之超越性入手。唐君毅首先指出，萬事萬物自身都有超越自己的意義。就地道「剛柔相勝，高下相傾」而言，剛柔相勝的結果是，剛非剛，柔不柔；高下相傾的結果是，高非高，下不下。這種剛柔高下的轉化，從法天的層面看，也正是天道「抑高舉下」、「損有餘補不足」的表現。天道作用之下，有餘者不再有餘，不足者亦不再不足。這種轉換也正展示了萬物自我超越自身的意義。

　　由於道之超越性格，我們可以把道超越地提舉出來，與萬事萬物分離開來，直接作爲我們效法的對象。唐君毅強調，這也是老子教我們的做法。老子要求我們順著道之超越義前行，自求超越於所見的天地萬物，進而不見天地萬物，而只見道本身，而直接效法道之本身，此即法道也。如何能做到法道呢？唐君毅講，按老子之意，我們要損抑自己日常向外看天地萬物的感覺、對天地萬物的欲望、紛馳的意念及一般所謂的學問知識，以純化自己的智慧心靈，專心於見道、體道，而爲道、修道。

　　老子有云：

　　　　爲學日益，爲道日損，損之又損，以至於無爲。(《老子·四十八章》)

　　　　塞其兌，閉其門，挫其銳，解其分，和其光，同其塵。(《老子·五十六章》)

　　　　不出戶，知天下；不闚牖，見天道。其出彌遠，其知彌少。(《老子·四十七章》)

　　本來，老子這些話語是很令人費解的，也容易引起爭議，所以一直爲人所詬病。唐君毅指出，這些話語，正是老子教我們直接法道的法子。將感覺、心思，從外在世界收回來，儼然對外在世界一無傍依，這樣，我們才能超越看到的外在世界，不受外界影響，才能見道體道，才能效法於道。

　　　　五色令人目盲，五音令人耳聾，五味令人口爽，馳騁畋獵令人心發狂，難得之貨令人行妨。是以聖人爲腹不爲目，故去彼取此。(《老子·十二章》)

　　老子這段話非常漂亮。尤其對於生活在現代社會的人來說，將感官、心思從紛紛擾擾的外在世界收回來，超越誘惑，回歸自我，安頓自己的心靈，這正是我們迫切的需要。可以說，老子的教導能給我們直接的啓示。

（四）法自然

法自然是法什麼？唐君毅認爲，法自然乃承法道而來。我們法道之工夫，要能相續，以至於與道浹洽，安之若素，不失其所以地守道，務求體會道之恆常性，以獲致自在、自如、自然的心境。唐君毅強調，道在自然方面最重要的啓示是「生而不有」。老子講：

> 生而不有，爲而不恃，長而不宰，是謂玄德。（《老子・十章》）

道生萬物，卻不去佔有萬物、依仗萬物、主宰萬物，這便是「生而不有」。萬物各自生自足，各然其所然，在這種義境中，道似乎把自己也隱藏起來，我們所見只是天地萬物一體平鋪，各自生長，各自滿足，各然其所然。這才是道之最高境界。我們法道，就要法這種道，也就是法自然了。

「生而不有」，方爲道之最高境界。此中義境，魏晉時期的王弼的解釋最爲經典：

> 不塞其源，則物自生，何功之有？不禁其性，則物自濟，何爲之恃？物自長足，不吾宰成，有德無主，非元而何？凡言元德，皆有德而不知其主，出乎幽冥。（王弼《老子道德經注》十章）

法道而不見道，唯見自然，儼然唯法自然。此實乃法道之最高境界。

（五）道之四層之正反相涵與次第陞進

在唐君毅看來，老子言道之法地、法天、法道、法自然四個層面俱有正反相涵之義。所謂正反相涵，即變化義、轉換義、超越義。

唐君毅解釋說，如法地之中，地道之「剛柔相勝，高下相傾」，顯示出萬物換位互轉，此即正反相涵；法天之中，天道之「抑高舉下」、「損有餘補不足」同樣會導致萬物換位互轉，即正反相涵；法道之中，道非天地萬物，而道超越天地萬物，於天地萬物中要顯示道之超越性，從而讓我們直接效法，這也有正反相涵之義；法自然中，法道而不見道，唯見自然，儼然唯法自然，亦顯正反相涵之義也。

唐君毅進一步講，此四層之道，仍有高下之分，亦涵一種層層陞進之義。

按唐君毅的解釋，第一層法地，具功利意義，不若第二層法天之超功利爲高；而第二層連著天地萬物講，又不若第三層法道之超越天地萬物、直接法道爲高；而第三層法道依然念念不忘於道，未若第四層之法道而不見道、唯見自然、儼然唯法自然之境界更爲高也。

法地、法天、法道、法自然，此四層有高下之分，從而展現出一種次第陞進。

四、唐君毅論老子之道與儒家之道的比較

在《中國哲學原論・導論篇》一書中，唐君毅對老子之道與儒家之道做了比較，認爲老子之道智及而無仁守，未若儒家之道之既仁且智也，而其根本原因則在於老子視人亦如視萬物之一。〔註18〕

（一）老子之道冷靜、無情味

唐君毅指出，如果將老子之道與儒家之道相比較，首先會對老子之道有一種印象，即：雖然說老子之道可能合乎我們對宇宙之所以爲宇宙之一種理性的直覺，但它與我們性情上之要求，或心靈上之價值感，不直接相干。我們如果依性情上之要求或心靈上之價值感，以觀老子，則無論其思想如何能自己保持一致，而處處能自圓其說，我們終將覺得，老子所說爲一冷靜無情味之宇宙觀、人生觀。

唐君毅舉了個例子具體說明：

> 老子之謂「物壯則老，是謂不道，不道早已」，此固可爲事實上之不得不然。然如持吾人性情上之要求，及心靈上之價值感，與此物之壯而老、老而死之事實，一朝相遇；則吾人不得不歡惜於物之何以不能自求合於道，以免於早已而死。至於謂道之於物，乃無論物之是否合於道，道終可自成其爲道；又無論是道內在於物，以使物具德而生，或超越於物，使物之無德者死，皆無礙於道之自身之長久與常一：則依吾人之仁心以觀此道，便爲一畢竟無情，亦無善無惡之一中性之形上存在。〔註19〕

老子之道即便也生萬物，而覆育萬物，實未嘗眞有仁於萬物，而其生萬物、覆育萬物之事，亦非眞涵具價値意義者。

（二）老子之道乃一混成之道，未若儒家之道「開物成務」、既仁且智

唐君毅將老子之道與儒家中庸易傳之道對比，認爲：天道之生物而覆育萬物之義，老子有之，中庸易傳亦有之；能靜而後能動，能柔而後能剛，能潛而後能顯，有陰而後有陽，則爲老子所重，易傳中庸之教，亦非不含具此

〔註18〕見唐君毅《中國哲學原論・導論篇》，北京：中國社會科學出版社，2005年版，第253～255頁。

〔註19〕唐君毅《中國哲學原論・導論篇》，北京：中國社會科學出版社，2005年版，第253～254頁。

義。然而，中庸以誠說天道，易傳以元亨利貞說天德，而以善之長、嘉之會、義之和、事之幹等價值上之概念，說元亨利貞，以繼之者善，說一陰一陽之道之流行，則爲老子所言明顯不同者。故老子之道，實不過一混成之道，且以混成始，亦以混成終，未若易傳之富有日新、開物成務之道及中庸之「洋洋乎發育萬物」之道矣。

作爲一個形上道體，如果只是開而生物，推物以出，復闔而藏物，納物以入，則其生、其開、其推，爲「與」，可以講無私也，如老子所謂「天之道利而不害」是也；然而，其藏、其納、其闔，謂之爲生而不有固可，謂之爲自取其所與者亦可。蓋因此道之天門開闔，即先與而後取，無私以成私。這樣的道體未能舉其自體，以全賦予於其所生之物，而一無私吝，以使此道所生者，亦能內具此道體之全，以爲其性，而自成一具生生之道、或生物成物之道者也。所以說，老子之道終爲不仁或非仁，不若中庸易傳之道體，爲一既仁且智之體而爲至善者也。

（三）老子之道有智及而無仁守，原因在於老子視人如萬物之一

儒者知天道之爲仁而至善，源於能由知人之心性，而本之以知天。

老子則未言人之心性爲仁，亦未嘗循之以知天。老子只不過由觀萬物之在天地間之由有而無，由生而復，以冥悟一混成之道。老子之視人，實如視其它萬物之一，而與他物同依一自然律以生。

故謂老子之道，有智及而無仁守，言其智足以知此自然律，與其所依之道體，遂能知其生活上之道之所宜然與當然，而由修德以上合於道體，而契彼玄冥耳。故老子有言：

> 天地不仁，以萬物爲芻狗；聖人不仁，以百姓爲芻狗。（《老子·五章》）

要說老子之道智及而無仁守，根源在於老子之視人，如視萬物之一。當然，人本來就是萬物之一。雖說老子之道顯得冷靜無情味，不及儒家之看上去溫情脈脈，但這裡蘊涵的眞正的問題並不如此簡單。

首先，儒家思想重視人，甚至立於人之本位，以人與天地並列而爲三。

> 可以贊天地之化育，則可以與天地參矣。（《中庸》）

> 天有其時，地有其財，人有其治，夫是之謂能參。（《荀子》）

所謂參者，人與天地並立爲三，形成天地人三才之道。儒家之重視人，可見一斑。但其實，老子也有類似的說法：

故道大，天大，地大，人亦大。域中有四大，而人居其一焉。
（《老子・二十五章》）

所以，從這點看，不能說老子就不重視人。老子之道，智及而無仁守，因為老子的路向不從人心走，討論不及人之心性，因此未能到達儒家之仁之義境。至於說老子視人如視萬物之一，此說不謬。不過，人本來就是萬物之一。所以，也難說老子思想之冷靜、無情味就一定不好（老子之道之好不好不在這裡）。老子之道本身就很複雜，其冷靜、無情味，在我看來，更多地是因為老子之道之超越義，其主旨不在於現實之事功，不注意具體個人之際會命運，無所謂個體之得失榮辱，甚至對歷史本身也不太在意，它更多地似乎是一種飄逸在歷史之外的觀照，甚至其所言說的對象不一定是人。所以顯得冷靜、無情味。相反，儒家思想言說的對象就是人，其主旨在於對人之教化。所以，儒家言仁，溫情脈脈。

另一方面，我們也看到，儒家反而有人類中心主義之嫌，為人所詬病。特別是論到現代生態倫理，儒家倒顯出不夠契合，而老子之道則似乎更能接近。〔註20〕

五、唐君毅論老子之道的評析

如前所述，唐君毅對老子之道作了兩個方面的剖析，一是析為自然律、形上道體、道相等六義，並予以貫釋；另一是析為法地、法天、法道、法自然四層。這樣，通過對老子之道的六義貫釋和四層陞進，唐君毅為我們展示了老子之道的全面的輪廓，使我們對老子之道能有多面而深入的瞭解。

唐君毅解析老子之道是嘗試以現代的語言、以理性的方法來進行的，旨在促進我們對老子之道的理解。事實上，唐君毅對六義的區分、對四層的解析，讓我們對老子言道之涵義有了更明晰、更全面的瞭解，對老子之道之特點、短長有了較好的認識，對老子之後的一些思想流變也看得更清楚，如對於老子與莊子思想的異同，對歷代解老者的得失，對魏晉玄學、道教的實質義理之所在等更容易辨析。對於各家源於對六義之取捨、偏重不同，導致各自思想呈現不同的風貌也更能理解。

應該說，唐君毅本人的理路是清楚的、一貫的，但這不能代表其研究對

〔註20〕有學者就提到過類似觀點。可參見吳汝鈞《老莊哲學的現代析論》，臺北：文津出版社，1998年版，第300頁。

象老子之道也是清楚的、一貫的。事實上，老子之道本身也不必如唐君毅所以爲、所意願的那麼清楚、一貫，甚至可以說老子之道本身就是不夠那麼明晰、一致。在虛實、有無之際，也未必就那麼圓融。老子思想中的某種功利性、欺騙性、陰暗面也不必避諱，老子言道之矛盾性、複雜性、模糊性，也不降低老子思想之深遠影響，即便言老子思想在歷史中對中國文化、民族性格的負面影響，也無損於老子思想本身之偉大、光輝。

　　唐君毅的解釋和思路也給我們一些重要的啓發。在學習、研究、繼承、發揚傳統文化的過程中，應該說，唐君毅所提倡和採用的「即哲學史以言哲學」之方法，確實不失爲一種高明、可行的研究方法。

　　而唐君毅在論析老子之道的過程中提出或涉及的一些問題，也往往很有價值，有的問題背後蘊涵著更大的問題，值得我們進一步思考。試舉數例如下：

　　如關於「不道」的問題，道何以生不道？道生不道是否意味著道之不仁？既生不道，又謂不道早已，是否合於道？不道早已，然則不道存在的意義何在？

　　再如關於「無情味」的問題，說老子之道乃就天地萬物之總體而言，與個體之意願無涉，然則個體生命與天地萬物究竟是何種關係？個體之私心意願作爲一種存在，其意義究竟何在？說主觀、客觀，究竟是何種意義？誰之主觀，誰之客觀？魏晉王弼與人辨析過「聖人體無」、「聖人有情無情」等問題，然則天道是否有情？言儒家之道爲至善又體現在何處？

　　又如「道之品鑒」的問題，儒家之道顯然對人而言，蓋聖人立言垂教，旨在教化人心；老子之道則未必如此。我在前文提到，老子之道之所以冷靜無情味，我以爲它毋寧說是一種飄逸在歷史之外的觀照，甚至其所言說的對象也不一定是人，所以顯得冷靜無情味。教化當對人而言，然則老子之道在對誰說？我之推測能否成立？近年西方有人著書《外星人就在月球背面》，其中著力探討中國遠古神話、傳說與文化，該書斷言，老子之道及道家文化並非當今人類之成果，而是源自上古史前之文明，其說是耶？非耶？

第二節　唐君毅論道家思想之流變

　　作爲港臺新儒家的重鎭，唐君毅本人當然是新儒家之人物。但就其哲學思想而言，唐君毅受道家傳統影響也很深，其個人之內在學術氣質與學問理路也同道家最核心的精神非常契合。在長期的哲學研究中，唐君毅對道家思想用功甚勤，其研究和成果較集中地體現在他的代表作《中國哲學原論》、《生

命存在與心靈境界》兩部著作之中。

在《中國哲學原論》系列著作中，唐君毅對道家思想的研究和成果相對集中的主要有：一是在《導論篇》中，第四章論莊子之靈臺心或虛靈明覺心，第十一、十二兩章論老子之「道」：《原道上：老子言道之六義》、《原道下：老子言道之六義貫釋》；二是在《原性篇》中，第二章論莊子之「性」：《莊子之復心言性、荀子之對心言性與中庸之即性言心》，第三章《乾坤之道、禮樂之原、政教之本，與秦漢學者之言性》中有「綜論道家型之生命狀態之價值」，第五章《客觀的人性論之極限與魏晉人之重個性及個性之完成之道》中討論魏晉玄學及其與老莊之比較；三是在《原道篇》中，對先秦道家三派作了深入、細緻、系統的論析，有連續之六章：《道家之起源與原始形態》、《老子之法地、法天、法道、更法自然之道》（上下）、《莊子內篇中之成爲至人神人眞人之道》（上下）、《綜述莊子外雜篇之義，並附論韓非子及管子中之道家言》。

唐君毅對道家思想的研究和成果除了前文介紹的論老子之道外，對老子前後道家思想的流變都有深入細緻的闡釋，對老子之前道家式的人物包括從楊朱、陳仲、史𧉧、魏牟等到田駢、彭蒙、愼到等人的思想均有梳理，對老子之後從告子、莊子到呂覽、淮南一直到魏晉玄學甚至後來的道教都有涉及。〔註21〕

一、論早期道家之三大形態

唐君毅在《中國哲學原論·原道篇》中，先就先秦道家對「道」的不同理解闡明自己的看法。

> 此書言道雖亦乃於天道、物道、佛道二家之教中之出世超世道，然其始點，則在人之生命心靈之活動所共知所共行之道。蓋此人之生命心靈之活動，沿其向上或向下，向前或向後，向內或向外之諸方向進行，即原可開出種種道路，以上及於天，下及於物，內通於己，外及於人；以使其知、其行，據後而向前；由近而無遠不

〔註21〕關於告子，前人認爲其思想在儒墨之間，唐君毅認爲不然，其主要思想實近墨家，若就其即生言性、重性之變化義來看，告子更當謂近道家者也。參見唐君毅《中國哲學原論·原性篇》一書，北京：中國社會科學出版社，2005年版，第10頁。又，關於所謂老子之前的道家型學者，按歷史年代來講，有的未必在老子之前，但唐君毅認爲，就其思想的邏輯層次劃分，當屬老子之前的形態。

居，由低而無高不攀，由狹而無廣不運；而成己成人，格物知天；以至如程明道詩所謂「道通天地有形外」，……然此一切高妙之境，其起點與根源，仍只在吾人之眼前當下之生命心靈之活動，原有此種種由近至遠，由低至高，由狹至廣之道路在。（唐君毅《中國哲學原論・原道篇・自序》）

顯然，唐君毅所言的這種「道」不是一種純邏輯的抽象，也不是一種超經驗的存在，也不是一種高妙難測的玄理，而是通過人的生命心靈的實際的活動所開闢、建構、創造的不同境界。因此唐君毅之「原道」，實質是「觀境」。所以，唐君毅對早期道家之考察主要是看各家論道所達到的理境。

通過考察，唐君毅認爲，早期道家論「道」，可以分爲三大派或三種形態：一是愼到、田駢、彭蒙所開闢的順物之勢以外通的「道」；二是老子所建立的由外通而內通的「道」；三是莊子調理人的生命與心知的關係，以成至人、神人、眞人之道。從歷史上看，這三種形態的實際時間先後尙待確定。但從邏輯上看，這三種形態可視爲一種前後相續的關係。

道家思想正式形成一種學術理論，是從田駢、彭蒙、愼到開始的。唐君毅強調，他們的理論提出，與老子、莊子哲學的形成，在時間上很難說孰前孰後，但在邏輯上卻可以看作是道家三派中最初的一派，處於道家型學者楊朱、陳仲、史鰌、魏牟與道家重鎭老子、莊子之間。他們敏銳地看到「心」的智慧所帶來的「累」與「患」，認爲人們以知慮辨是非、慮利害，皆不免面對是與非相互轉化、利與害彼此蘊含而難以選擇取捨，其辨其慮終難準確地、全面地把握對象世界，而究其根源，在於人按照自己的需要建立標準，依照這些主觀的標準去對對象世界作出選擇，這就導致了「用知之累」與「建己之患」。因此，他們主張自去內心之所主，不以知慮擇取是非利害，而直取於「物」，達到「於物無擇，與之俱在」。他們所開闢的順物之勢以外通的「道」，較之楊朱等道家型學者主張「有我可爲，有己可高，有身可貴，而有高可高」，無疑是開創了新的理境；但若比諸老莊，如老子自覺的「無己以成己，忘身以貴身，外身以存身，以知我者之希言我之貴」之境，莊的「無己」，「喪我」，「以與天地精神相往來」，「與造物者遊」之境，田駢、彭蒙、愼到他們則又顯得遜色。

老子論道，亦重物勢與外通，因而老子論道之四層陞進時，仍以「法地」作爲其理論的出發點。所謂「法地」，「即包涵觀地上之物之客觀外在之物勢

之歸向於卑下之地」。然其要旨，並不重在法地之居卑下，而在法「地上之物由卑弱而趨向地，以得生成於地，更為他物之所歸趨之道」，即法「物之趨地，而更為他物所趨之物勢之道」，也就是法「物之由趨地而得生存，或存在於地上之道」。因此，老子是要從所法地之道中「知」人的生存之道。儘管老子與田駢、彭蒙、慎到都重視客觀外在的物勢，但他們態度並不相同：田駢、彭蒙、慎到是棄己力己智以就物，與其勢相宛轉，而不必「觀」之；老子則於此物勢之轉，不遽棄己之知而就物，只是向後退一步以靜處，使己之知自物勢之轉中拔出，遙「觀」物勢之轉，這就開始了由外通而內通的轉化。然而，老子又認為，人要「知」生存之道，僅僅「法地」是不夠的，還要「法天」、「法道」、「法自然」。經過如是四層陞進，人之所「觀」所「知」不斷提升、超越，最後達於自在、自如、自然之心境。這一由「法地」始而至「法自然」止的過程，是由「物之粗」而進至「本之精」的歷程，也是由外通而內通的歷程，隨著客觀性之漸次弱化，主觀性不斷增強。

而莊子重視對人之生存問題的反思。莊子主張，面對天地萬物的無常，把人的生命中的「心知」化為「神明」，既遊心於其中，又超越於其外，更照臨於其上，從而超越由物勢之所「觀」所「知」，而見「天地與我並生，萬物與我為一」的「大本大宗」。因此，「神明之運，自始為開展的，放達的，六通四闢，而無所不通，無所不往，亦無定所，為其所必適者。」這樣，人的心靈與生命的關係得到調理，不再以有涯隨無涯，而使心知與生命俱行，並去其流行中的桎梏阻礙，使其流行皆依乎天理。人如能達到這種境界，就能成為至人、神人、真人，既為世間人倫之至者又兼為超世間人倫之人。因此，唐君毅講，「莊子之學自始至終，乃一為人之學」，「莊子之言為人之道，重人對其自己之生命與心知之調理，以充實其內之不可已者，而上與天為徒，外與人為徒，實正近乎儒家之孟子先有諸內，而上知天，外化民之精神。此與老子之言道，乃先觀物勢之道，而地道，而天道，方反於內在之修道成德者，其思想方向，正互成一對反。」實際上，在唐君毅看來，莊子言道之理境已超越老子而進入所謂超主客境界了。

唐君毅認為，早期道家這三種形態之「道」，就所成生活價值而論，有其高下之分：田駢、彭蒙、慎到最低，老子高於田駢等人，而莊子又高於老子。「若人類思想之發展趨於進，則宜先田駢彭蒙慎到之說，至於老，再至於莊。」這樣一來，唐君毅在對道家三大派作劃分與理解時，已經提出了由田駢等之

客觀境界，到老子之以主觀攝客觀境界，再到莊子之超主客觀境界的超越問題，爲後來「心通九境」的形上學體系提供了史的來源和論的理路。

二、莊子之虛靈明覺心或靈臺心

在《中國哲學原論・導論篇》中，唐君毅於第四章專論莊子之靈臺心或虛靈明覺心。

唐君毅認爲，心性之學實乃中國學術思想之根本。其淵源則在先秦時代孟、墨、莊、荀四家的言心之學。四家之學，各有所重。其中，孟子言性情心，墨子言知識心，荀子言統類心，皆屬理性之心的範圍，而莊子言靈臺心或虛靈明覺心，則爲一超理性之心。

《莊子》外篇之《田子方篇》中，曾託溫伯雪子言云：「吾聞中國之君子，明乎禮義，而陋乎知人心。」唐君毅以爲，這是莊子借他人之言，批評當時的「中國之君子」如游夏之徒之言心之不足也。可見莊子對自己之言心還是很自負的。

孟、墨之論人心，認爲皆是一種心，而莊子生於衰亂之世，痛感人心的絕裂，始將人心分爲兩種看待。

莊子所論的人心之二分，其一爲世俗之心，其二爲靈臺之心。前者或稱「機心」、「成心」，唐君毅借用佛家述語表達爲「情識心」，其內容則爲時時攪動人心的死生、窮達、是非、毀譽之念，此心爲莊子所貶，欲加以止息；後者爲通過「心齋」等虛心、靜心、解心、清心的修養工夫，而獲得的「虛室生白」之「常心」，或能以神明遇物而無礙的「虛靈明覺心」。莊子的修道工夫，就在於使此種種閒雜思念的情識心，不入於「靈府」，而求「以明」，進而使此心爲「天地之鑒，萬物之鏡」，而「遊心於淡，合氣於漠」，馳者息，宇泰定，天光發，靈臺見，以達到一種逍遙超越的精神境界。

莊子這種旨在解除人心的桎梏以求超拔的思想，與他理想的爲人之道是相一致的。唐先生形象地將莊子的修道工夫喻爲「心門以內灑掃庭除」，而將儒家孟子就仁心所下的盡心工夫，相應地喻之爲「開門迎客」。

三、人性論四基型：莊子與告子、孟子、荀子之比較

唐君毅認爲，心性之學實乃中國學術思想之根本。所以，在《中國哲學原論・原性篇》中，唐君毅花大力氣對先秦各家人性論做了梳理。

唐君毅研究人性論，堅持從「性」字入手。所謂「從心從生之性字」，唐君毅常言及此，於此可參「生命」與「心靈」之聯繫。所以，唐君毅非常看重這一點。

> 吾意中國文字中之有此一合「生」與「心」所成之「性」之一字，即象徵中國思想之自始把穩一「即心靈與生命之一整體以言性」之一大方向。

> （先聖時賢）雖曰千門萬戶，各自出入，其用思之大方向，仍是要面對生命心靈之一整體，而其全部之思想義理，皆未嘗不可歸攝在此一「從心從生之性字」所涵義之內，而更無一絲一毫之漏泄也。（唐君毅《中國哲學原論‧原性篇‧自序》）

從字形上看，「性」字是左為「心靈」之「心」字，右為「生命」之「生」字，本身就意味著講人之性既離不開「生命」，又離不開「心靈」，「生命」與「心靈」是連在一起的。

唐君毅認為，先秦人性論是由儒、道兩家通過各自對人之性的理解與闡釋而奠定的。其中，告子、孟子、莊子、荀子的四種人性論堪稱四基型。

中國哲學史上最初對人性的發現，是通過向內反省，發現人具有自然生命的欲望、情慾之性。告子所謂「生之謂性」，所謂「食色，性也」，所謂「性」無善無惡，都講的是生命的自然狀態。在告子看來，這種生命的自然狀態就是人性，「凡生之所生，即性之所在，無無性之生，舍生亦無以見性。」他是「即生言性」。告子的觀點得到唐君毅的看重。唐君毅講，告子之能識得此人性之無善無不善，而具善不善之各種可能，在理論層次上高於有性善有性不善之說者之執定人性之善惡為定常而不易者。〔註22〕與告子「即生言性」不同，孟子屬於「即心言性」。孟子認為人之性不同於禽獸之性，主張人性是善的，人性中具有惻隱、羞惡、是非、辭讓之心，都肯定了人性實質上是趨向與嚮往道德理想之人心。這為孟子的人終能成為堯舜式聖賢的主張提供了根據。唐君毅講，孟子之言性，乃由吾人上所謂趨嚮之性，以通於有成始成終之道德生活之聖賢之性者。這是一種同自然生命的食色之性相對立的道德之心。孟子的主張體現了他在歷史文化上的一種理想主義精神傾向。

莊子在向內反省中，看到人之心知的運用，會導致人喪失自然的生命之

〔註22〕參見唐君毅《中國哲學原論‧原性篇》，北京：中國社會科學出版社，2005 年版，第 11 頁。

情，而試圖恢復人的自然的生命之性。因而他主張以「生」爲性而不以「心」爲性。但是，他講的自然的生命之性，不是自然生命的欲望、情慾之性，而是自然生命的自由、自適之性，即所謂「由自然生命之通之以心之神明，則與天地萬物並生而俱適，亦超於狹義之道德上之善惡外之性」。莊子看重人的自然生命，與孟子強調「即心言性」顯然不同；莊子把人的自然生命歸結爲「一能與天地萬物並生之虛靈明覺心」，復與告子主張「即生言性」有別。在莊子這裡，實際上已涉及到「生命」與「心靈」的一種聯繫。

荀子沿著告子的思路，對自然生命之性作了肯定，但他指出其情慾趨向於惡，因而人性是惡的；荀子又對莊子的虛靈明覺心作了改造，認爲當其「虛壹而靜」至「大清明」時，能知人倫、人文之道之全，合古今一度，以成就歷史文化相續之心，由此而應「以心主生」、「以心主性」。這種歷史文化之心，強調了人要實現其對於道德文化理想的追求，必待於人對其現實生命狀態能有所轉化。荀子言性惡，實不過因其理想之善，反照於現實而顯之不善，荀子之理想，乃道德文化之理想，所謂文理隆盛是也。比之孟子的道德之心，荀子於理想主義之外，又能有見於現實之艱難，故其歷史文化之心要更爲深切。

在這四種人性論基型中，告、莊皆重「生」，孟、荀皆重「心」。這對後世的中國哲學家產生了深遠的影響。「大率後之道家之傳，首重在生，後之儒家之傳，首重在心。」在告、孟、莊、荀之後，更有如《中庸》、《易傳》、《禮記》等種種統貫之說。唐君毅講，自秦漢以來，凡中國哲人大多言心必及生，言生必及心。而各家言性之理路、風格雖然多姿多彩；但究其核心，仍爲面對生命心靈之一整體，而其全部言性之思想義理，皆可以「從心從生之性字」所涵之義來收攝。唐君毅晚年著《生命存在與心靈境界》一書，集中討論「生命」與「心靈」，正是承繼了中國哲學的這一傳統。

唐君毅通過疏釋包括道家在內的中國古代人性論思想，揭示出「生命」與「心靈」的聯繫，從而對作爲主體的人的本性作了相當深刻的發掘。其後來之「心通九境」之「心」，不是先驗的道德之心或抽象的理性之心，而是與人的生命存在相合一的「心靈」。正因爲如此，「心靈」才能以自己的感通活動，建構起不同的境界，創造出人文世界的豐富內容。其人文世界當然包括道德和理性，但又遠不止於道德和理性，它涵蓋了人的生命活動所創造的全部內容。「心通九境」之「九境」，就展示了這種「心靈」創造的深刻性和豐富性。

四、人類之道家式思想形態及其永恒之價值

　　道家思想產生於先秦之時，後來在長期的歷史過程中與其它思想如儒家、法家、陰陽家以及自外傳入的佛教思想等互相影響和滲透，故有不斷之發展和流變。然而作爲中國文化的主體之一，它有一個貫穿始終、足以代表其思想特徵的精神意識，唐先生稱之爲「人類的道家式思想形態」。

　　唐君毅認爲，在人類的世俗社會之中，存在著有價值、無價值或反價值的各種事物，其中有價值者，總是與無價值或反價值者夾雜混淆，如泥沙與水相混雜，遂形成世俗社會的污濁性。人在生活中感受到這種世俗社會的污濁性之時，心中產生的第一念，就是「求自拔於此污濁，而自保其一身之心靈之清潔，生命之清潔」，由此即產生種種「高遠之思想」。人在具有這種高遠的思想之後，又再反過來探究如何處此污濁社會之道，這就是道家思想形成的途徑。唐先生斷言，若人類社會永有污濁，就永遠會有這種道家式精神意識的產生。而任何社會的個體存在者，不論他屬於何種民族，信奉何類學派，只要他具有超脫於世俗社會的污濁以自清、而嚮往高遠之思想意識，他就應屬於道家類的思想形態。唐先生舉例說先秦時的伯夷、叔齊等人，都是具有道家型思想的人物；甚至儒家所宗之孔子，在他感歎「道不行，乘桴浮於海」（《論語·公冶長》）時，其心情也可說爲道家式的。

　　作爲儒家的孔子，不僅有「行義以達其道」的一面，還有「隱居以求其志」的一面，雖然不屬道家人物，但在唐先生看來，孔門和道家的「超世拔俗」之情，二者卻是相同的。

　　需要指出的是，道家儘管強烈地追求超越現實世界污濁性的理想，但並不是要求生活於彼岸世界，而是思考如何生活於現實世界。

　　在唐君毅看來，「人類的道家式思想形態」，在莊子那裏達到了極致。莊子之道的特色，乃在直下扣緊人生之問題，而標出人之成爲至人、眞人、天人、神人之理想。這類至人、眞人、天人、神人，儘管有超世間人倫的一面，但同時又有世間人倫之至的一面。他們是遊心於天地萬物和人間生活中以悟「道」。因此，莊子言「道」，往往取喻於種種常人生活中種種實事。如《逍遙遊》之庖人治庖，《養生主》之庖丁解牛，《人間世》之匠石過樹，《德充符》之與兀者同遊，《大宗師》之問病、弔喪，《應帝王》之神巫看相，都是人之生活中事。總之，莊子是教人面對「現實」追求「理想」，面對天地萬物和人間生活而成至人、眞人、天人、神人。

　　唐君毅認爲，道家對理想的追求，具有永恒的價值。若人類社會永有污濁，人亦永有此道家式之精神意識之生起。任何個人在見世俗之污濁時，皆可直接生起一「此求自拔於污濁，以自清，而向於高遠之道家式意念或思想。即使是孔、顏式的儒者，也同樣具有某種道家的精神。而道家在處理理想與現實的關係上，也與儒家有相似相通之處。對於理想的追求，取「當下即是，不待外求」的態度，爲中國儒、道兩家所共契。唐君毅對這一態度十分推崇，將其貫徹到「心通九境」的最高一境──「天德流行境」中。「所謂天德流行境，乃於人德之成就中，同時見天德之流行」，換言之，「所謂天德流行境，乃切於吾人當下之生命存在與當前世界而說」。在他看來，不僅中國儒家言道德實踐體現了這一境界，而且「中國道家之言道德之義，亦有可屬此一型之思想境界者」〔註 23〕。儘管道家與儒家相比，在理論上可能還不夠圓融，但亦有其獨到之勝場。

五、道家人物之生命品鑒：精神蕩漾於歷史之外

　　前面已經介紹，唐君毅所謂的「人類的道家式思想形態」，簡言之就是在面對世俗社會之污濁時，「求自拔於此污濁，而自保其一身之心靈之清潔，生命之清潔」。唐先生斷言，若人類社會永有污濁，就永遠會有這種道家式精神意識的產生。而任何社會的個體存在者，不論他屬於何種民族，信奉何類學派，只要他具有超脫於世俗社會的污濁以自清、而向於高遠之思想意識，他就應屬於道家類的思想形態。

　　然則儒家與道家如何分別呢？

　　道家以超越爲宗，儒家也嚮往超越，都有「超世拔俗」之情，都有「高遠之思想」，這點上兩者是一致的。但儒家還有掛牽、還有標準。儒家有道德之要求，有現實之關懷。道家則突破一切羈絆、超越一切束縛。所以儒家雖有超拔，但必見其落，落至具體的現實社會生活實踐。有落方爲儒家，不落則爲道家。

　　唐君毅認爲，人若能一念而一往超拔，即一念中可達一至高之標準，而自見其獨，並見其所遇之境，與境中人物之獨。自此以去，亦無往而不見獨，即一念達於道家之聖人之境。如果只見其一往超拔，而永不見其落，則可謂

〔註23〕唐君毅：《生命存在與心靈境界》，北京：中國社會科學出版社，2006 年版。

其永在此最高之境，此方爲高格。唐君毅對此神往不已，即所謂如老子之留五千言於世，一任後人之逞臆推測，自騎青牛出函谷關而去，不知所終。

> 道家之人物，以一超拔而不見其落，如老子之出關一去，不知所終爲上格。吾於此因更聯想及凡中國之道家人物，其傳記，大皆亦不詳其先世、生地、平生蹤跡、與生卒年月等。其著作眞僞，亦皆同難考定。老子如是，莊子亦如是。有道家精神之張良與赤松子遊，固不知所終，陳摶入華山爲道士後，亦無下文。道家之書籍，如老子莊子之書，以及後來道家著作，今收在道藏中者，亦多難確定其著者之身世與時代。

> 此皆由道家人物，原不在某特定之時空中生活，其行事原以如神龍之見首不見尾，爲上格之故。〔註24〕

在唐君毅看來，道家之人物，原亦不宜於入史。如果對於其人其書，非要以種種時空之概念、種種歷史性之眼光，考證其年代，加以具體規定，此則不免爲大煞風景之事，亦固與道家人物之精神相違，而爲他們所不願接受者也。

爲此，唐君毅甚至爲魏晉王弼、郭象等叫屈。唐君毅認爲，王弼、郭象等皆能發揮老莊之義，言體無致虛，以觀萬物之自然與獨化，以求超拔於一切世俗格套之外。惜乎二人一生事跡，赫然具在，不若老莊之一生之惝恍迷離，更爲道家人物之典型，使後人時時想見其精神之蕩漾於歷史之外。

牟宗三對魏晉名士之人格也有品鑒，他詮定魏晉名士乃「唯顯一逸氣而無所成」之「天地之棄才」。〔註25〕可以說，唐君毅與牟宗三對道家及魏晉人物之品鑒，同樣精彩，可謂異曲同工，精到傳神。

第三節 唐君毅「心通九境」論對道家思想的涵攝

一、「心通九境」論略說

唐君毅「心通九境」論乃對其《生命存在與心靈境界》一書〔註26〕而言。該書乃唐君毅晚年絕唱，前後醞釀三十餘年，數易其稿，洋洋八十萬言，以唐君毅一生秉持的「心之本體」爲核心，以「心」、「境」感通爲紐結，內容

〔註24〕唐君毅：《中國哲學原論・原性篇》，第102～103頁。

〔註25〕牟宗三《才性與玄理》，桂林：廣西師範大學出版社，2006年版，第59～60頁。

〔註26〕唐君毅《生命存在與心靈境界》，北京：中國社會科學出版社，2006年版。

覆蓋古今中外一切哲學之思，四通六闢，滴滴歸源，縱橫捭闔，蔚爲大觀，實乃唐君毅一生學問之總結。

「心之本體」觀爲唐君毅終生所持守，但他早年說之爲「道德自我」或「道德理性」，晚年擴充爲「生命存在」，以涵蓋人生各個層面的內容和活動。

「心通九境」論核心範疇爲「心」與「境」。「境」爲「心」所現，既涵客觀景象，又涵主觀意象，故「境兼虛實」；「境」有種種，互有界限，故「境界」可連用；而「心」自內講，「靈」通外說，合「心靈」爲一名。「境」與「心」構成感通關係，有何境，必有何心與之俱起；而有何心起，亦必有何境與之俱現。故「心」「境」之間，「俱存俱在、俱開俱闢、俱進俱退、俱存俱息」。

唐君毅認爲，由「心」「境」之感通言，「境」雖有限，而「心」則無限。所以「心」不能滯留於「境」，於是有「心」之觀「境」之類別、次序、層位可言。凡依類別而起者，可稱爲橫觀，亦即心靈活動之內外向；凡依次序而起者，可稱爲順觀，亦即心靈活動之前後向；凡依層位而陞降者，可稱爲縱觀，亦即心靈活動之上下向。合此三向三觀，再貫之以體、相、用三義，即可開爲九境。其詳如下：

> 觀個體界：萬物散殊境
>
> 觀類界：依類成化境
>
> 觀因果界：功能序運境
>
> 觀時空界：感覺互攝境
>
> 觀意義界：觀照凌虛境
>
> 觀德行界：道德實踐境
>
> 觀神界：歸向一神境
>
> 觀一眞法界：我法二空境
>
> 觀性命界：天德流行境

此九境又可分爲三個層次：前三境爲所對世界，可合稱爲客觀境；中三境不在覺他而在自覺，可合稱爲主觀境；後三境雖由主攝客，終而超越主客二分，由自覺而超自覺，可合稱爲超主客觀境。

境分爲九，此九無絕對義。但在唐君毅之區分組織下，九境已可總攬一切境之方向、類別、層位。人依此如實觀之，以成其眞實行，即可通至古今中外各大哲之哲學境界。此心通九境論不但總持一切哲學，更重要的是通過

生命的成長（心靈之活動）來為一切文化立根。所以，唐君毅之心通九境論，不惟是一個總合人類文化的體系，也是一個安頓人類文化的體系。按霍韜晦的說法，唐先生主張「即哲學史以言哲學」，使一切哲學在歷史之開展下而各歸其位，各得其價值，亦即各有其普遍永恒之意義。從另一角度看，這也是一種超越反省法，即超越各家，而翻至其前面、後面、上面、下面，以盡其可有可發之義，於是有途徑會通於他家。所以唐先生對中國哲學的整理，乃至對世界各大哲學的研究，其實是做了一個巨大的融會、貫通、包舉、分梳的工作，其胸襟之廣、識見之精，可謂前無古人。〔註27〕此誠不我欺也。

二、「心通九境」論對道家思想的涵攝

（一）從其九境之三分看其整體結構和理路上對道家思想資源的汲取

唐君毅在《生命存在與心靈境界》一書中強調，「心」對「境」的開闢、建構、創造，不是恒定的、平面的，而是超越的、立體的。九境又可歸為三層，每一層由三境構成。前三境是客觀境界，中三境是以主觀攝客觀境界，後三境是超主客觀境界。由覺他之客觀境，進至自覺之主觀境，再進至超自覺之通主客觀境，人的生命心靈正是循此大方向作開闢、建構、創造工作。這一「心通九境」的體系建構，從西方哲學看，與黑格爾的三段式在形式上頗為相似，顯示出黑格爾哲學影響的印記；從中國哲學看，則明顯與上述對道家思想的闡釋相聯繫，自有其中國哲學史上的根據。唐君毅在對道家三大派作劃分與理解時，已經提出了由田駢等之客觀境界，到老子之以主觀攝客觀境界，再到莊子之超主客觀境界的超越問題，為「心通九境」的形上學體系提供了史的來源和論的理路。

（二）從其心、境感通說看其方法論上對莊子虛靈明覺心或靈臺心的涵攝

唐君毅心通九境論之主旨，是想論證一切哲學、一切思想、一切文化、無一不是我們生命存在與心靈活動所感通之境。其「即哲學史以言哲學」之方法，使一切哲學在歷史之開展下而各歸其位，各得其價值，亦即各有其普遍永恒之意義。從另一角度看，這也是一種超越反省法，即超越各家，而翻

〔註27〕 見霍韜晦，《唐君毅著作選編序》，唐君毅《生命存在與心靈境界》，北京：中國社會科學出版社，2006 年版，第 2 頁。

至其前面、後面、上面、下面，以盡其可有可發之義，於是有途徑會通於他家。

由此，我們甚至可以說，唐君毅一生都在求會通。

唐君毅講：「去其成心而使人我意通之道，莊子即名之曰『以明』。」可以說，正是莊子之虛靈明覺心或靈臺心，給了唐君毅心通九境論以方法論上的啓示。

（三）從其心通九境論中對道家境界之分判看其儒道會通觀

在九境之中，唐君毅將道家代表人物莊子之境界安排在第五境「觀照淩虛境」。這是一個什麼樣的境界呢？

這是藝術和哲學等所在的境界，是一個關注純意義世界之境界。由於哲學只是一觀照，故用於人生時，往往並非判斷實際事物，亦非供有功利之目的，甚至與實際生活暫時游離脫開。唐君毅講，如人之休息與遊戲時，即寄意於此純意義之世界，而觀照之。上不在天，下不在地，內不屬心，外不附物，純是一意義世界之靈境之存有。此境界，在西方當首推柏拉圖，次爲斯賓諾莎，晚近則胡塞爾、海德格爾等；在中國哲學中，唐君毅認爲，當以莊子爲代表。

本來，唐君毅對觀照淩虛境之觀照的心靈有一明確的判定。他說：

> 此觀照心……亦未嘗非一至美之心靈。然果世界全是罪惡、矛盾、衝突、虛妄不實，而人仍只有此一隨處觀照、安然不動之心靈，則此同時爲一最不仁之一魔性的心靈。……能破此魔性的心靈者，唯是依於仁之一道德實踐的心靈。〔註28〕

唐君毅是說，觀照之心本也精彩難得，但若不仁，則易化爲魔心，所以必須以仁心來救濟，以道德意義、道德理想來充實之。所以，觀照淩虛境必須進至道德實踐境。

但是，唐君毅對莊子的境界十分推崇，其嚮往之情溢於言表：若以莊子反觀西方哲人，則他們只可謂步行於意義界，莊子則爲天行、飛行，遊方之外，而息於無何有之鄉。故其言爲無端之狂言，爲自出之卮言，似文學而非文學，似哲學而非哲學，似音樂而非音樂，而只爲天籟之自行。此其所以無定向定方而無定域之心靈之表現之言，而見其爲眞能遊於觀照淩虛境，以生

〔註28〕唐君毅《生命存在與心靈境界》，第346～347頁。

活者也。〔註29〕

　　所以，唐君毅把莊子之境稱爲「仙境」。於是他指出：人欲此境之常有，須賴生活上之修養工夫，於一切利害得失、內內外外，皆無所執戀；然則此與後面佛家之我法二空境，難辨高下矣。

　　道家有「求自拔於此污濁，而自保其一身之心靈之清潔，生命之清潔」之「高遠之理想」，但並不是要求生活於彼岸世界，而是思考如何生活於現實世界。唐君毅認爲，這種對於理想的追求取「當下即是，不待外求」的態度，爲中國儒、道兩家所共契。唐君毅對這一態度十分推崇，又將其貫徹到「心通九境」的最高一境——「天德流行境」中。「所謂天德流行境，乃於人德之成就中，同時見天德之流行」，換言之，「所謂天德流行境，乃切於吾人當下之生命存在與當前世界而說」。在他看來，不僅中國儒家言道德實踐體現了這一境界，而且「中國道家之言道德之義，亦有可屬此一型之思想境界者」。〔註30〕

第四節　唐君毅之道家觀評析

　　唐君毅一生之學問思想，以《中庸》爲宗，蓋唐君毅始終以中庸之盡性立誠之教爲終教，亦爲圓教故也。他認爲中庸之教勝義足備，超邁莊荀之不足，弘揚孟學，功莫大焉。中庸之開篇謂「天命之謂性，率性之謂道，修道之謂教」，故其《中國哲學原論》除《導論篇》外，分《原性篇》《原道篇》《原教篇》三部份。《中庸》對唐君毅思想影響之深，可見一斑。

　　於道家思想之研究，唐君毅也用功甚勤，道家思想對他的影響也很深。這與唐君毅爲人爲學之宗旨有關。唐君毅自己坦言，其爲學著書，不爲立言，但爲成教。其一生之努力，盡在求心之善。所以他對老子之道的研究，對其有智及而無仁守看得特別明晰。其爲人也剛毅端方，不愛與人爭辯，但求會通理解。其人悲情意識特重，常懷「花果飄零」之感，所以他對所謂道家式思想形態之「求自拔於此污濁，而自保其一身之心靈之清潔，生命之清潔」之「高遠之理想」頗能契會，對莊子之虛靈明覺心極爲看重，特別是對莊子逍遙遊境界推崇不已，十分響往。在「心通九境」之論中，唐君毅既已歸莊子於觀照淩虛境，又言其於我法二空境、甚至天德流行境也未嘗不可有一席

〔註29〕參見唐君毅《生命存在與心靈境界》，第320～321頁。
〔註30〕唐君毅：《生命存在與心靈境界》，北京：中國社會科學出版社，2006。

之地。

就其視哲學如一種「觀」而言，唐君毅哲學路向與道家精神特別契合。但求觀照，逍遙飄逸於歷史之外，遠離世俗的紛爭與煩憂。這應該是唐君毅特別神往的境界。

如果說，言語畢竟非究竟義，究竟義當在超言語之境，那麼，拋開言語詮表之外衣，再考察唐君毅之道家觀之理境，我認爲唐君毅相對於同時代其他大家，當有這樣幾個特色：

一是唐君毅言道，在語言上，道只有一個道，雖說表面看似乎有儒家之道、道家之道、其它之道，但眞要計較的話，孔子、老子、孟子、莊子等未必就不能交流，一起論道。

二是就聖人來講，也只有一種聖人，並沒有儒家之聖人、道家之聖人之別。看看莊子之書，其中就沒有儒道之門戶之見、人爲隔閡。

三是儒道可以講有同有異，若問其同異具體在哪？則可講：道家以超越爲宗，儒家也嚮往超越，都有「超世拔俗」之情，都有「高遠之思想」，在這點上兩者是一致的。但儒家還有掛牽、還有標準。儒家有道德之要求，有現實之關懷。道家則突破一切羈絆、超越一切束縛。所以儒家雖有超拔，但必見其落，落至具體的現實社會生活實踐。有落方爲儒家，不落則爲道家

唐君毅講：「去其成心而使人我意通之道，莊子即名之曰『以明』。」唐君毅之洞見，確在儒道會通處。牟宗三批評唐君毅思想無長進，實則唐之洞見已爲極致，不可復進也。〔註31〕「三十年來尋劍客，幾回葉落又抽枝。自從一見桃花後，直到如今更不疑。」唐君毅多次引此靈雲悟道偈自謂（唐代靈雲志勤禪師看到桃花落地而開悟），實此意也，表明唐君毅對此也有充分的自覺。〔註32〕

關於牟宗三對唐君毅「無長進」的批評，唐君毅的門人弟子是不能接受的，其不忿之情也時有流露。唐君毅大弟子霍韜晦在《唐君毅著作選》之《編序》中即有表現。他在高度頌揚了唐君毅的思想成就之後就感歎：「可惜世人福薄，能得其咳唾、接其慧寶者甚少，和其它幾位同時代的新儒家相比，似乎稍見寂

〔註31〕郭齊勇言，唐君毅之學問方向雖然早已明確不移，但在深度、廣度方面還是在不斷進步。此說甚是。我以爲言其不可復進當然指其方向堅定，不肯動搖。參見郭齊勇《中國哲學史》，北京：高等教育出版社，2006年版，第479頁。

〔註32〕參見唐君毅《生命存在與心靈境界》一書之《自序》，北京：中國社會科學出版社，2006年版，第2頁。

寞。我認為：於時、於理這是很不相稱的。」〔註33〕唐君毅另一位門人李杜（1930
～2006）在《中國歷代思想家：現代》之《唐君毅》部份，對牟宗三更是直斥
其非，認為牟宗三對唐君毅的批評和貶低毫無道理、前後矛盾，並分析其動機
在於嫉妒唐君毅的成就和聲望，故意貶低，心理陰暗。〔註34〕

其實，所謂牟宗三對唐君毅的批評，在當事人那裏並非什麼了不得的事
情，他們本是師出同門，屬於同道中人，又相交數十年，一直相互幫助、相
互呼應，可謂至交好友。就學問理路、學術成就而言，也是相互敬重、相互
理解，從他們講學、著書經常相互引稱對方觀點就可看出這一點。儘管兩人
個人風格有別，具體問題看法可能也不完全一致，但同為中國當代新儒家重
鎮，他們不惟學問精深，學術胸襟、為人見識也是絕對一流，不然也不會有
那麼卓越的成就。偶而的言語之差失，應該不會影響他們之間的情誼。所以，
弟子輩為之憤憤，大可不必，出言不遜，則更過之。由是亦可看出，所謂港
臺新儒家之第三代四代，與其師輩唐牟徐相較，僅就氣象而言，已不逮矣。

我們還是看看唐君毅本人之態度。《生命存在與心靈境界》一書乃唐君毅
晚年定論，可謂一生心血所繫。洋洋八十萬言，非同小可。唐君毅於該書之
《後序：本書之思想背景之形成及哲學之教化的意義》中，於其第五節「本
書思想之緣起」部份，詳細回顧了自己一生之學問歷程。其中，唐君毅講：

> 吾今之此書之根本義理，與對宇宙人生之根本信念，皆成於三
> 十歲前。昔叔本華謂人之三十歲前為人生之本文，三十歲後則為人
> 生之注腳。吾以吾一生之學問歷程證之，亦實如是。吾亦初不欲過
> 尊吾之少年，而自貶其後之生活之歷史也。

> 吾三十年來於種種東西哲學之異論異說，皆略能先本此受教之
> 心，以觀其所是：乃覺義理之天地中無不可通之阻隔，而吾之為文，
> 亦立論立說之意少，而求有以自益而益人，亦自教而教人之意多。
> 吾所嚮往者，乃立於無諍不言之地，以使此相異相反之言，皆可為
> 當機成教之用，則於一切哲學之說相異相反之義理，亦視如文學之
> 說悲歡苦樂之相異相反之情，而不見有矛盾。此則吾有志而未逮者
> 也。（唐君毅《生命存在與心靈境界》《後序》）

〔註33〕 見霍韜晦，《唐君毅著作選編序》，唐君毅《生命存在與心靈境界》，北京：中
國社會科學出版社，2006。
〔註34〕 見鄭大華，等，《中國歷代思想家：現代：三》，北京：九州出版社，2011。

　　而牟宗三多次聲言，自己五十歲之前寫的書叫大家不要讀、不必讀，言自己學問不斷在長進耳；又往往同時批評唐君毅學問觀點與三十歲之前一樣，幾十年沒有長進。〔註35〕若與牟宗三之言對照，唐君毅此處所言顯然對牟宗三之意了然於胸，並儼然就是一個回應。

　　唐君毅不欲爭辯，蓋因他深知，有不同的看法完全正常，並且也未必就當眞矛盾。更何況，世事艱難、人生不易，學問之路無窮無盡，孰能以「全之盡之」自居？所以，人之在世，始終當懷敬畏之心。唐君毅之回顧自己一生學問歷程，言辭懇切，磊落坦誠。

　　唐君毅多次坦言，自己做學問的目的，不在立言，而在成教；不求自己名垂千古，但求世上人心向善。何爲善？孟子曰，可欲之謂善。唐君毅之道德理想主義當有不朽之價值意義。唐君毅一生念茲在茲，但求教化人心。故本章言唐君毅之道家觀，冠之以「求心之善」，以別於牟宗三之「求理之眞」、徐復觀之「求生之美」，以標唐君毅爲人爲學之特色耳。

　　孟子有言：

> 可欲之謂善，
>
> 有諸己之謂信，
>
> 充實之謂美，
>
> 充實而有光輝之謂大，
>
> 大而化之之謂聖，
>
> 聖而不可知之之謂神。
>
> 　　（《孟子・盡心下》）

　　於此論唐君毅章之末，謹以孟子之言，表寄對唐君毅先生之敬仰！

〔註35〕參見牟宗三《中國哲學十九講》等書。

第三章　求「理之爲眞」：
牟宗三道家觀研究

　　牟宗三，字離中，山東棲霞人，1909 年 4 月 25 日（夏曆）生於山東棲霞車家疃，1995 年 4 月 12 日病逝於臺北臺大醫院。〔註 1〕他是中國現代著名的學者、哲學家、哲學史家，現代新儒家重要代表人物之一，英國劍橋哲學詞典譽之爲「當代新儒家他那一代中最富原創性與影響力的哲學家」。其哲學成就代表了中國傳統哲學在現代發展的新水平。

　　牟宗三一生著述豐富，其代表作主要有：新外王三書《道德的理想主義》《歷史哲學》《政道與治道》，三教專著《才性與玄理》《佛性與般若》《心體與性體》，康德三大批判之譯注《康德純粹理性之批判》《康德的道德哲學》《康德判斷力之批判》。現有臺灣聯經出版公司出版的《牟宗三先生全集》，共 8 輯，33 冊，約 1239 萬字。

第一節　對道家之道之判定：「主觀的實踐的境界形態」的形上學

　　牟宗三在現代新儒家中，無論是從哲學成就，還是從思想影響來看，無疑是第一人。但關於他的爭論也很大。這當然與他爲人爲學的風格有關。牟宗三性情高狂、學思精敏，他的思想往往對應於哲學問題、文化問題、時代

〔註 1〕此據牟先生大弟子蔡仁厚所言。參見鄭大華，等，《中國歷代思想家：現代：三》，北京：九州出版社，2011 年版，第 465～486 頁。

問題而來。所以他做學問的態度，不同於傳統的經學家、漢學家，他所表現的是思想家的深銳，所成就的是哲學家的風範。按其大弟子蔡仁厚的說法，牟宗三的著作，無論深度、廣度、強度，都能達到第一等的層級。他對中土儒、釋、道三教義理系統的詮釋疏解，對康德三大批判的消化融攝，所已達到的深度，皆不作第二人想。〔註2〕

　　當然，就作爲新儒家的身份而言，牟宗三則以其「道德的形上學」名世。他接續現代新儒家第一代人重建本體論的工作，揚棄「心」本論、「理」本論，汲取「心與理一」的思想，一方面由內向上翻，將生命存在接通終極價值本源，另一方面從至上的道德實體落實到萬物存在，從而建構起他龐大而精緻的「道德的形上學」體系。

　　關於傳統的道家哲學之道，牟宗三也有自己的判定。牟宗三認爲，道家之道，乃一種「主觀的實踐的境界形態」的形上學。牟宗三之言道家之道，主要見於《中國哲學十九講》一書之第五講「道家玄理之性格」、第六講「玄理系統之性格：縱貫橫講」、第七講「道之『作用的表象』」；另外，《才性與玄理》一書專論魏晉玄學，並通過玄學解析道家玄理；《現象與物自身》《智的直覺與中國哲學》二書中也有論及。

一、兩種形上學：客觀實有形態與主觀境界形態

　　牟宗三認爲，形上學有兩種基本形態，即客觀實有形態及主觀境界形態。客觀實有形態的形上學，是先從分解方式確立一個形上實體，視之爲一種客觀的實在。一切現象界的物類，都依於這一形上實體而得成立。西方柏拉圖的理型、基督教的上帝，都是這種實體。東方印度教的梵、儒家的天道，也是這種實體。這種實體的特徵是，它眞實存在，而不是一個觀念、一種心境。

　　在牟宗三看來，道家之道就不是這種實有形態的形上學。道家之道不能像西方哲學那樣，從存有論、知識論上講，而要從生活上來瞭解。老子之道就不是一客觀實有的東西，它毋寧反映人的主觀的心境，與生活實踐分不開。所以，牟宗三名之曰「境界形態的形上學」，以與實有形態的形上學對講。境界對心靈而言，當然是主觀的，但不能離開人的主觀方面的心境修養。人的修養從生活實踐來，跟知見、智慧、工夫等有關。修養到什麼程度，所看到

〔註2〕參見鄭大華，等，《中國歷代思想家：現代：三》，北京：九州出版社，2011年版，第522頁。

的一切東西都往上升，就達到什麼程度。所以境界就成主觀的意義，且與實踐有關。道家之道就是這樣的一種主觀的實踐境界。

二、兩種表述：實有層的表述與作用層的表述

　　牟宗三又提出實有層的表述與作用層的表述兩種表述形式，分別對應於前述兩種形態。實有層的表述即是透過一種客觀分解的方式，確立一個形上實體，作爲現象界種種事物的客觀的、超越的依據，這種依據是存有論的。作用層的表述則較難理解。如：道家之無，即是一個作用層的概念，它是用作用層的表述來言說的，也就是說它是就主觀方面講的一個境界形態的概念，是作用層的字眼，表示主觀心境上的一個作用。若視此心境上的一個作用爲本，進一步看成本體，它便好像是一個客觀的實有，這便是作用層的表述。

　　牟宗三講：

　　　　一說到本體，我們就很容易想到這是客觀實有層上的概念。可是你要瞭解，道家實有層上這個概念是從主觀作用上的境界透顯出來，或者說是透顯出來而置定在那裏以爲客觀的實有，好像眞有一個東西叫做「無」。其實這個置定根本是虛妄，是一個姿態。〔註3〕

　　說「無」是從作用層上講，這個又該如何理解呢？

　　牟宗三指出，這就牽涉到工夫實踐的問題。他說：

　　　　要從作用層上看，忘掉那些造作，把那些造作、不自然的東西，都給化掉。化掉而顯得空蕩蕩，就是虛一而靜，甚麼都沒有，這個就是虛，就是無。〔註4〕

　　實際上，這種「無」的工夫就是老子說的「致虛極，守靜篤」。「無」的工夫非常重要，也爲道家所特別重視。由這種工夫可提出一種智慧之進路、方法，也不只道家獨有。按牟宗三的說法，這種工夫上的「無」，乃是任何大教、聖者的生命所不可免者。故可說是「共法」。後面再詳論。

　　一個說法，可以是從實有層上講，也可以是從作用層上講。牟宗三之指出這一點，其實有著非常重要的意義。舉個例子解釋一下：

〔註3〕牟宗三《中國哲學十九講》，上海：上海古籍出版社，1997年版，第124～125頁。

〔註4〕牟宗三《中國哲學十九講》，上海：上海古籍出版社，1997年版，第138頁。

老子講過「絕聖棄智」、「絕仁棄義」，這話該怎麼理解？

可以說，幾千年來，解老者雖多，真正能把這話解釋清楚，既能得老子之意、又能服眾人之心的，還真不多見。多的是曲為臆說，牽強附會，有的甚至都難以自圓其說。

牟宗三講，從字面看，好像老子是在否定聖、智、仁、義，但是，這樣理解老子是不公平的。老子絕不是從實有層來否定，而是從作用層否定。儒家有實有義，有 What 的問題，道家全無實有義，所以也不存在從實有層來否定聖、智、仁、義的可能。道家沒有實有層之 What，只有作用層之 How 的問題。

既然是從作用層討論 How 的問題，則老子當然有他的權利。關於聖、智、仁、義，你儒家說一大堆，老子完全可以說，你這通通不對。

牟宗三又指出，既然是從作用層討論 How 的問題，也就可以說老子默默地肯定了聖、智、仁、義，而只是在 How 的問題上與儒家之見不同。所以說，老子並不否定聖、智、仁、義，更沒有反道德、反文化、反人類，否則，道家又焉能成為幾千年來之一大教？

所以說，牟宗三提出的言說之實有層與作用層之分，即可有助於消除對老子及道家的誤解。

三、無與有：道的雙重性格

牟宗三除了說無，也說有，並說無和有乃道之雙重性格。這是由《老子》的說法而來。

> 無名天地之始，有名天地之母。故常無欲以觀其妙，常有欲以觀其徼。此兩者同出而異名，同謂之玄。玄之又玄，眾妙之門。(《老子·一章》)

牟宗三依據老子的這一說法，言道有無性，有有性，有和無乃道之雙重性格。其中，還是以無為主，因為無有妙用，從無發有。老子又講「有之以為利，無之以為用」(《老子·十五章》)。牟宗三認為，老子區分利與用，利乃定用，用乃妙用；有和利相連，只有定用，即有方所、有限定之用；而用和無相連，乃妙用，無方所、無限定之用，故曰「妙用無方」。無之妙用可通智慧，能應付這千差萬別的世界。

那麼，有，該如何理解呢？牟宗三解釋說：

> 抽象地先瞭解無並不是很困難，到瞭解有時，就相當微妙。因

爲無是個虛一而靜有無限妙用的心境，靈活得很。無限的妙用何由得見？即從有處見。有就是無限妙用、虛一而靜的心境之矢向性，用老子的話講就是徼向性。〔註5〕一有徼就有一個方向，即徼向性，一有徼向性就有突出。無限心原是虛一而靜、無聲無臭，沒有任何徼兆的，徼向性就代表端倪徼兆，就在此處說有。這是完全主觀地，就無限心境之徼向性說有，不是客觀地由存在上講。〔註6〕

有乃從無之徼向性來，從這裡說有。那麼，無又爲什麼有徼向性呢？

因爲無有妙用，它不是死的，它要活動，要創生。我們平常產生一個觀念，也不一定先有對象。說必先有對象，那是知識論的講法。講創造，就是要沒有任何對象，也能起端倪，生發一個徼向性，這才是眞正的創造。牟宗三舉例說，譬如作文章，文思一來，不是說每個詞語都要有典故，就是用典故也不一定要抄襲別人，我自己也可以造一個典故讓別人以後也用。這才有奇文妙思出現。

所以無之有端倪，從無發有，完全是內發，不由外在對象而起。這才是無之妙用，正所謂妙用無方。

由無之妙用，一露端倪就有徼向性，就傾向於成有。是故，此徼向性之有具創造性，它不屬於認識論之有，而屬於實踐的存有論的有。

但是有和無不能拆開來分別講，而應該當個圓圈看。有不能脫離無，它發自無的無限妙用，發出來又化掉而回歸於無，總是個圓圈在轉。這個圓圈之轉就是所謂的「玄」，「玄之又玄、眾妙之門」的「玄」。有而不有即無，無而不無即有，說有又無，說無又有，這裡就有一種「辯證的」思考出現。不懂時好像感覺在玩字眼，若懂的它就是「玄」，這是一種作用層上的智慧，要這麼看。

關於「玄」，用一般之分別說的表述不容易講清楚。牟宗三講，玄者黑也，水深才黑，所以玄表深的意思。凡分別說的表述都要遵守邏輯法則，所以只要是按分別說之表述，無論講得如何複雜都不玄。凡要按數學、邏輯法則講的都不玄。玄是個圓圈，說有又無，說無又有，有而不有即無，無而不無即有，故是辯證的。假如一條鞭似的向一個方向走，思路不會轉彎，動者恒動、靜者恒靜，那就沒有玄。只有辯證的才玄、才深，這才是道家所謂的玄。〔註7〕

〔註5〕牟宗三講，徼，音腰，如要求之要，即《易·繫辭下》原始要終之要。
〔註6〕牟宗三《中國哲學十九講》，上海：上海古籍出版社，1997年版，第93頁。
〔註7〕牟宗三講，辯證之說只能用於人生實踐、精神生活方面講，離開這個層面講就不通。而所謂唯物辯證法就是從外在物質世界來講辯證，所以是不通的。

牟宗三講有和無乃道之雙重性格，表面看似乎是分別地講有講無，實際上有和無必須當一個圓圈之整體看。這才是玄之意義。

然則道之有、無，與道所生的物之關係又如何？

牟宗三解釋說，老子講「無名天地之始，有名天地之母」，言無爲始乃向後反，言有爲母乃向前看。實際上，有總是和無在一邊，對面的才是物。道家之有常連著物講，這其實乃第二義。就其本質來講，有可上提而歸於無。這就是說，道家之有區別於西方哲學言無之有，西方之有乃 Being，它只是有，只是存在，提不起來，不能上升到能創生之道。

四、不生之生

前面講無與有乃道之雙重性格，合在一起就是玄，玄才能恢複道之創生萬物的具體作用。通過徼向性，道就創生一個東西、使它出現，所以，徼向性（有）乃萬物之母。如此，道就不只限於主觀生活上，天地萬物也出不了有無之範圍。這樣，道家之道就當然是個形上學，它想對萬物存在有個說明。但這個說明只是從主觀講、從實踐講，而且還是境界形態的說明。

在這個意義上，牟宗三才有對道家之道之判定：「主觀的實踐的境界形態」的形上學。

但是，儒家、道家、佛家都是實踐的，都從主觀方面講，都有境界之形態，那爲何還有儒釋道之區分？

牟宗三認爲，儒家之道之創生與道家之道之創生不同，儒家之道之創生乃眞的創生萬物，有積極的創生作用，而道家之道之創生其實只是「不生之生」。

何謂「不生之生」？這是消極意義的生，言物之自生自長。牟宗三講，王弼之注老說得非常好：「不禁其性」、「不塞其源」。不戕害無之本性、不堵塞物之源頭，這樣，讓開一步，物就自生自長，也就等於生物了。此即「不生之生」，就是消極的意義。

「不生之生」，這是很大的「無」的工夫，是很高的智慧。

所以牟宗三講，道家當智慧看，是人生的智慧，平常可以在自己生活上受用。當學問看，則是個境界形態的形上學。這是道家系統之性格。

五、無之實踐義、境界義

言無之實踐義，即謂「無」的工夫，即老子所謂的「致虛極守靜篤」。又，

由「無」的工夫可達到一種「虛一而靜」的境界，這也是「無」的境界，實際上也就是道的境界。

　　牟宗三認爲，老子言「無」之前，先言「無爲」。「無爲」乃對當時「周文疲敝」而發。老子所處的時代，周代文制已經淪落到只是個形式化的空架子，成爲「人爲的」束縛。老子有見於「周文疲敝」之外在化、形式化，已經不能指導人們的生活方向，所以提出「無爲」來反對人爲的、造作的、不自然的、外在的、形式化的虛文禮制，嚮往自由的生活。「無爲」就是一種很高的精神境界。由「無爲」再普遍化、抽象化，老子得到「無」之觀念。無首先要當動詞看，它否定一切有依持、虛僞造作、外在形式化的東西，向上反顯出一個無爲的境界。所以，無是工夫，也是境界。

　　　　無的境界就是虛一而靜，就是使我們心靈不黏著固定於任何一個特定的方向上。

　　　　生命的紛馳、心理的情緒、意念的造作都有特定的方向。黏著於這些地方，就著於此而不能通於彼，你生命黏著於此，我生命黏著於彼，各是其是，衝突矛盾就出現了。〔註8〕

　　無是工夫，也是境界。通過「無」的工夫，化掉生命的紛馳、心理的情緒、意念的造作，從而達到「無」的境界，這也是道的境界。所以老子所言之「無」有兩個，一爲實踐義（工夫義），另一爲境界義（道之境界），不可混淆。

第二節　對先秦道家玄理的弘揚

　　在中國學術思想史上，自先秦之後，有三個階段的學術最爲典型，歷來爲人們所重視。這就是魏晉之玄學、南北朝隋唐之佛學、宋明之理學。對於這三期的學術思想，牟宗三皆有卓越的研究成果，即其專著系列《才性與玄理》、《佛性與般若》（上下）、《心體與性體》（上中下），這幾本書皆爲大部頭專著，在牟宗三所有著作中學術份量最爲厚重，也是作者自謂耗費生命力最多最大者。

　　其中，《才性與玄理》一書專論魏晉玄學。按牟宗三自己的說法，此書除疏通人性問題中「氣性」一路之原委外，以魏晉「玄理」爲主。

〔註8〕牟宗三《中國哲學十九講》，上海：上海古籍出版社，1997年版，第90頁。

魏晉所弘揚的玄理就是先秦道家的玄理。玄理含著玄智。玄智者，道心之所發也。關於此方面，王弼之注《老》，向秀、郭象之注《莊》，發明獨多。此方面的問題，集中起來，主要是依「爲道日損」之路，提煉「無」的智慧。主觀的、工夫上的「無」的妙用決定客觀的、存有論的（形而上學的）「無」之意義。〔註9〕

是故牟宗三在《才性與玄理》中對先秦道家玄理之弘揚，主要是以王弼之注《老》、向郭之注《莊》爲線索，通過疏通王弼、向郭解析老、莊之義理，將魏晉玄學之理境充分打開，從而使先秦道家之玄理「煥然復明於世」（蔡仁厚語）。

一、論王弼之獨發玄宗

王弼（226～249），字輔嗣，魏之山陽高平（今山東金鄉）人，中國哲學史上少有的少年天才哲學家，魏晉玄學最重要的奠基人。據史載，王弼「幼而察慧，年十餘，好老氏，通辯能言」（何劭《王弼傳》〔註10〕），十七歲見何晏，被許爲「後生可畏」，「可與言天人之際」（《世說新語》）。正始十年秋，身患厲疾，英年早逝，其時不到24歲。

在24歲之短暫生命裏，王弼完成了《老子道德眞經注》、《周易注》、《論語釋疑》、《老子指略》、《周易略例》等大量思辨性極強的哲學論著，爲魏晉玄學的眞正確立奠定了理論基礎，他也成爲魏晉時期思想最深邃的哲學家之一。今人樓宇烈著有《王弼集校釋》。

（一）王弼之言「聖人體無」、「聖人有情」，及牟宗三就此明辨孔老之同異

除注《老》、注《易》外，王弼之「聖人體無」說、「聖人有情」說也是非常有名，歷來爲人們所重視。這兩說也均由何劭《王弼傳》之記載而來：

> 弼幼而察慧。年十餘，好老氏，通辯能言。父業，爲尚書郎。

〔註9〕牟宗三《才性與玄理》，桂林：廣西師範大學出版社，2006年版之「原版自序」。
〔註10〕郭齊勇《中國哲學史》第171頁言，此乃《三國志‧魏書‧王弼傳》注引何劭《王弼傳》，似爲疏誤。牟宗三《才性與玄理》第65頁言，《三國志》無王弼之傳。經查證，陳壽《三國志》確未爲王弼立傳，僅在《鍾會傳》尾處附敍數語，區區23字：「弼好論儒道，辭才逸辯，注易及老子，爲尚書郎，年二十餘卒。」見《三國志‧卷二十八‧魏書‧王（淩）毋丘（儉）諸葛（誕）鄧（艾）鍾（會）傳》。其後有裴松之注引何劭《王弼傳》。

時裴徽爲吏部郎，弼未弱冠，往造焉。徽一見而異之，問弼曰：「夫無者，誠萬物之所資也。然聖人莫肯致言，而老子申之無已者何？」弼曰：「聖人體無，無又不可以訓，故不說也。老子是有者也，故恒言其所不足。」尋亦爲傅嘏所知。於時，何晏爲吏部尚書，甚奇弼，歎之曰：「仲尼稱後生可畏。若斯人者，可與言天人之際乎？」（何劭《王弼傳》，亦可見於《世說新語·文學第四》）

　　何晏以爲聖人無喜怒哀樂，其論甚精，鍾會等述之。弼與不同，以爲聖人茂於人者神明也，同於人者五情也。神明茂，故能體沖和以通無；五情同，故不能無哀樂以應物。然則聖人之情，應物而無累於物者也。今以其無累，便謂不復應物，失之多矣。（同上）

這兩則故事都非常精彩，由之而引發的議論也可以有多向度，可從多方面看，諸如會通孔老（牟宗三之於《中國哲學十九講》）、自然與名教之關係（牟宗三之於《中國哲學十九講》）、玄學與名理（唐君毅之於《中國哲學原論·導論篇·原理上》）、言意之辨（郭齊勇之於《中國哲學史》）、體用觀（牟宗三之於《才性與玄理》），言意境與超言意境（牟宗三之於《才性與玄理》），等等，皆可以講。

牟宗三在《中國哲學十九講》中講，王弼所處的時代有個孔老會通的問題。即儒家之名教依然在社會生活中很重要，但名士清談均以老莊易三玄爲時尚，說理上以老莊爲高，人格上還是以儒聖爲尊。然則孔老之間到底關係如何看？這個問題不容迴避。王弼之說之所以爲高明，就在於他憑藉自己對玄境妙悟之通透，極爲圓融地解釋了孔老之間的異同，而其陽尊孔聖、陰崇老莊，也巧妙地迎合了當時人們普遍的心理，故而轟動一時。

在牟宗三看來，說王弼之言「聖人體無」、「聖人有情」義爲圓融，當然是可以的，因爲在王弼那裏，確能自圓其說。但其圓融也就是相對而言，是有限度的。若深究起來，王弼之說還是不夠的，並不能全之盡之。

牟宗三認爲，王弼之言「聖人體無」、「聖人有情」，合而言之，涉及一個體用問題（言本體與作用之關係）。

言孔子之「體無」，是從造詣境界上講。以孔子之教與儒者立場，則孔子乃以「仁」爲體。客觀言之，孔子之全幅生命是仁體流行。此仁體名之曰「道」亦可，故曰「仁道」、「天道」。言「道」、「一」，此乃外在之形式用語，而「仁」、「誠」等方爲內容用語。內容用語爲存在上或第一序的體。而孔子之踐仁，

則「肫肫其仁，淵淵其淵，浩浩其天」，至「大而化之」之境。儒家於此言「天地氣象」。此如天無言而四時行、百物生，天地無心而成化，天道「顯諸仁，藏諸用，鼓萬物而不與聖人同憂，盛德大業至矣哉」！天如此，聖人亦如此。此無言、無心而渾化之天地氣象，以道家用語講，即可謂之「無」。有此「無」境，始能繁興大用。就此繁興大用之作用而言，即可以此「無」境爲本體，但畢竟對聖人而言，此「無」之爲體，乃就境界上、作用上而言，實爲第二序的體。故言孔子「體無」亦無不可。但要深究的話，實則此乃第二序上可講。因爲孔子除了「無」，還有「仁」。「仁」方爲第一序之體，「無」乃第二序之體。而在老子，並無第一序、第二序之分，道家之言有無，兩層混而爲一，既以境界上、作用上的無之爲體，也視存在上、本體上的無之爲體。王弼所謂的「無」，實爲老子之無。以此標準言孔子，謂之「體無」，固無大的不可，畢竟未能盡其義蘊，容易使孔門義理之獨特處（仁），隱而不見。

同樣，言孔子「有情」，亦大體不差，然不能深究。蓋孔子之有情，不只是體沖和而無累，且亦爲本仁體而實現仁義禮智之理。若王弼之言只是應物而無累，則情只有權假之用，而無本質之意義。

牟宗三指出，孔門義理，須合存在之體用與境界之體用兩者而觀之，方能盡其蘊而得其實。境界之體用，乃儒釋道之所同，而存在之體用，實乃孔門之獨特處。凡境界之體用，以「寂照」爲主，屬於認識論，爲水平線型。而存在之體用則以「實現」爲主，屬於道德之體性學，爲垂直線型。孔門義理兼備此垂直及水平兩型而爲立體型之圓教，但畢竟以仁體流行、乾元生化爲宗。而老子和道家唯一境界形態之登峰造極，無仁體爲之實。於此可觀孔老之別，或儒道之同異。

（二）論王弼之注老

王弼之注老子，文辭華美，義理精絕。其所用之主要方法乃當時通行的「辨名析理」。因王弼對老子之精神體悟通透，所以往往可以不拘於老子之文字，而能對老子之意作精彩的發揮。這也與王弼在「言」「意」關係中的主張的「得意忘言」觀點有關。王弼在注《易》時提出「尋言以觀象」、「尋象以觀意」、「得意而忘象」、「得象而忘言」之全新的解易法。王弼講：

> 夫象者，出意者也；言者，明象者也。盡意莫若象，盡象莫若言。言生於象，故可尋言以觀象；象生於意，故可尋象以觀意。意以象盡，象以言著。故言者所以明象，得象而忘言；象者，所以存

意，得意而忘象。猶蹄者所以在兔，得兔而忘蹄；筌者所以在魚，
得魚而忘筌也。（《周易略例・明象》）

顯然，王弼「得意忘言」的觀點包含了他重視直覺體認之合理思想。他在注易、注老時都能充分發揮這一點，透過文字表面，直接契會後面的義涵。所以王弼之注老，一洗漢儒之質實而爲虛靈，讓人耳目一新。

茲舉數例如下：

常使民無知無欲。（《老子・三章》）
王弼注：守其眞也。

老子所謂「無知無欲」，意在求保全素樸、反對造作。王弼注一個「眞」字，勝過千言萬語。

生而不有，爲而不恃，長而不宰，是謂玄德。（《老子・十章》）
王弼注：不塞其源，則物自生，何功之有？不禁其性，則物自
濟，何爲之恃？物自長足，不吾宰成，有德無主，非元而何？凡言
元德，皆有德而不知其主，出乎幽冥。

王弼所謂「不塞其源」、「不禁其性」，對老子之意解釋極其準確而又通透，堪稱解老之經典。後人解老，幾乎無不引用王弼此說。

人法地，地法天，天法道，道法自然。（《老子・二十五章》）
王弼注：法，謂法則也。人不違地，乃得全安：法地也。地不
違天，乃得全載：法天也。天不違道，乃得全覆：法道也。道不違
自然，乃得其性。法自然者，在方而法方，在圓而法圓，於自然無
所違也。自然者，無稱之言，窮極之辭也。

此注王弼解「道法自然」義。難處在於要說明「自然」之義。王弼解釋清楚明瞭，言自然乃道之性，道之本身，非謂道之上復有一自然也。而於「自然者，無稱之言，窮極之辭也」一語，牟宗三擊節再三，譽之爲王弼注老最精之語也。

「自然者，無稱之言，窮極之辭也。」至乎此，方是無稱可稱，
拆穿一切稱，盡乎其極，而消融一切稱謂。「稱謂出乎涉求」。至乎
此，消化一切涉求，故「自然」一詞，乃直如如之描述詞語也，故
是「無稱之言，窮極之辭」也。此王弼注老最精之語也。（牟宗三《才
性與玄理》第 132 頁）

於王弼之獨發玄宗，牟宗三是很讚賞的。牟宗三講，王弼對於道家所言

的無、自然，確有相應而透宗的理解。王弼注老，能相應而盡其蘊；注易，則如說「聖人體無」，只能得其一相，而不能盡其全蘊與主蘊。因爲易也不只是玄境。但王弼之對於無之玄境，確有透宗之悟。有透宗之悟，故有圓融之智，其造詣固至乎其極而不可移也。他以透宗之觀念與造極之境界，復活已斷絕四五百年之儒道玄理，廓清四百年來易學之蕪雜，不可謂非慧劍之利鋒、般若之烈火也。牟宗三評價王弼觀念雖然簡易，造理卻極爲真實。其價值全在扭轉之功與豁醒慧命。王弼個人雖然說理以道爲宗，而於人品則崇儒聖。儒道同言，而期有所會通（王弼除注易、注老外，還著有《論語釋疑》），這也是大家才有之見識。

二、論向、郭之注莊

向秀（約 227～272），字子期，河內懷（今河南武陟）人，魏晉時期玄學家，「竹林七賢」之一，與嵇康爲友，著有《莊子注》。

郭象（252～312），字子雲，洛陽人，西晉時期著名玄學家，有「王弼之亞」之稱，著有《莊子注》。

（一）《莊子注》作者之公案

關於《莊子注》的作者問題一直是學術史上的公案。《世說新語》和《晉書》中有相關的記載。據《世說新語》記載，《莊子注》原作者應該是向秀，他完成了除《秋水》、《至樂》兩篇之外所有注文。但向秀早卒，其子年幼，結果被「爲人薄行」的郭象鑽了空子，剽竊其成果，補注《秋水》、《至樂》兩篇，又改易《馬蹄》注文，然後以自己之名向世人公佈。此說也被《晉書・郭象傳》採用。

但《晉書・向秀傳》又有另一種說法，言向秀爲《莊子》隱解，「發明奇趣，振起玄風」，而「惠帝之世，郭象述而廣之，儒墨之跡見鄙，道家之言遂盛也」。

現傳世之《莊子注》署名「郭象」，但人們多以爲應該是向秀與郭象共同的成果。所以討論《莊子注》一般都向、郭連說。按牟宗三的說法，乃爲不沒其源也。

（二）論向郭注之逍遙義

《莊子・逍遙遊》云：

> 若夫乘天地之正，而御六氣之辯，以遊無窮者，彼且惡乎待哉？

莊子此句點出逍遙之正義。向、郭注曰：

> 天地者，萬物之總名也。天地以萬物爲體，而萬物必以自然爲正。自然者，不爲而自然者也。故大鵬之能高，斥鷃之能下，椿木之能長，朝菌之能短，凡此皆自然之所能，非爲之所能也。不爲而自能，所以爲正也。

> 故乘天地之正者，即是順萬物之性也；御六氣之辯者，即是遊變化之途也。如斯以往，則何往而有窮哉？所遇斯乘，又將惡乎待哉？此乃至德之人、玄同彼我者之逍遙也。

> 苟有待焉，則雖列子之輕妙，猶不能以無風而行。故必得其所待，然後逍遙耳，而況大鵬乎？

> 夫唯與物冥而循大變者，爲能無待而常通，豈自通而已哉？又順有待者，使不失其所待。所待不失，則同於大通矣。

> 故有待無待，吾所不能齊也。至於各安其性，天機自張，受而不知，則吾所不能殊也。夫無待猶不足以殊有待，況有待者之鉅細乎？

牟宗三認爲，向、郭此注甚美。向、郭能認識到「物各有性，性各有極」，各歸其至分，各任其定極，則性足分當，一切皆齊，而「自然」之義顯矣。「自然」之義顯，則境界形態之道、無、一與自然亦浮現，而不得不繫屬於主體中心而言之矣。郭注甚能把握此義。

按分別說，有待無待不能齊。然通過至人之逍遙，使有待者不失其所待，而同登逍遙之域，皆渾化於道術之中，則至人之無待亦無殊於芸芸者之有待，此爲一整個渾化之大無待。在此「大無待」中，「無待猶不足以殊有待，況有待者之鉅細乎？」此亦可說整個是一「詭辭爲用」之一大詭辭所成之大無待。如此，一切浮動皆息，浮動息，則有待之限制網裂矣，眞正入逍遙之域，如《莊子·天下篇》所謂「備天地之美、稱神明之容」也。

（三）論向、郭注之跡本圓融

按牟宗三理解，逍遙只是「玄同彼我、與物冥而循大變」。自然、無爲，皆非隔絕人世，獨立於高山之頂。「無爲而無不爲」乃道家之普遍原則。其中，「無爲」是本，是冥；「無不爲」是末，是跡。跡本之間，並非截然兩途。經由抽象之分解，顯無以爲體，顯有以爲用。然兩者本是具體地圓融在一起。「無爲」自然含著化跡，化跡由於無爲。化而無累，跡而無跡，則固爲「玄同彼

我」者之妙用也。莊生「未始藏其狂言」，而亦唯聖人能受其狂言。是故言者無傷，受者莞爾。狂言與聖人相與為一冥，則跡亦本，本亦跡，而跡本圓融矣。非真推尊許由而薄堯舜也。

向、郭注《山木篇》云：

> 夫莊子推平於天下，故每寄言以出意，乃毀仲尼、賤老聃，上掊擊乎三皇，下病痛其一身也。

牟宗三以為，向、郭能以「寄言出意」明莊生之狂言，而顯跡本之圓融，可謂得之矣。

（四）論向、郭注《齊物》之不能相應

《逍遙遊》與《齊物論》乃《莊子》全書之最重要兩篇。關於向、郭之注莊，牟宗三認為，向、郭注《逍遙遊》，大體皆恰當無誤，而注《齊物論》，則只能把握大旨，於原文各段之義理多不能相應，亦不能隨其發展恰當地予以解析。其原因在於，《逍遙遊》比較具體，借具體故事以烘託，如大鵬、斥鷃、宋榮子、列子、許由、藐姑射之山，直至篇尾，俱是具體的烘託，故一旦知其「寄言出意」，以無待為準，即可通篇暢通，恰當相應。而《齊物論》不似《逍遙遊》那麼單純，實乃莊子書中最豐富、最具義理的一篇，非向、郭學力所能及。

所以，向、郭之注《齊物論》，牟宗三認為不能盡其蘊。於此，牟宗三原話說得非常漂亮：

> 自「南郭子綦隱几而坐，仰天而噓」起，直至「天籟」止，從天外飛來，清機徐引。自「大知閒閒，小知間間」起，直至「其我獨芒，而人亦有不芒者乎」止，則低回慨歎，對於現實人生最具「存在之悲感」。亦猶《天下篇》首段對於「古人之大體」、「道術將為天下裂」之慨歎，亦具存在之悲感。此種悲感意識亦向、郭之所缺。全篇空靈透脫，無一敗筆，誠是「死與生與？天地並與？神明往與？芒乎何之？忽乎何適？萬物必羅，莫足以歸」。此種神來之興、飄忽之筆，誠是「其理不竭，其來不蛻，芒乎昧乎，未之盡者」，亦非向、郭所能至。因此，向、郭之注《齊物論》便不能如注《逍遙遊》之相應。〔註11〕

〔註11〕牟宗三《才性與玄理》，第168～169頁。

三、牟宗三論《老》、《莊》之異同

牟宗三對於老、莊的看法，實際上是對其書而言，依據《老子》、《莊子》二書所涵具的義理和精神，而對其異同有所簡別和釐清。

牟宗三認爲，從義理骨幹看，《老子》和《莊子》確屬於同一系統，即就其客觀地表現出來的義理精神來看，都屬於道家思想。但就其風貌來看，可以從三個方面來講二者之不同。

（一）兩者風格有異：《老子》比較沉潛、堅實，《莊子》則比較顯豁、透脫

按牟宗三的解釋，沉潛，謂引而不發，故顯深遠。堅實，則體立而用藏，故顯綱維。顯豁，則全部朗現，顯隱融而爲一。透脫，則全體透明，體用綱維化而爲一。

莊子在《天下篇》中以「博大眞人」稱謂老子，而以「不離於宗」之「天人」自居。莊子云：「不離於宗，謂之天人；不離於精，謂之神人；不離於眞，謂之至人。」眞人即沉潛、堅實，天人則顯豁、透脫。《老子》云：「道之爲物，唯恍唯惚。惚兮恍兮，其中有象。恍兮惚兮，其中有物。窈兮冥兮，其中有精。其精甚眞，其中有信。」以「其中」言之，示內斂之意，不失沉潛、堅實之風格也。而莊子之風格如何？其《天下篇》云：

> 芴漠無形，變化無常，死與生與？天地並與？神明往與？芒乎何之？忽乎何適？萬物畢羅，莫足以歸。古之道術有在於是者，莊周聞其風而悅之。以謬悠之說，荒唐之言，無端崖之辭，時恣縱而不儻，不以觭見之也。以天下爲沈濁，不可與莊語。以卮言爲曼衍，以重言爲眞，以寓言爲廣。獨與天地精神往來，而不敖倪於萬物，不譴是非，以與世俗處。其書雖瑰瑋，而連犿無傷也。其辭雖參差，而諔詭可觀。彼其充實，不可以已。上與造物者遊，而下與外死生、無終始者爲友。其於本也，宏大而闢，深閎而肆；其於宗也，可謂調適而上遂矣。雖然，其應於化而解於物者，其理不竭，其來不蛻。芒乎昧乎，未之盡者。

此中所描述的，如牟宗三謂，正是全幅朗現之「天人」境界。對於莊子的境界，牟宗三詠歎再三，當謂莊子之自許天人不謬也。

（二）兩者表達方法有異：《老子》取分解的講法，《莊子》取描述的講法

按牟宗三之解釋，分解地講之，則系統整然，綱舉目張。種種義理，種種概念，連貫而生，各有分際。牟宗三就曾經將老子書分爲三大端剖析：一爲對道之本體論的體悟；二爲對道之宇宙論的體悟；三爲對道之修養工夫上的體悟。當年王弼注老，作《老子微旨例略》，反覆申明不過兩義。其言曰：「《老子》之書，其幾乎可一言以蔽之。噫！崇本息末而已。」本即無，末即有，去僞存樸，此一義也。王弼又曰：「故古人有歎曰：甚矣！何物之難悟也？既知不聖爲不聖，未知聖之不聖也；既知不仁爲不仁，未知仁之爲不仁也。故絕聖而後聖功全，棄仁而後仁德厚。」此詭辭爲用，又一義也。本無爲體，詭辭爲用，體用兩義，無不賅盡。《老子》分解言之，以經文出之，故能綱舉目張，義理整然。道家之爲道家，亦於焉確立。

至於《莊子》，則隨詭辭爲用，化體用而爲一。其詭辭爲用，亦非平說，乃爲表現。表現者，即所謂描述的講法也。《莊子》將《老子》分解所展現者，一起消融於其描述的講法中。「以卮言爲曼衍，以重言爲眞，以寓言爲廣」，即是描述的講法，全無概念的邏輯理路，亦無形式之邏輯關係。卮言曼衍，隨機而轉；重言尊老，並無我見；寓言寄意，推陳出新。隨時起，隨時止，聲入心通，無不圓足。在此漫畫式的描述講法中，正藏有「詭辭爲用」之玄智，此謂「無理路的理路」，亦曰「從混沌中見秩序」。全部《莊子》就是一個大的混沌，亦爲一大詭辭。這其中涵一「辯證的融化」。「恢詭譎怪，道通爲一。」描述敘事，借事寄意，經過立體的詭辭玄智，「無適焉，因是已」，當體具足，一切放平。這是一種自然自在、灑然自足的玄智境界。向、郭注莊，即能盛發此義。

（三）兩者義理之形態有異：《老子》之道有「實有形態」之姿態，而《莊子》則純爲「境界形態」

在牟宗三看來，《老子》之道有客觀性、實體性及實現性，至少也可說有此姿態。客觀性、實體性是本體論的，實現性乃宇宙論的。如是，《老子》之道有此三性，似可爲一積極而建構之形上學。但對《老子》來講，此積極之形上學似乎又保不住，故只是一姿態。而《莊子》正是化掉此姿態，將其三性一起消化而泯之，將「實有形態」之形上學轉化爲一純「境界形態」之形上學。

　　牟宗三又解釋說，《老子》之形上學，究其實亦只是境界形態，不過依「無爲而無不爲」以觀天地萬物，拉開以顯其本，遂顯有「實有形態」之貌似。此種「拉開以顯」，牟宗三稱之爲「動觀則有」。而《莊子》翻上來、收進來，從主觀境界上成一大詭辭，以顯「當體具足」，則消掉三性，所謂「靜觀則無」也。不過兩者並不衝突，《莊子》乃《老子》之進一步之形態是也。

第三節　從「品鑒之人學」到全幅人性之了悟的學問

　　《才性與玄理》一書，牟宗三以「才性」與「玄理」並列爲名，顯示了他對於「才性」問題的重視。以名理言之，牟宗三認爲，魏晉之名理實包含「才性名理」與「玄學名理」兩部份。故在該書中，言魏晉玄學名士之前，先介紹王充之性命論，然後又對魏初劉劭之《人物志》做了深入的解析。

一、牟宗三之從「品鑒之人學」到全幅人性之了悟的學問之理路

　　在《才性與玄理》一書中，牟宗三首先詮釋王充性命論之材質主義、自然主義、命定主義，上承告子、荀子、董仲舒，下開《人物志》之才性品鑒，從而疏通告子以下「生之謂性」之「氣性」一路的人性論，展示「自然生命」之領域，以明「才性名理」之來路與脈絡。談玄遠者爲玄學，談才性者爲「品鑒之人學」。劉劭《人物志》即「品鑒之人學」，並可總括「用氣爲性」這一路，將「自然生命」之領域全幅展開，通過「才性領域」之展現，開出「藝術境界」、「智悟之境界」。「生命」雖可欣賞，亦可憂慮，若對此不能正視，則無由理解佛家之「無明」、基督教之「原罪」，乃至宋明儒之「氣質之性」，而對於「理性」、「神性」、「佛性」之意蘊亦不能深切著明也。這樣，牟宗三通過肯定「自然生命」領域之可欣賞之正面意義，又由道德立場詮表其可憂慮之負面意義，從而反顯「用德爲性」的「德性生命之領域」，將生命十字打開。牟宗三認爲，合此品鑒的才性論與超越的德性論，方可展現中國文化中全幅人性之了悟的學問。而此一步，乃由宋明理學得以完成。

二、牟宗三對「品鑒之人學」之發展

　　牟宗三時常言及所謂對生命之「存在的感受」，他認爲，只有在「眞性情」的基礎上，方可談「人物之品鑒」，那是一種美學意義上的觀照，對象是人的

具體生命之「氣」之一面。牟宗三先生強調中國思想中有一種「尚氣」的傳統，這實在是一種深刻的洞見，實際上，這種說法指出了中國傳統思想中關於人的生命的價值觀方面有某種偏重存在論的意味。中國人歷來重視現世的生命，重視現世生命的具體表現。正是在這個意義上，牟宗三先生特別關注所謂「人物之品鑒」。在《才性與玄理》一書中，才有那麼深入的討論。

不惟有對人物之具體生命之「氣」之品鑒，牟宗三以自己之大才，時常對中國哲學義境中的一些對象也有獨到的分判與品鑒，往往能直取要害，一語中的，生動形象，乃至牟宗三許多創造性的新的說法，一經問世，即成經典。

如牟宗三言理性之運用時提出的「架構表現」與「內容表現」之分，言內聖開外王時提出的「兩層存有論」和「良知的自我坎陷」說，新穎獨到，令人印象深刻，而對中國玄理哲學之境界形態下形上學的玄思，牟宗三稱之爲「主觀性之花爛映發」，精到傳神，令人解頤。

而對於人之具體生命之「氣」的一面，牟宗三也有自己精彩的品鑒。如對魏晉玄學名士之「逸氣」、對漢初人物之「英雄氣」、對儒家先賢之「聖賢氣象」、對水滸之「漢子氣」等，牟宗三的品鑒都有深刻獨到之處。完全可以說，牟宗三將中國傳統之「品鑒之人學」提高到了一個新的水平。

（一）牟宗三論魏晉玄學名士：「唯顯一逸氣而無所成」之境界

對於魏晉名士，牟宗三講，很難說他們是某某家，而只是爲名士。專爲名士，則其人唯在顯一逸氣。何故？名士者，有名之士也，聲名洋溢，人所矚目。然魏晉名士，非以立德而名，亦非以立言、立功而名。其爲名，亦非「名節」之名。然則此所謂名士，究以何而名？曰：唯在因顯一逸氣而名。凡名節、名檢、名實之名，皆有所附麗而在某一格局規範中顯。而名士之名，則全無附麗，亦不在任何格局規範之中。是以其爲名也，只是其逸氣之一點聲光，全由遮顯，不以禮立，不以義方，亦即無所立、無所成之寡頭之名。

牟宗三認爲，此種「唯顯一逸氣而無所成」之名士境界，言之極難，而又令人感慨萬端。此是天地之逸氣，也是天地之棄才。曹雪芹著《紅樓夢》，著意要鑄造此種人格形態，其贊賈寶玉曰：「潦倒不通世務，冥頑怕讀文章，富貴不知樂業，貧賤難耐淒涼。」此種四不著邊，任何處掛搭不上之生命即爲典型之名士人格。則曹雪芹可謂能通生命情性之玄微矣。曹雪芹甚能契會此種生命之本質的意義，故其能於文學上開闢一獨特之境界，而成就一偉大之作品。

對於這種「逸氣」與「棄才」之境界，牟宗三謂其令人有無可奈何之感慨，有無限之淒涼，所謂感慨萬端者是也。總之，它有極可欣賞處，亦有極可詛咒處。因爲它是藝術的境界，亦是虛無的境界。藝術性和虛無主義乃其基本情調。從其清言清談、玄思玄智方面說，是極可欣賞的。他有此清新之氣、聰明之智，這是假不來的。但從其無所成，而敗壞風氣方面說，又極可詛咒。因爲他本是天地之逸氣、之棄才，無掛搭處，即有之，他亦不能接受。此其所以爲可悲。他不能立己立人，只是逸氣之一點聲光之寡頭揮灑，四無掛搭，此其所以爲虛無主義。因而是消極的、病態的。然由其玄思玄智方面講，他亦有積極的作用，能開出哲學境界、藝術境界。

（二）牟宗三論聖賢「氣象」與「英雄氣」之不同

劉劭《人物志》之「品鑒的人學」實乃順才性之品鑒。由此，牟宗三認爲，《人物志》對於英雄有恰當而相應之理解，對於聖人，則無相應的契會，無相應的瞭解。

《人物志》也討論聖人，但它只能從才性來瞭解。即便言聖人之「中和」、「中庸」，也還是材質的，非《中庸》所言之本義。《人物志》開不出超越領域，不能有成德之教，故對於聖人不能有相應之理解。

聖人自有聖人之天資。然聖人之所以爲聖，不只是天資所能盡。聖人乃德性人格之目，非才性人格之目。其根基在德性，在超越之理性，而不在材質或天資。故伊川有云：「大賢以上，即不論才。」聖人並非無才，亦自有其天資，然法眼不在此。宋明儒相應聖人而開成德之教，故對於聖人能有恰當相應的理解。聖人之天資、才性所呈現之姿態，爲其德性所化所潤，轉爲聖人之「氣象」，不復爲原始之風姿或神采。故言觀聖賢氣象，不說觀聖賢之風姿或神采。

而英雄則不然。英雄並非立根於超越理性，而只是基於其生命之先天而定然的、強烈的材質情性之充量發揮。故《人物志》之觀人，其極爲論英雄，不在論聖賢。

《人物志》有《英雄篇》專論英雄：「聰明秀出謂之英，膽力過人謂之雄。」其言張良是英，韓信是雄，劉邦、項羽既英且雄，可謂「英雄」。然項羽「英風少」，故於「英雄」一格不及高祖，是則高祖劉邦乃典型之英雄。對於《人物志》此論，牟宗三深爲讚賞，並認爲中國歷史上「英雄」一格，乃由劉邦開出，而英雄一詞亦不見於先秦典籍。魏晉始開品題人物之風；許劭謂曹操「治世之能臣，亂世之奸雄」，而曹操與劉備亦曾青梅煮酒論英雄。至《人物

志》正式提出英雄一格而品鑒之，而無專章論聖人。誠以聖人固非才性所能盡，其中別有天地。

牟宗三斷言，《人物志》雖順才性一路論英雄，然既開不出超越領域，亦不能照察出生命之非理性。故其只見英雄之可欣賞，而不知英雄之禍害。宋儒既立成德之教，故能識英雄之病，而推尊聖人，以德爲本。是以漢唐英雄之主，在宋儒之照察下，亦卑不足道矣。蓋理境既寬，眼目自高也。英雄又何足道哉！

（三）牟宗三論水滸境界及「漢子氣」

牟宗三著作中《生命的學問》乃一階段性短篇作品文集（20 世紀 50 年代）。其中多爲隨機撰寫，以應各報刊之需，故不同於有系統之著作。然亦正因隨機撰寫，未加雕飾，更能眞實地顯現牟先生所思所感，有助於我們瞭解牟先生其人其書其學。該書中最後一篇文字題爲《水滸世界》，對水滸之境界及李逵等人之「漢子氣」有獨到之品鑒。

文章開篇，牟先生即言水滸是禪宗。

> 吾嘗雲：《紅樓夢》是小乘，《金瓶梅》是大乘，《水滸傳》是
> 禪宗。請言《水滸傳》。〔註12〕

牟先生此處說「《水滸傳》是禪宗」，一是從《水滸傳》之文字言，一是從《水滸傳》之人物言。《水滸傳》之文字灑然自足，觸處機來。「吾不知其是何思想，吾亦不知其是何意識。久而久之，吾亦不覺其中之故事，吾亦不想其中之人物。吾只隨手翻來，翻至何處即看何處。」這是說看《水滸》不能有限定，一有限定，便不是《水滸》境界。「酸腐氣，學究氣，市儈流氓氣，皆不足以言水滸。」單從文字看，即灑然自足，令人有所悟。牟先生解釋說：「《水滸》文字很特別：一充沛，二從容。隨充沛而來者如火如荼，隨從容而來者遊戲三昧。不從容，不能沖淡其緊張。遊戲所以顯輕鬆，三昧所以顯靜定。其文字之聲音色澤，一有風致，二極透脫。驚天動地即是寂天寞地。而驚天動地是如是如是地驚天動地，寂天寞地是如是如是地寂天寞地。如是如是，便是《水滸》境界。」此爲牟先生對《水滸》文字的鑒賞語，富有鮮明的個性色彩。牟先生對《水滸》文字極爲讚賞，他用生動優美的文筆反覆詠唱，玩味再三：

〔註12〕 牟宗三《生命的學問》，桂林：廣西師範大學出版社，2005 年版，第 187～188 頁。

吳用說三阮撞籌，是那樣地清機徐引，三阮之興發上鈎，是那樣地水到渠成。吾不覺有來往，吾只覺步步是當下。潘金蓮毒死武大郎，其驚險可怕，陰森狠毒，令人透不過氣來。然而其文字一經從容迴環，便令人透過氣來，便覺無處不停停當當，灑然自足。其令人灑然自足處，不在報應，而在描述潘氏之乾號。『話說婦人之哭有三種。有淚有聲謂之哭，有淚無聲謂之泣，無淚有聲謂之號。當下潘金蓮乾號了幾聲』云云，此就是《水滸》之從容也。其如是如是之境界，大抵由此等處烘託出。〔註13〕

正是從文字之品鑒與對無曲人物之觀賞意義上說，《水滸》境界灑然自足，當下即是，故謂之「禪宗」，此爲品評話頭，並不是說《水滸傳》是禪宗思想、觀念與意識。

「漢子氣」乃對無曲者言。如前所述，《水滸》人物中以武松李逵魯智深爲無曲者之典型，而以宋江吳用爲有曲者之典型。就《水滸傳》而言，自以無曲者爲標準。

何爲「漢子氣」？何爲無曲？看看武松李逵魯智深，他們都是年輕體壯，生命洋溢，氣力充沛，受不得束縛，受不得委屈。「赤條條來去無牽掛，東西南北走天涯」，「路見不平一聲吼，該出手時就出手。」橫逆之來，必須打出去。「文來文對，武來武對。」絕不肯低頭。有了罪過，即時承認，絕不抵賴，好漢做事好漢當。受刑時，絕不喊叫。「叫一聲，不是打虎的好漢！」這就是「漢子氣」。他們都講義氣，義之所在，生死以之，性命赴之。他們的生命隨時可以結束：完了就完了，並沒什麼可躲閃迴避的。飄忽而來，飄忽而去。但是來也須來得嫵媚，去也須去得嫵媚。「他們這些不受委屈，馬上衝出去的人物，你可以說他們是小不忍則亂大謀。但是，在他們，罪過無大小，義理無大小，你對不起他，你欺負了他，你就是錯了。一錯永錯，便無甚可說的。你若說：忍耐點吧，則在他們這種無曲的漢子，不能有忍耐。隱忍曲折以期達到某種目的，不是他們的心思。他們沒有瞻前顧後，沒有手段目的，而一切皆是當下即目的。」此即對「無曲」的最好的解釋。

牟宗三說：「漢子二字頗美。有氣有勢，又嫵媚。比起英雄，又是一格。禪家常說：出家人須是硬漢子方得。他們只說個漢子，便顯灑脫嫵媚。《水滸》人物亦是如此。」禪家之說將出家人與漢子並提，乃見其同在灑脫無牽掛及

〔註13〕牟宗三《生命的學問》，桂林：廣西師範大學出版社，2005年版，第188頁。

相應之毅然決然之勇氣。而李逵「他們這種即時打去之行徑，都是頂天立地之人物。首出庶物，無有足以掩蓋之者。所以是自足而窮盡的。因爲自足而窮盡，所以只有一個當下。此種自足而窮盡所呈現的當下，是極灑脫嫵媚的。」漢子之美與英雄之美同在「盡氣」，都表現一種強者的生命風姿。而後者主要是從其客觀功業看其超越物氣、因應時勢、揮灑自如之運用之美，前者則在於明朗俊偉、灑脫嫵媚的當下即是之美。

　　像李逵他們這樣的「漢子」，你若說他們是被「逼上梁山」的受壓迫者，他們不見得會認可。「你這種替他們仗義，是可以令他們恥笑的。他們根本不承認自己是被壓迫者，他們並沒有那種齷齪的自卑感。他們明朗而俊偉，所以是個漢子。」他們自己就是強者，他們自足而窮盡。所有的憐惜與同情都與他們無關。他們不接受，不需要。

　　林沖差人去東京取眷，回來知道已死了，眾人無不爲之悼惜悲歎，以助其哀。然而此決用不到李逵身上。李逵見各人下山搬爹取娘，便大哭起來。宋江問他煩惱什麼，他說他也要搬老娘上山快活。宋江讓他去搬。結果搬不來，回來的路上在深山被老虎吃了。李逵回到梁山把經過告訴大家，眾人皆大笑。

　　牟宗三講：

> 　　若說不替他惋惜，而都發笑，實在太不仁了。我於此也頗不解。實則並非不仁，而李逵自身即是可笑的。他的可笑掩蓋了對於他娘的仁。若於此而不笑，便是虛僞。虛僞而可爲仁乎？此就是超越了一切既成的固定的系統，而成就了一個當下即是的嫵媚境界。此只能如如地觀之。惟如如，而後覺其一切皆必然。〔註14〕

　　林沖家眷死了，林沖傷心，眾人亦爲之悼惜。而李逵老娘被老虎吃了，眾人反而大笑李逵，蓋因像李逵這種漢子不會想不開，他們不需要安慰，不需要同情，漢子的境界灑脫而嫵媚，明朗而俊偉，此已超越了人文系統之常規，普通之仁在此不能呆板其用。此因漢子境界與人文境界不同之故。牟宗三對此有眞切的體認，故在文章最後有言：「我只因讀了點聖賢之書，漸漸走上孔聖之路。假若有歸宗《水滸》境界者，必以我爲無出息矣。」〔註15〕

〔註14〕牟宗三《生命的學問》，第 192 頁。
〔註15〕牟宗三《生命的學問》，第 194 頁。

第四節　牟宗三對法家及秦政的批判：老子之道爲法家所用的嚴重後果

先賢譚嗣同有言：「兩千年來之政，秦政也，皆大盜也；兩千年來之學，荀學也，皆鄉愿也。」（《仁學》）可見秦政對中國社會歷史影響之深遠。秦用法家思想富國強兵、一統中國，十數年又迅速敗亡，此中教訓後人多有反思。牟宗三先生在《歷史哲學》、《政道與治道》二書中對秦政及法家思想有深刻的批判，認爲前期法家「爲政以法」屬積極的事功，而後期法家思想和秦政的實踐由盡物力之戰國時代精神墮落到「物化的治道」，背棄人文理想，走向歷史的反動。而這其中，老子之道就爲法家所用，從而帶來嚴重後果。

在《歷史哲學》一書中，牟宗三於其中第二部「春秋戰國秦」之末專列章節，批判「佛老申韓之生心害政」〔註16〕。在《政道與治道》一書中，牟宗三於「法家的物化的治道」章節對後期法家特別是韓非的思想做了非常深刻的批判。〔註17〕

秦之兼併六國，全賴商鞅、孝公奠其基。牟宗三謂此爲秦之發展史上一大曲折。不言轉折，而言曲折，蓋牟先生視之爲精神的墮落。「自此以後，步步在墮落中，盡其時代之使命。」「精神在此種墮落中，遂不見其爲精神，而只見其爲物化。」〔註18〕牟先生認爲秦之發展是在順春秋戰國之演變，由春秋是周文之多型表現，下散而爲戰國時純爲盡物力以決鬥。「物力」指落於現實而純爲粗暴的物質生命之暴發言。精神完全不能自主，理想與意義價值盡行剝除，純成爲自然生命之表現。秦即在此多頭敵對中而對立地生長成。「彼所代表者非一綜合之階段，而是一對消之階段；非是一創造之階段，而是一否定之階段。」故牟先生視之爲曲折。「是以其所有之措施與成就，亦可轉語謂之爲在物化中而帶出。如此而帶出，儼若爲構造的，實非爲眞正的構造也。」牟先生認爲，其精神之本已失，故其智之外用（所謂墮落物化）所投映之號召曰富強，曰功利，曰耕戰。其所因此號召與外用而取之於民者，唯是其粗重之物力，而毫不能予以理性上之啓發與夫價值之觀念，故只能激民而不能興民也，是以民仍爲盲爽發狂而癡呆。「塞其理性之光，而取其粗暴之氣，套之於法而盡其物力，則生死唯君欲之矣。」

〔註16〕 牟宗三，《歷史哲學》，桂林：廣西師範大學出版社，2007年版，第126～134頁。
〔註17〕 牟宗三，《政道與治道》，桂林：廣西師範大學出版社，2006年版，第36～37頁。
〔註18〕 牟宗三，《歷史哲學》，第122，124頁。

　　牟宗三說：「秦之富強以此，其大敗天下之民亦以此。」在此種無本之馳鶩物化中，其所措定之法亦不本於理性，而乃本於功利與事便，故爲自上而硬加諸其所愚昧之民者。在此，民之守法，不本於理性之自覺，而乃迫於外在之利害與功利而爲外鑠者；而上之製法，亦不本於光明理性之客觀化，而乃繫於急切之功利，主觀之私欲。故此種法乃上無根下無著者。上無根，故必歸於權術；下無著，故必重吏，督責刻深。以虛映無本之號召，未有不荼毒生靈者，蓋號召不成其爲宗旨，終歸於無目的，必至於在物化中浮沉而已也。

　　牟宗三對於秦政背後的這種物化精神深惡痛絕。他說：「在商鞅，尚只爲一數量精神，然凡此類天資刻薄之人，其心已喪。由其心喪所成之『虛無之黑暗』尚爲一自然的不自覺者。至韓非（經過申不害），則根據此『虛無之黑暗』自覺地建立一陰森之秘窟，以爲不測之深淵。至此，大惡乃成。嬴政，即以其變態之心理，陰狠之天資，而以李斯助其虐，運用此一套而窒死天下者。及其窒死一切，其自身亦死。實則彼早已心喪，故早已死。說其自身至此亦死，乃謂其至此必轉而爲窮奢極欲，毀滅其自己。故趙高勸二世謂：所貴爲天子者，即在享樂腐敗。當其黑暗之發泄尚在有對之時，彼必堅持其狠愎。及其黑暗渾同一切，以爲天下已無事，彼自身即吞沒於此黑暗中而被毀滅。實則天下並不死，毀滅者其自己也。」

　　牟宗三認爲，後期法家思想和秦政的實踐由盡物力之戰國時代精神墮落到「物化的治道」，背棄人文理想，走向歷史的反動。本來，商鞅言法，申不害言術，韓非卻俱以爲不足，而強調法術兼備。這本身也是一個發展。然韓非就此而普遍化之，先反賢、反德、反民智、反性善，進而反孝悌反仁義禮智，由此進而言君術。由乾枯的理智與君術，遂把道家的道吸收進來以爲「體」。道家的道並無德性內容，只是破除外在的形式與人爲的對待而顯的一個混沌，故爲法家所用。君在權位上本是個超越無限體，今復益之以無德性內容、無價值內容之乾枯冷靜的虛寂渾全之心以爲神秘莫測之術府，則極權專制爲不可免。

　　後期法家思想對人類歷史的破壞性非常大，因爲君術之秘府中並無光明，所以法所傳達的只是黑暗；而又反賢、反德、反民智、反性善，則人間光明之根已被抹殺。這樣整齊劃一之法由術府壓下去而昏暗了一切，亦即物化了一切。

　　所以，牟宗三說：「韓非之教是極端愚民、獨裁、專制之教。嬴政、李斯實行這種思想政策，就是焚書坑儒，反歷史文化，以法爲教、以吏爲師，而大敗天下之民。」〔註19〕

　　在牟宗三看來，韓非從老子書中讀出了自己需要的東西，即老子之道並無德性內容，只是破除外在的形式與人爲的對待而顯的一個混沌，故正好爲法家所用。按牟宗三的說法，「韓非的思想深刻、動人，他搞出這一套來，要把人變成物，很不容易」，但顯然走向了歷史的反動，包括其解老、喻老之作，雖然用功頗深，但分明是走錯了路，讀歪了。〔註20〕

第五節　共法說及其意義

一、何爲共法說？

　　共法說，乃牟宗三晚年正式提出的一個創造性觀點，即謂道家之玄理玄智，「自主觀工夫上言無的理境」、「主觀工夫上的無的智慧」，其實是任何以實踐爲進路的大教普遍擁有的方法、途徑、手段，故爲「共法」，言其爲聖者生命所共有，乃生命之學問。

　　牟宗三自謂，其提出共法說，並非如蟲蝕木、偶而成字，而是在長期對中國哲學的研究、磨練之後，才認識到的。牟宗三講：

> 若眞切於道家之玄理玄智，則最後必通曉其爲共法而無疑。……夫立言詮教有是分解以立綱維，有是圓融以歸具體。「無」之智慧即是圓融以歸具體也。爲有聖者之生命而不圓融以歸具體者乎？分解以立綱維有異，而圓融以歸具體則無異也，此其所以爲共法。吾初寫《才性與玄理》，繼寫《心體與性體》，最後寫《佛性與般若》，經過如此長期之磨練，乃知義理之脈絡與分際自爾如此，故敢作如此之斷言，非如蟲蝕木，偶而成字也。〔註21〕

（一）牟宗三之共法說之三要點
　　關於共法說，可從三方面予以把握。

〔註19〕《政道與治道》，第 37 頁。
〔註20〕《政道與治道》，第 37 頁。
〔註21〕《才性與玄理》三版序。

一是名稱取自佛家。所謂「共法說」之名乃借用佛家用語。本來，在佛家系統中，「法」、「共法」都有其特定的涵義，也比較複雜。牟宗三借用過來，取其「方法」、「法門」、「路徑」義，大體亦可通；

二是內容取自道家。所謂「共法說」乃牟宗三在解析道家之玄理玄智過程中認識到，並提煉出來的。因爲道家以此爲勝場。道家之義理系統，按牟宗三的理解，不求實體，純爲「境界形態」，也因爲其純粹，故能將此主觀上言「無」的工夫和理境推向極致。

三是目的指向儒家。儒家思想發展到後來，尤其經過宋明理學精緻化以後，大家講聖人之道，就有了禁忌，即怕別人說學自佛老。所以最怕講「無」，講「玄」之類的東西。牟宗三認爲，忌諱玄遠，實在是自縛手腳，自限自封。一定要打破禁忌，儒學才能發展。所以，牟宗三之提出「共法說」，目的還是指向儒家。對於儒學義理之發展來講，牟宗三及其共法說可謂功莫大焉。

（二）牟宗三晚年才認識到共法說，有別於其早期觀點

讀中國哲學書，特別是關涉哲學史上一些論爭時，經常可以看到一些學者甚至一些大家，在爲儒學史上某些大儒的觀點是否有別於佛老，費勁地做辯護。其實，牟宗三在認識到共法說之前，也不例外。

譬如，陽明四句教及四有四無論爭，作爲中國哲學史上一大公案，一直受到牟宗三先生高度重視。牟先生先後在《王陽明致良知教》《人文講習錄》《才性與玄理》《心體與性體》《從陸象山到劉蕺山》《中國哲學十九講》《中國哲學史上十大諍辯》等著作或講座中均有涉及。其中《王陽明致良知教》《人文講習錄》屬早期作品〔註22〕，特別是在《人文講習錄》中，牟以「王學的歧出」「王學的正解」等爲題專門做了幾講，對王畿、王艮等做了嚴厲的批判，而對陽明四句教之「無善無惡」說亦表示了異議。直到後來牟先生寫《才性與玄理》《心體與性體》《佛性與般若》《從陸象山到劉蕺山》等書，在長期的磨練中，對儒釋道三家義理之脈絡與分際有了更清晰的認識，因而有「共法說」之提出。牟先生認爲陽明、龍溪不但不是「禪」，而且對傳統儒學有大貢獻，是儒學義理圓熟和發展過程中的一大環節。

在早期的《人文講習錄》中，牟先生對陽明、龍溪等的看法基本上是照搬黃宗羲在《明儒學案》中的評價，大段大段地直接引用，而後來在《中國

〔註22〕後來牟自承當時立論未穩、「判斷多不可靠」，「我五十歲以前寫的那些書，你們不要看」。

哲學十九講》中則認為黃宗羲「對王學並無真正的瞭解，對王學後來的發展也不瞭解」，「判斷多半不對」。〔註23〕

關於牟宗三先生晚年觀點之變化，蔡仁厚亦有言明。在《人文講習錄》之第十五篇「王學的歧出」篇末，蔡仁厚做了專門解釋：「仁厚謹按：此處與上一講論及王門末流之弊，乃先生四十餘歲之見解。迨《心體與性體》《從陸象山到劉蕺山》書出之後，其判斷已有所調整。祈讀者留意焉。」

共法說，乃就比較而言，不比較無所謂共法。言其同，必觀其異，觀其異，必求其通。如是，哲學才有發展。

二、「共法說」及牟宗三道家觀的內在邏輯理路

正如牟宗三自陳，其「共法說」的提出，實乃經過長期之磨練，乃知義理之脈絡與分際自爾如此，故敢作如此之斷言，絕非如蟲蝕木，偶而成字。而他對道家做「境界形態」的判定，也一直都飽受質疑，但自始至終，牟宗三對自己的這一判定都非常執著，堅定不移。可以說，牟宗三對自己的道家觀有著非常深刻的思考和義理的自信。考察牟宗三道家觀的形成及其觀念發展過程，我們可以發現，牟宗三對道家「境界形態」的判定與其晚年「共法說」的提出，其間有緊密的邏輯關聯和理路的一致，從而共同構成牟宗三獨具特色的道家觀。

（一）對哲學名理與教下名理的區分

牟宗三在比較道家與儒家、佛家義理時，曾提出過對哲學名理與教下名理的區分。

在《才性與玄理》一書之第七章「魏晉名理正名」中，牟宗三對魏晉玄學名理與道家義理的關係做了深刻的考察。他特別指出：「魏晉玄學名理以道家為矩矱，乃一時之因緣，非玄學名理之本質必限於此（當然，道家之義亦確有恰當於玄學處）」。〔註24〕

雖然魏晉玄學依道家之言立論，這是歷史文化的因緣，而非義理本身之必然，但之所以選擇道家而非儒家，乃因道家義理更契合魏晉玄學名理之超越與普遍。這就涉及哲學名理與教下名理的區分問題。在牟宗三看來，哲學

〔註23〕可參見牟宗三《人文講習錄》《中國哲學十九講》之相關章節。
〔註24〕《才性與玄理》，第241頁。

名理追求的是超越與普遍，而教下名理則有其定向與歸宗。哲學名理則能超越教下名理之定向，關涉一切教與非教之名理而辯示之。

牟宗三接下來對哲學名理與教下名理之不同以及名理之超言意境與聖證之超言意境之不同，做了明確的揭示：

> 教下名理乃依宗起教，有定向者，而哲學之玄學名理則可不爲定向所圍。依此，其内容的層次同，教下名理在境界上並不高於哲學之玄學名理。而在外延的層次上，則哲學之玄學名理比教下名理爲超越而普遍。〔註25〕

> 名理之超言意境是「辯而示之」，而可不必眞能做到，其本質亦不含做到或不做到：此是哲學之本質。而教下名理則必含做到，或至少亦含做到與做不到之問題：此是道德宗教之本質。因此而有聖證之超言意境。聖證之超言意境是體之、懷之，因此它必高於名理之超言意境，即：道德宗教高於哲學。〔註26〕

教下名理有其歸宗、定向，所以含做到之義。而哲學名理則能超越教下之種種定向，單純從名理角度「辯而示之」。所以牟宗三講，哲學家能拆穿聖人之渾一，通過名理一一予以辯示，暢通其理理無礙、事事無礙、事理無礙之途徑。

關於哲學家與聖人的區別與聯繫，牟宗三有一段話說得非常漂亮：

> 哲學以名理爲準。名理凌空，不爲生命所限；聖證以生命爲資，不能不爲其所限。無生命之聖證，則道不實；無名理之凌空，則道不開。哲學辯而開之，顯無幽不燭之朗照；聖證渾而一之，示一體平鋪之實理。然哲學家智及不能仁守，此是哲學家之悲劇；聖證仁守而封之，此是聖人之悲劇。兩者永遠在開闔相成中而各有其獨立之本質，藉以觀人之所以爲人，精神之所以爲精神。再益之以藝術、天才、生命、英雄之境界，則人類精神之最高峰盡矣。此黑格爾所以視宗教、藝術、哲學皆爲絕對精神也。〔註27〕

牟宗三這裡所講，關於哲學家與聖人，關於名理與聖證，關於生命與精神，思慮深遠，其中包含極爲複雜而深奧的理境，有著非常重要的意義。

〔註25〕《才性與玄理》，第 242 頁。
〔註26〕《才性與玄理》，第 242 頁。
〔註27〕《才性與玄理》，第 244 頁。

就魏晉名理而言，雖然其以道家爲矩矱，然其本質爲哲學名理，而非教下名理。在牟宗三看來，雖然以前道家和儒家、佛家並列，號稱儒、釋、道三教，實際上道家之教的意味並不甚強。所以若依牟宗三，老子、莊子皆非聖人，其本質不過是哲學家。牟宗三還引用魏晉王弼、郭象的話爲自己佐證。王弼有言：「聖人體無，無又不可以訓，故不說也。老子是有者也，故恒言其所不足。」郭象在《莊子序》中也曾曰：「夫莊子者，可謂知本矣，故未始藏其狂言。」「然莊生雖未體之，言則至矣。」〔註28〕此皆言許老莊知言、知本，而不許其能至聖證之境也。所謂聖人立教，而哲人明理。正是基於這些認識，牟宗三認爲，就中國文化而言，道統在儒家，科學傳統在羲和之官，而哲學傳統則在道家和名家。

關於老莊之言心性，牟宗三認爲，老莊雖未依照儒聖性命天道之教義而立言，但就其造詣之最高處之體用、有無、一多之形式關係之闡明而言，則亦能盡聖證境界之極致。這種闡明雖爲最普遍之形式陳述（所謂泛言體用），然此「形式陳述」乃爲一切聖證所不能逃者。蓋道家及魏晉玄學，不涉及任何教之內容，而直就「道之爲道」之本身而說，此普遍之形式陳述已得哲學之本質。所以，道家可自處於哲學，而以哲學凌空其自己，並活轉其自己，不必自定爲「教」，則不與教爲對立，而將有其無限之哲學生命焉。〔註29〕

綜觀牟宗三對哲學名理與教下名理的區分，可以說，牟宗三的思考確有其深刻與精緻處。但將道家思想歸於哲學名理，而撇開教下名理，還是容易爲人詬病。與牟宗三對道家「境界形態」的判定類似，「境界形態」的判定有兩點關鍵，一是高標道家特別是老子「無」的智慧，二是以莊子之純粹爲道家之代表，化掉老子之道之實有形態的殘留。同樣，牟宗三歸道家於哲學名理，與教下名理劃清界限，然則道家果眞全無歸宗、定向？

當然，對於自己說法中的這些問題，牟宗三自己也可能清楚，所以，在後來的思考和表述中，牟宗三對自己的一些說法也做了修正。

（二）以「實踐的智慧學」融會哲學名理與教下名理

牟宗三晚年的哲學思考更加圓熟，在其後期著作《現象與物自身》《圓善論》等著作中，他修正了一些原來的說法。如關於哲學名理與教下名理的區分，他不再執著。在《圓善論》「序」中，牟宗三講：「哲學若非只純技術而

〔註28〕《才性與玄理》，第 244 頁。
〔註29〕《才性與玄理》，第 245 頁。

且有別於科學，則哲學也是教。」而牟宗三之所以有這種轉變，究其原因，晚年牟宗三對所謂哲學的古義即作爲最高善論的實踐的智慧學做了探究。他說：「這樣意義的哲學，康德說，古人認爲是一種教訓，即依概念與行爲而說的教訓。」「這正是中國儒釋道傳統中所謂的『教』。」〔註30〕這樣，受康德的啓發，牟宗三將西方哲學中「哲學」的古義「實踐的智慧學」，與中國儒釋道傳統中的「教」，在終極的實踐意義上獲得了統一，用「實踐的智慧學」融會了哲學名理和教下名理。

這裡，牟宗三所謂的「實踐」，當爲道德的實踐，或解脫的實踐，終歸是生命的實踐。這就與中國傳統儒釋道三教意義上的實踐即工夫一致了。牟宗三後來對道家的「工夫」「實踐」也多有申發，如，「道家的入路不是道德意識的，因此與儒家不同，但仍有修道德工夫」〔註31〕，道家「一切工夫都在心上作」，「這個工夫即是『致虛守靜』的工夫」〔註32〕。這樣，道家就不再像原來以爲的那樣只是哲學名理，也有了教下名理的內涵。

（三）共法說的廣義與狹義

通過前面的梳理，我們可以注意到，牟宗三對道家「境界形態」的判定與「共法說」的提出是緊密相連的，可謂一體同生。將道家歸於哲學名理，與教下名理區分開，道家就必然是「境界形態」，而道家「無」的智慧、玄理玄智就是共法。兩者內在的邏輯理路是統一的。

同時，我們還可以注意到，牟宗三所謂的共法說，實際上應該有廣義和狹義之分。其狹義的內涵，即在於牟宗三自己在《才性與玄理》一書之「三版序」所云「若眞切於道家之玄理玄智，則最後必通曉其爲共法而無疑。」而其廣義即爲道家式的「形式陳述」，即道家式的哲學名理。如前文所述，牟宗三有云：

> 又老莊言心性，雖未依照儒聖性命天道之教義而立言，但就其造詣之最高處之體用、有無、一多之形式關係之闡明而言，則亦能盡聖證境界之極致。這種闡明雖爲最普遍之形式陳述（所謂泛言體用），然此「形式陳述」乃爲一切聖證所不能逃者。蓋道家及魏晉玄學，不涉及任何教之內容，而直就「道之爲道」之本身而說，此普

〔註30〕《圓善論》「序」，臺北：學生書局，1985年版。
〔註31〕《中國哲學十九講》，第107頁。
〔註32〕《現象與物自身》，臺北：學生書局，1984年版，第430頁。

遍之形式陳述已得哲學之本質。〔註33〕

　　道家式的「形式陳述」爲最普遍的形式陳述，乃爲一切聖證所不能逃者，這不就是說，道家式的「形式陳述」即道家式的哲學名理乃一切教的共法嗎？

　　當然，按照牟宗三後期的提法，哲學與教也是可以統一的，都是「實踐的智慧學」，則共法說的廣義與狹義之區分，也就統一消融了。

三、共法說之意義：以陽明四句教及四有四無論爭爲例的考察

　　陽明四句教是指王陽明晚年對自己一生學問宗旨高度概括和總結而成的四句話：「無善無惡心之體，有善有惡意之動，知善知惡是良知，爲善去惡是格物。」而四有四無說論爭指由於王陽明的兩位大弟子錢德洪（緒山）與王畿（汝中、龍溪）對陽明四句教理解和看法不同而引發的一系列論說和爭辯。作爲中國哲學史上一大公案，關於陽明四句教及四有四無說的論爭一直沒有停息，甚至在幾百年後的今天，依然聚訟紛紜。其實個中原因並不複雜。王陽明作爲中國歷史上離我們時代最近的一代儒宗，他所創立的致良知教博大精深，集孟子以來儒家心性論之大成，以一種總結形態，成爲宋明理學最後的高峰。陽明晚年提出的四句教更有「懸題」之稱，其中理境深奧非凡。而王龍溪等關於四句教的四有四無論爭揭示出來的儒釋道義理分判和會通問題事關重大，不惟牽涉對中國傳統文化精神的理解和把握，而且對於中國哲學傳統的發展與創新意義深遠。

（一）天泉證道與「四無」「四有」的提出：四無乃龍溪實持之說，四有爲龍溪虛立之名

　　王陽明於嘉靖六年（1527）九月八日受命赴兩廣，臨行前一天晚上，在紹興天泉橋上向他的兩位大弟子錢德洪、王畿解說他晚年講學宗旨及教法，史稱天泉證道。錢德洪和王畿同爲陽明兩大高足，但他們對陽明四句教理解和看法有異，因而在天泉橋上請陽明本人指正。四有四無之說及其後來的紛爭皆由此而起。

　　關於天泉證道的文獻記載，主要有陽明弟子編錄的陽明《傳習錄》、陽明《年譜》等，當事人王畿《天泉證道紀》有完整記錄，陽明另一弟子鄒東廓（守益，謙之）亦在其著作中提到了四有與四無的論爭（《青原贈處》），王門

〔註33〕《才性與玄理》，第245頁。

後學徐階所撰《王龍溪先生傳》亦有涉及。後來黃宗羲《明儒學案》更有多處記載與相關討論。以上記載中，陽明《傳習錄》是由陽明大弟子錢德洪主持彙編，王畿亦鼎力參與其事，故陽明《傳習錄》的相關記載最爲可信。而王畿《天泉證道紀》因是當事人自記，從考察王畿獨特思想的角度看當有其重要價值。

陽明《傳習錄》的相關記載如下：

丁亥年九月，先生起復征思、田，將命行時，德洪與汝中論學。汝中舉先生教言，曰：「無善無惡是心之體，有善有惡是意之動，知善知惡是良知，爲善去惡是格物。」德洪曰：「此意如何？」汝中曰：「此恐未是究竟話頭。若說心體是無善無惡，意亦是無善無惡的意，知亦是無善無惡的知，物亦是無善無惡的物矣。若說意有善惡，畢竟心體還有善惡在。」德洪曰：「心體是天命之性，原是無善無惡的。但人有習心，意念上見有善惡在，格、致、誠、正、修，此正是復那性體工夫。若原無善惡，工夫亦不消說矣。」是夕侍坐天泉橋，各舉請正。先生曰：「我今將行，正要你們來講破此意。二君之見，正好相資爲用，不可各執一邊。我這裡接人原有此二種。利根之人，直從本原上悟入，人心本體原是明瑩無滯的，原是個未發之中。利根之人一悟本體，即是工夫，人己內外一齊俱透了。其次不免有習心在，本體受蔽，故且教在意念上實落爲善去惡，工夫熟後，渣滓去得盡時，本體亦明盡了。汝中之見，是我這裡接利根人的；德洪之見，是我這裡爲其次立法的。二君相取爲用，則中人上下皆可引入於道。若各執一邊，眼前便有失人，便於道體各有未盡。」既而曰：「已後與朋友講學，切不可失了我的宗旨：無善無惡是心之體，有善有惡是意之動，知善知惡是良知，爲善去惡是格物。只依我這話頭隨人指點，自沒病痛，此原是徹上徹下工夫。利根之人，世亦難遇。本體工夫一悟盡透，此顏子、明道所不敢承當，豈可輕易望人！人有習心，不教他在良知上實用爲善去惡工夫，只去懸空想個本體，一切事爲俱不著實，不過養成一個虛寂。此個病痛不是小小，不可不早說破。」是日德洪、汝中俱有省。（《陽明傳習錄·下》）

陽明《傳習錄》爲王門權威性經典，通過上述關於天泉證道的記載，我們可以明確這樣幾點：一是陽明確有四句教法，作爲陽明講學宗旨：「無善無

惡是心之體，有善有惡是意之動，知善知惡是良知，爲善去惡是格物。」二是錢王兩大弟子在討論上述四句教法時產生了分歧。錢在理解過程中努力嚴守師說，立主復性工夫，而王畿則對師說提出異議，認爲四句教並非究竟話頭，如果說心體無善無惡，則意、知、物皆無善無惡。若說意有善惡，則心體還有善惡在。三是兩人就此分歧向陽明請教，陽明就此問題親自做了答覆。

　　陽明本人的答覆主要有這幾層意思：首先，他對錢王兩種說法做了分判。錢所言嚴守師說，強調心無善惡、意有善惡，因而要踏踏實實做復性工夫，此說本無問題；王說從心之本體出發，強調有一種超越善惡之「無」的絕對理境，此亦不可謂之無理。然此兩說應相取爲益、相資爲用，不可各執一邊。因爲他的四句教本來就包涵此兩層理境。陽明對自己四句教是很自負的，因而再次鄭重告誡「已後與朋友講學，切不可失了我的宗旨：無善無惡是心之體，有善有惡是意之動，知善知惡是良知，爲善去惡是格物。只依我這話頭隨人指點，自沒病痛，此原是徹上徹下工夫。」最後，陽明天才地預先警示王畿片面強調境界容易忽視工夫的嚴重風險和後果，「人有習心，不教他在良知上實用爲善去惡工夫，只去懸空想個本體，一切事爲俱不著實，不過養成一個虛寂。此個病痛不是小小，不可不早說破。」

　　單從《傳習錄》的上述文字看，在天泉證道中，對於錢王分歧，陽明似乎是傾向於錢德洪的，有學者即持此說。實際上，王陽明對自己兩位高足是非常瞭解的，錢沉潛篤實、王悟性奇高，就四句教而言，錢能嚴守師說，陽明當然是滿意的，而王畿能不滿足於四句教而獨標新說，道出陽明所欲言而未言，陽明是眞心欣賞的。王畿不滿師說而陽明未加嚴斥，反而說兩者要相取爲益、相資爲用，不可各執一邊，這實際上就是對王畿新說的最大鼓勵。所以，在天泉證道中，陽明對王畿似貶實揚，尤其是在隨後嚴灘問答、南浦請益中，陽明對王畿獨標新說再三稱許，極大地鼓舞了王畿之所爲。

　　但不管怎麼說，上述文字中雖有陽明四句教之實，卻無「四有」「四無」之名。「四有」「四無」說始見於王畿本人的《天泉證道紀》：

　　　　陽明夫子之學，以良知爲宗。每與門人論道，提四句爲教法：
　　　　無善無惡心之體，有善有惡意之動，知善知惡是良知，爲善去惡是
　　　　格物。學者循此用功，各有所得。緒山錢子謂此是師門教人定本，
　　　　一毫不可更易。先生謂夫子立教隨時，謂之權法，未可執定。體用
　　　　顯微只是一機，心意知物只是一事。若悟得心是無善無惡之心，意

即是無善無惡之意，知即是無善無惡之知，物即是無善無惡之物。蓋無心之心則藏密，無意之意則應圓，無知之知則體寂，無物之物則用神。天命之性，粹然至然，神感神應，其機自不容已。無善可名，惡固本無，善亦不可得而有也，是謂無善無惡。若有善有惡，則意動於物，非自性之流行，著於有矣。自性流行者，動而無動，著於有者，動而動也。意是心之所發，若是有善有惡之意，則知與物一齊皆有，心亦不可謂之無矣。緒山子謂若是是壞師門教法，非善學也。先生謂學須自證自悟，不從人腳跟轉，若執著師門權法以爲定本，未免滯於言詮，亦非善學也。

　　時夫子將有兩廣之行，錢子謂曰：「吾二人所見不同，何以同人？盍相與就正。」夫子晚坐天泉橋上，因各以所見請質。夫子曰：「正要二子有此一問。吾教法原有此兩種，四無之說爲上根人立教，四有之說爲中根以下人立教。上根之人悟得無善無惡心體，便從無處立根基，意與知物皆從無生，一了百當，即本體便是工夫，易簡直截，更無剩欠，頓悟之學也。中根以下之人，未嘗悟得本體，未免在有善有惡上立根基，心與知物，皆從有生，須用爲善去惡工夫，隨處對治，使之漸漸入悟，從有以歸於無，復還本體，及其成功一也。世間上根人不易得，只得就中根以下人立教。通此一路，汝中所見，是接上根人教法；德洪所見，是接中根以下人教法。汝中所見，我久欲發，恐人信不及，徒增躐等之病，故含蓄到今，此是傳心秘藏，顏子、明道所不敢言者，今即已說破，亦是天機該發泄時，豈容復秘！然此中不可執著，若執四無之見，不通得眾人之意，只好接上根人，中根以下人無從接授。若執四有之見，認定意是有善有惡的，只好接中根以下人，上根人亦無從接授。但吾人凡心未了，雖已得悟，不妨隨時用漸修工夫，不如此不足以超凡入聖，所謂上乘兼修中下也。汝中此意正好保任，不宜輕以示人，概而言之，反成漏泄。德洪卻須進此一格，始爲玄通。德洪資性沉毅，汝中資性明朗，故其所得，亦各因其所近。若能互相取益，使吾教法上下皆通，始爲善學耳。」自此海內相傳天泉證悟之論，道脈始歸於一云。

（王畿《天泉證道紀》）

　　上面的文字中，明確有四有四無的說法。問題是，四有四無究竟何指？

四無是指王畿實際持有的看法，這應是確定無疑的。其具體內涵，王畿也有明確表述：「若悟得心是無善無惡之心，意即是無善無惡之意，知即是無善無惡之知，物即是無善無惡之物。」但是，四有之說究竟何指？這是有爭議的。很多學者認爲，四有就是指「四句教」。其實這是有問題的。

首先，四有四無是相對立的說法，從字面上看，四無之說確是四無，心、意、知、物皆無善無惡，然四句教首句謂「無善無惡心之體」，這當然是「無」，四句教要說是「有」，也該是「一無三有」，安得謂四有？有研究者有見於此，從陽明另一弟子鄒東廓（守益，謙之）著作中找到了相關的四句說法：「至善無惡者心，有善有惡者意，知善知惡是良知，爲善去惡是格物」，認爲四有應該指此四句。鄒東廓關於天泉證道及四有四無的相關記述如下：

> 陽明夫子之平兩廣也，錢王二子送於富陽。夫子曰：「予別矣，
> 盍各言所學？」德洪對曰：「至善無惡者心，有善有惡者意，知善知
> 惡是良知，爲善去惡是格物。」畿對曰：「心無善無惡，意無善無惡，
> 知無善無惡，物無善無惡。」夫子笑道：「洪甫須識汝中本體，汝中
> 須識洪甫工夫，二子打並爲一，不失吾傳矣。」（《青原贈處》）

鄒東廓有此記述，但他並非天泉證道當事人，錢王當時所言是否如此且先不說，單就鄒所記錢四句「至善無惡者心，有善有惡者意，知善知惡是良知，爲善去惡是格物」而言，與陽明四句教實無本質區別，「至善無惡」與「無善無惡」本就是一樣。陽明有言曰：「心之本體原無一物，一向著意去好善惡惡，便又多了這分意思，便不是廓然大公。《書》所謂無有作好惡，方是本體。」（《傳習錄·中》）陽明之意，心體是絕對至善的，相對的善惡概念不足以名之，超越一切正負相對價值的限制，所謂「無善無惡，是爲至善」是也。王陽明在《大學問》中說「至善」就是吾心之「良知」，他說：「至善者，明德、親民之極則也。天命之性，粹然至善，其靈昭不昧者，此其至善之發見，是乃明德之本體，而即所謂良知也。」（《大學問》）錢德洪也曾明確指出：「人之心體一也，指名曰善可也，曰至善無惡亦可也，曰無善無惡亦可也。曰善、曰至善，人皆信而無疑矣，又爲無善無惡之說者，何也？至善之體，惡固非其所有，善亦不得而有也。至善之體，虛靈也，猶目之明、耳之聰也。虛靈之體不可先有乎善，猶明不可先有乎色，聰不可先有乎聲也。目無一色，故能盡萬物之色；耳無一聲，故能盡萬物之聲；心無一善，故能盡天下萬事之善。今之論至善者，乃索於事事物物之中，先求其所謂定理者，以爲應事宰

物之則，是虛靈之內先有乎善也。虛靈之內，先有乎善，是耳未聰耳先有乎聲，目未視耳先有乎色也……故先師曰：『無善無惡者心之體』，是對後世格物窮理之學，先有乎善者立言也。因時設法，不得已之辭焉耳。」（《復楊斛山》）

顯然，「無善無惡，是爲至善」，這在陽明、錢德洪、王畿處都是無問題的，無論是「至善無惡者心，有善有惡者意，知善知惡是良知，爲善去惡是格物」，還是「無善無惡心之體，有善有惡意之動，知善知惡是良知，爲善去惡是格物」，四句教都不能說是四有之所指。

說四有不是指四句教，還有更重要的根據，那就是天泉證道中陽明的答覆和態度。四句教是陽明所提倡的，錢王二人就四句教的理解和看法產生分歧，並找陽明請教，陽明親自做了答覆。錢王分歧的實質是關於復性的工夫路徑問題。錢謹守師說，在「心」「無善無惡」的基礎上念念不忘「人有習心」，因而「意」「有善有惡」，故要努力「存善去惡」，走的是重「修」的路子；而王在「心」「無善無惡」的啓發下，直悟一種心意知物皆無善無惡的絕對化境，因而主張通過直悟本體、透顯本心，無善無惡，是謂至善，這是一種重「悟」的路子。陽明對兩位大弟子所持意見洞悉無遺，故在答覆中都給予肯定，並主張兩者要相取爲益、相資爲用，不可各執一邊。陽明最後再次強調了自己四句教的徹上徹下的圓融性，告誡兩位高足不要背離自己的四句教宗旨。陽明的答覆和態度充分表明，至少在陽明看來，王畿四無之說並未背離自己四句教宗旨。那麼四句教又怎麼會與王畿四無說相對立而爲四有呢？

通過前述天泉證道的相關文獻記載考察，我們可以看到，所謂四有、四無，全是王畿個人提出的說法。依王畿之意，四無之所指當爲：「若悟得心是無善無惡之心，意即是無善無惡之意，知即是無善無惡之知，物即是無善無惡之物。」而四有之所指應是：「意是心之所發，若（意）是有善有惡之意，則知與物一齊皆有，心亦不可謂之無矣（如是則心意知物四者皆有）。」若依此考察，則顯然四句教絕非四有之所指，若以四有謂錢德洪，則錢本人亦必不願認可也。

討論至此，我們可以得出兩點結論：一是四無乃龍溪實持之說，四有爲龍溪虛立之名，四有乃龍溪爲自己四無所設一對立面而已，非必謂錢德洪所言，更非指四句教也。二是錢王關於陽明四句教看法之爭，龍溪謂之「四有四無」之論爭，實際上陽明、德洪未必同意有「四有四無」之爭也。在天泉證道中，作爲四句教的提出者和學問權威，陽明親自做了答覆，對錢王之分

歧和問題至少在學理上給予了較完滿的解決。「是日德洪、汝中俱有省」即是良好效果的明證。

（二）天泉證道之後問題的轉換：不再是四有四無之爭，而是以「四無」及「無善無惡」爲中心的兩層質疑——王畿四無說是否違背陽明宗旨？陽明「無善無惡」說是否違背儒家正道？

天泉證道之後，王畿「四無」之說成爲眾矢之的。特別是陽明逝世後，王畿大力宣講自己的「四無」說，一方面在社會上造成極大的反響，另一方面也因此受到廣泛的質疑。明末大儒黃宗羲在《明儒學案》中有一種代表性說法稱：「陽明先生之學，有泰州龍溪而風行天下，亦因泰州龍溪而漸失其傳。」他認爲其原因在於：「泰州龍溪時時不滿其師說，益啓瞿曇之秘而歸之師。蓋躋陽明而爲禪矣。」（《明儒學案·泰州學案》）我們知道，宋明之時，儒家學問與佛老之學界限森嚴壁壘，儒家高揚爲善去惡，而凡無善無惡、玄妙虛無之類言談皆有歸於佛老之嫌。陽明之學因其四句教所獨有的特徵而被很多人譏爲禪，而人們往往又把王畿的四無說視爲罪魁禍首。黃宗羲和他的老師劉宗周（蕺山）甚至懷疑陽明四句教亦爲王畿杜撰。在《明儒學案》中，黃宗羲論王龍溪曰：

> 愚案四句教法，考之陽明集中，並不經見。其說乃出於龍溪，則陽明未定之見，平日間嘗有是言，而未敢筆之於書，以滋學者之惑。至龍溪先生，始云四有之說，猥犯支離，勢必進之四無而後快。既無善惡，又何有心意知物？終必進之無心無意無知無物而後已。如此，則「致良知」三字，著在何處？先生獨悟其所謂無者，以爲教外之別傳，而實也並無是無。有無不立，善惡雙泯。任一點虛靈知覺之氣，縱橫自在，頭頭明顯，不離著於一處，幾何而不蹈佛氏之坑塹也哉？（《明儒學案·師說》）

作爲王門後學，黃宗羲在《明儒學案》中對陽明並無微詞。此處劉宗周、黃宗羲師徒懷疑四句教非陽明本意，更多是試圖爲陽明解脫「無善無惡」之歸禪之嫌，因而將攻擊目標全集中於王畿。實際上，在王陽明那裏並無這多藩籬禁忌。王陽明早年出入佛老，後復歸儒聖，會通圓融，義精理熟，對儒家學問與佛老異同獨有心得，對佛老之深邃精微處亦不諱言。就虛無高妙講，陽明曾有言云「仙家說到虛，聖人其豈能虛上加得一毫實？佛氏說到無，聖人豈能無上加得一毫有？」（《陽明傳習錄·下》）在嚴灘問答中，陽明更是借用佛家實相幻相之說啓發錢王兩位高足：「有心俱是實，無心俱是幻；無心俱

是實，有心俱是幻。」而對王畿所答工夫與本體之通變與妙用及有無之間不可以致詰，陽明更是深爲嘉許，師徒於有無玄境交流可謂莫逆於心。

陽明四句教以「無善無惡」謂心之體，並非從認知意義上言，而是從境界上立言，不是說認知意義上無善無惡，而是說有此超越善惡對待之見地與境界，從而表現爲無善無惡。無善無惡，是爲至善。陽明四句教所言實際上就是強調從至善之心體出發，通過爲善去惡的格物復性工夫，最後復歸於無善無惡境界。這是一個迴環，一種徹上徹下的圓融。而王畿獨倡四無之說，強調直悟本體，即可透顯無善無惡之性（是爲至善）。雖表面看似與陽明四句教不符，實際上四句教本身即蘊涵此一理路。所以在天泉證道中，陽明也不以爲忤，因爲王畿實際上是道出了陽明所欲言而未言。陽明告誡錢王不可各執一邊，因爲他對王畿四無與自己四句教之關聯洞若觀火。王畿四無執著於化境之玄妙，而自己四句教徹上徹下全無病痛。

從理境形態而言，王畿四無之說可謂「向上超拔型」，而陽明四句教爲「向下圓融型」。〔註34〕就王畿四無說而言，謂之不足可，謂之忤逆無理則不可，因爲從本質上講，四無說確未背離陽明宗旨。

如果說，王畿四無說並未背離陽明宗旨，那麼陽明之學是否背離儒家正道呢？

我們知道，陽明立教，以良知爲本，以四句教爲宗。陽明所謂良知並非一般所謂的直覺本能，而是指人的本心之明，即「虛靈不昧」，故有「無善無惡心之體」之說。對於傳統講法而言，應該說，陽明之學有大貢獻、大發展。但許多人對此不解，因而有許多誤會和質疑。王門後學李見羅（曾從鄒東廓學良知之學）就曾講：「從古立教，未聞以知爲體者。」劉宗周（蕺山）則以四句教中「有善有惡意之動，知善知惡是良知」之說而對四句教有「知爲意奴」之譏，乃另起爐竈而以「意」爲中心，創「愼獨之學」。顧涇陽（憲成）則「於陽明無善無惡一語，辯難不遺餘力，以爲壞天下教法，自斯言始」（黃宗羲《明儒學案・東林學案一》）。

可以說，天泉證道之後，不惟王畿四無說備受攻擊（王畿在天泉證道之

〔註34〕此種說法借用了臺灣學者周雅清的用詞。周雅清在辨析《莊子・齊物論》與向郭注的義理殊異時認爲，前者呈現爲向上超拔的義理形態，而後者表現爲向下圓融的形態。見周雅清《〈莊子・齊物論〉與向郭注的義理殊異辨析》，臺北《鵝湖學誌》第三十四期（2005 年 6 月），第 34 頁。

後幾十年一直論戰不斷），陽明「無善無惡」之說亦飽受責難。在歷次關於「無善無惡」的論爭中，當以周汝登（海門）「九解」對許孚遠「九諦」的辯難最爲深入全面堪稱經典。

周汝登曾在講席上拈出天泉證道發明，許孚遠作《九諦》難之，周則以《九解》相辯。《明儒學案》給我們完整記載了這一辯難的全過程。其中許之「諦一」即以陽明「無善無惡」說違背儒家經典而發難。

> 諦一云：《易》言元者，善之長也。又言繼之者善，成之者性。《書》言德無常師，主善爲師。《大學》首提三綱，而歸於止至善。夫子告哀公以不明乎善，不誠乎身。顏子得一善，則拳拳服膺而弗失。《孟子》七篇，大旨道性善而已。性無善無不善，則告子之說，孟子深辟之。聖學源流歷歷可考而知也。今皆捨置不論，而一以無善無惡爲宗，則經傳皆非。

許援引經傳，說明儒家宗善乃聖學源流，深有所本，因而若以無善無惡爲宗則必然意味著與聖學傳統的對立。應該說，許之質疑明確而又尖銳，不容迴避。

而周海門的應對則很巧妙，他首先指出爲善去惡與無善無惡乃兩個不同層面：宗善一說所宗之善實是有對待的善，而無善無惡之「至善」乃是超對待的。這兩個層面不僅不相矛盾，而且應是相貫相通。

> 維世範俗，以爲善去惡爲堤防，而盡性知天，必以無善無惡爲究竟。無善無惡，即爲善去惡而無跡，而爲善去惡，悟無善無惡而始眞。

> 今必以無善無惡爲非然者，見爲無善，豈慮入於惡乎。不知善且無，而惡更從何容？無病不須疑病。見爲無惡，豈疑少卻善乎？不知惡既無，而善不必再立。頭上難以安頭，故一物難加者，本來之體，而兩頭不立者，妙密之言。

依海門之意，經傳中言善字，多是善惡相對待，但於發明心性處，則善不與惡對待，《大學》善上加一「至」字曰「至善」，即爲表明其無對待義，因此無善無惡與「經傳之旨」不違而相通。

周海門的答語非常漂亮，不惟深得陽明之意，而且義理精微，極有見地。因此，在當代大儒唐君毅、牟宗三等人之著作中，周海門都受到極高的評價。〔註35〕

〔註35〕唐君毅認爲陽明、王畿、海門是從化境上立論，牟宗三有「周海門已知之矣」之語。可參閱唐君毅《中國哲學原論・原教篇》、牟宗三《才性與玄理》等著作。

（三）牟宗三「共法說」及其意義：陽明四句教及四有四無論爭問題的實質和解決

　　陽明四句教及四有四無論爭，作爲中國哲學史上一大公案，一直受到牟宗三先生高度重視。牟先生先後在《王陽明致良知教》《人文講習錄》《才性與玄理》《心體與性體》《從陸象山到劉蕺山》《中國哲學十九講》《中國哲學史上十大諍辯》等著作或講座中均有涉及。其中《王陽明致良知教》《人文講習錄》屬早期作品，特別是在《人文講習錄》中，牟以「王學的歧出」「王學的正解」等爲題專門做了幾講，對王畿、王艮等做了嚴厲的批判，而對陽明四句教之「無善無惡」說亦表示了異議。直到後來牟先生寫《才性與玄理》《心體與性體》《佛性與般若》《從陸象山到劉蕺山》等書，在長期的磨練中，對儒釋道三家義理之脈絡與分際有了更清晰的認識，因而有「共法說」之提出。牟先生認爲陽明、龍溪不但不是「禪」，而且對傳統儒學有大貢獻，是儒學義理圓熟和發展過程中的一大環節。

　　陽明、龍溪都是極富創新精神的大家。和傳統儒家相比較，他們更有一種強烈的形上追求，陽明四句教中的「無善無惡」、龍溪的「四無」都重視一種個人修養的精神境界，那是一種超越對待的化境。超越善惡之相對待，也就無善相、無惡相，也就無善無惡，這是一種至善的境界。此境界的觀照和妙用即蘊涵一種主觀工夫上的「無」的智慧。而此種工夫上的「無」的智慧一向爲道家和佛家所充分發揮。所以歷來關於「無」的智慧之說，甚至有關玄遠高妙的言論，往往都容易被誤會爲佛老。陽明、龍溪等能突破長期以來的禁忌，發揮這種「無」的智慧，從而將傳統儒學推進到義理更爲圓熟的新境界。這也是儒家學說自身發展的必然要求。陽明「無善無惡」、龍溪「四無說」的獨特創新之處和巨大貢獻即在於此，而他們備受誤會和責難的深層原因亦端在於此。

　　牟先生認爲，道心發爲玄智，這是一種主觀的、工夫上的「無」的妙用和理境。此種玄理玄智，爲魏晉所大力弘揚，尤以王弼注《老》、向秀郭象之注《莊》發明獨多，主要是依「爲道日損」之路，提煉「無」的智慧。而此種玄理玄智向爲道家所專注，道家即以此爲勝場。但這種工夫上的「無」，實乃任何大教、聖者的生命所不可免者。以此而言，可謂之「共法」。是以僧肇得用老莊話語詮表「不真空」與「般若無知」，而亦不失其佛家之立場而爲「解空第一」也。我們不能說佛家的般若智來自魏晉玄學，當然亦不能說道家之

玄智是借賴佛家的般若而顯發。這只是重主體的東方大教、聖者的生命所共有的主觀工夫上的「無」的智慧各本其根而自發。不獨就道家與佛教言是如此，即就道家與儒家言亦是如此。牟先生說：

> 儒聖亦不能違背此主觀工夫上的「無」之智慧，儘管他不只此，因為他正面還講「仁」。然而「仁」之體現豈能以有「心」為之乎？儘管他不欲多言，然而並非無此意。此則周海門已知之矣。是故自陸象山倡言心學起，直至王陽明之言「無善無惡心之體」，乃至王龍溪之言「四無」，皆不免接觸「無心為道」之境界，即自主觀工夫上言「無」之境界。此非來自佛老，乃是自本自根之自發。此其所以為聖者生命之所共者。若不透徹此義，必謂陸王是禪學，禪之禁忌不可解，而「無善無惡」之爭論亦永不得決，此非儒學之福也。（《才性與玄理》原版自序之一）

第六節　牟宗三之道家觀評析

　　牟宗三晚年在病榻上曾對學生講，自己「一生著作，古今無兩」。僅就其三大學術巨著《才性與玄理》《心體與性體》《佛性與般若》來講，以一己之力，疏通中土儒、釋、道三教之義理體系，古往今來，似乎也沒有第二人。牟宗三對此也非常自負，他曾在著作中宣稱：「若夫云體道之深與智慧境界之高超邁前賢，未敢必也，然若論義理系統之確解與表述之清晰恰當，則恐當仁不讓。」（《心體與性體》之序與綜論部）而此點正是中國哲學在新時期轉化與創新發展之要務，亦正是牟學於中國哲學繼承和發展之獨特貢獻之一。

　　要瞭解牟宗三之道家觀，離不開他的學問全體。作為港臺新儒家之重鎮，人們對他的期許也很高，他的思想往往需要回應哲學問題、文化問題、時代問題。所以他做學問的態度，不同於經學家、漢學家，他所表現的是思想家的深銳，所成就的是哲學家的風範。牟宗三也有這種擔當和自覺。所以他有三大學術巨著《才性與玄理》《心體與性體》《佛性與般若》闡述中國傳統文化之三教系統，以期對傳統文化能有通透之理解，有分判和會通；又有新外王三書《道德的理想主義》《歷史哲學》《政道與治道》，以期由內聖開出新外王；又有獨力完成康德三大批判之譯注，以期貫通中西，使其「道德形上學」達至圓教之境。儘管其龐大的哲學體系也引起很多質疑，但就其系統義理本

身來講，確實是周嚴、整然的，無懈可擊。他多次引荀子言曰：「倫類不通，仁義不一，不足謂善學。學也者固學一之也。」「全之盡之，然後學者也。君子知夫不全不粹之不足以爲美也，故誦數以貫之，思索以通之，爲其人以處之。」牟先生對此亦有明確的自覺。可以說，牟宗三一生都在求義理之會通。

關於牟宗三之道家觀，最主要的內容不過兩大端：一是將道家系統簡別成主觀的、實踐的純「境界形態」；二是認爲道家之玄理玄智實乃「共法」。而這兩大端，實際上有著同一邏輯理路。按牟宗三對哲學名理與教下名理的區分，將道家歸於哲學名理，則道家系統必爲「境界形態」，而其玄理玄智必爲「共法」。這兩者一體同生，共同構成牟宗三道家觀的實質性內容。

考察牟宗三道家觀之特色，則同其學問和著作一樣，通透、明晰、創造性強，大開大合，有明顯的牟氏架構思辨特色。

需要特別指出的是，牟宗三之道家觀，與其它牟學觀點一樣，有一種逼人之強勢。

以牟宗三對老子之道的簡別爲例，若與唐君毅之六義觀對參，則明顯可以感受到牟宗三的強勢。依唐君毅，老子之道最少蘊涵六種意義，所以唐君毅細細道來。而牟宗三不管不顧，直接簡別成「主觀的、實踐的、境界形態的」形上學，對其實體義等宛若視如不見。但牟宗三如此簡別，我認爲他至少有兩點理由：首先，老子義理本身就含混，不明晰，不通透，甚至有矛盾之處，加上老子之道有容易讓人誤讀、誤解、誤用之處，所以需要簡別；其次，從發展的要求來看，也需要予以簡別，就像莊子所作的那樣，化掉其客觀姿態，以求義理之清澈、純粹，如此方有發展。沒有簡別，一成不變，就只能原地踏步，不會向前。

所以，若言牟宗三觀點之強勢，則確有其強勢之理由。按其大弟子蔡仁厚的說法，「他對各家各派種種哲學問題的疏導與詮釋，顯示強度的力量，那不是言詞態度上的，而是本乎理性、基於學理、發乎眞誠而自然顯發出來的強勢」〔註36〕。再如牟宗三對唐宋文人（以蘇東坡爲最）、清代所謂評點家、訓詁家三類人的不喜、甚至厭惡經常流露在其文字中〔註37〕，表面看起來也似乎過份，但你細看之後，不能說他講的不在理。

故謂牟宗三之強勢，不是裝腔作勢、盛氣凌人，而是理上本來如此。重

〔註36〕鄭大華，等，《中國歷代思想家：現代：三》，第522頁。
〔註37〕參見《才性與玄理》第70頁。

視義理，不拘泥於文字本身，不奢求人人滿意。正所謂「大行不顧細謹，大禮不辭小讓」，又如所謂「得意忘象，得象忘言」。牟宗三所爲何來？但求「理之眞」耳。

關於生命苦樂的感悟，關於生命的抽象和具體，關於思想者的藝術性之創造或道德性之擔當，牟宗三有一段話講得非常漂亮：

> 吾友唐君毅先生曾云：「人自覺地要有擔負，無論是哪一面，總是痛苦的。」此言甚善。一定要以天下爲己任，一定要以道爲己任，其生命中總不免有破裂。即偏傾在某一面，而有了個沉重的擔負。若是生在太平盛世，則不識不知，順帝之則，豈不是好？否則，若只是順藝術性的興趣之鼓舞，則亦隨時可以起，隨時可以止。此亦是充實飽滿之自娛。再不然，上上者「無適也，無莫也，義之與比」，「無可無不可」。此是大聖人之圓盈渾化，若沒有先天的根器，很難至此。不幸，生在這個崩解的時代，既不能不識不知，順帝之則，復不能只是順藝術性的興趣之鼓舞以自娛，更無大聖人渾化之根器，則其破裂偏傾而有擔負之苦，亦勢所當然。我以孤峭乏潤澤之生命，只能一往偏傾，求其生命於抽象之域，指出時代癥結之所在，凸出一思想系統以再造。甘願受此痛苦而不辭，則亦安之若命也。我們這一代在觀念中受痛苦，讓他們下一代在具體中過生活。〔註38〕

牟先生常言人之所不能言、不敢言，以其義理精熟、長於分判與會通故也。而牟宗三之所以能有其卓越之成就，除了後天之艱苦努力之外，也與其過人的天資有關。借用他自己的話講，牟宗三也眞稱得上是「生命強度」驚人的了。可以說，關於牟宗三哲學的價值，現在還不便斷言。在我看來，對於牟宗三哲學，學界仍然處於學習和消化的階段，這需要一個較長期的過程。至於那些恣意妄說、胡亂批評之輩，進退往聖、責污先賢，徒見其淺薄與狂妄罷了，不足與語。

〔註38〕《生命的學問》之《說「懷鄉」》。

第四章　求「生之爲美」：
　　　徐復觀道家觀研究

徐復觀，原名秉常，字佛觀，湖北浠水人，1903 年 1 月 31 日生於湖北浠水鳳形灣，1982 年 4 月 1 日病逝於臺北臺大醫院。他是中國現代著名的學者、思想史家，現代新儒家重要代表人物之一，被譽爲「當代中國傑出的思想家、愛國者和教育家」〔註1〕。徐復觀有著頗爲傳奇的一生。青年時代曾參加國民革命軍。1942 年，任軍令部聯絡參謀，派駐延安，歷時半年，與中共領導人多有往來。後返回重慶，任蔣介石侍從室機要秘書，擢升少將。1944 年，徐復觀謁熊十力於重慶北碚勉仁書院，拜入其門下。熊先生特爲其更名「復觀」（取《老子》「萬物並作，吾以觀復」之意）。1949 年 5 月離開祖國大陸。1955年起，出任臺灣東海大學中文系教授，從此致力於學術教育。徐復觀在學術上可謂「半路出家」，不惑之年後才轉入學術研究。徐復觀治學博雜，其學術觸角觸及政治、歷史、思想史、文學、藝術、文化、教育等方方面面，尤其對思想史的研究，成就斐然。〔註2〕

徐復觀集學者和社會批評家於一身，出版過十多部專著、文集，發表過近百篇學術論文和數百篇時評、雜文。其學術代表作主要有：《中國人性論史・先秦篇》《中國藝術精神》《兩漢思想史》《中國思想史論集》《中國經學史的基礎》等。現有九州出版社出版的《徐復觀全集》（2014，北京），所收各類著述，共 25 種，26 冊，全書近 800 萬字。

〔註 1〕 參見《悼念徐復觀先生演講會》，曹永洋，等，編《徐復觀教授紀念文集》，
　　　　臺北：臺灣時報文化出版事業有限公司，1984 年版，第 155 頁。
〔註 2〕 參見李維武《徐復觀學術思想評傳》，北京：北京圖書館出版社，2001。

第一節　徐復觀關於老子其人其書之考證

關於老子其人其書的問題，歷來討論不斷，意見紛紜。很多大家名家也有參與。

其實，按唐君毅的觀點，道家人物之生命形態，彷彿其精神蕩漾於歷史之外，原不宜限定在具體的歷史、時空之中。後人非要去考證其人、其書之歷史年代、具體事跡之類，完全是大煞風景之事。但長期以來，人們總是樂此不疲。特別是一些有「考據癖」的人，不惜花大氣力去做這類事情，彷彿不如此就不是做學問。

如依唐君毅之說，則徐復觀於此亦「未能免俗」。

徐復觀曾寫《有關中國思想史的若干問題》一文（收入《中國思想史論集》）。其中，他依《莊子・天下篇》的材料爲根據，認爲現行《老子》一書，其思想出自老聃，其人蓋在孔墨之後，莊子之前；與《禮記・曾子問》中的老聃並非一人。但現行《老子》一書，係由編纂而成，可能係成篇於《莊子》之後。

後徐復觀又寫《有關老子其人其書的再檢討》一文（《中國人性論史》附錄一），對自己在前文之觀點「加以根本修正」。在改進研究方法之後，他重新檢討先秦有關資料，除《莊子》外，又新加入了《戰國策》《荀子》《呂氏春秋》《禮記》等，並重新檢討了《史記》，得出兩點結論：第一，老子與孔子同時而略早於孔子，且有過關係。第二，現行《老子》一書，《史記・老子列傳》認爲出自老子所著。徐復觀又通過對《老子》文本的考察對上述第二點結論做了修正。他對《老子》文本的考察包括文本內容、史實、用詞（吾、我、聖人）及文體、用喻等，最後認爲：現行《老子》一書，實由兩部份所構成。一部份是老聃之原始記錄，另一部份是其弟子所加。若用儒家「經」與「傳」的觀念來說，則現行《老子》一書，乃是「經」「傳」合在一起的。這才是徐復觀認可的最後結論。

徐復觀又特別指出，關於《老子》書之內容構成，他有一個發現，即《經》的部份，也就是老子本人所講，很少涉及形而上學，只是切就人生問題、政治問題而言。由此，徐復觀推測，《老子》書中形而上學到宇宙論的東西乃是老子的學生附加上去的。〔註3〕

〔註 3〕這一說法可能與徐復觀之做學問不喜形而上學有關。

徐復觀的這一考證成果發表後，受到了學界的關注。如陳鼓應《老子注譯及評介》一書，就多次論及。但陳鼓應將徐復觀歸入認可「《老子》書乃一人所寫」之群類，顯然誤解了徐復觀的本意。這似乎是陳鼓應的疏忽。〔註4〕

第二節　《中國人性論史》之論老、莊

一、從「憂患意識」到儒道起源

徐復觀認為，人類文化，都是從宗教開始，中國也不例外。但文化如要形成一種明確而合理的觀念，因而予人類行為以提高向上的影響力量，則鬚發展到有某種程度的自覺性。

宗教可以誘發人的自覺，但原始宗教，常常是由對天災人禍的恐怖情緒而來的原始性的對神秘之力量的皈依，並不能表示自覺的意義。

周人的貢獻，便是在傳統的宗教生活中，注入了自覺的精神；把文化在器物方面的成就，提升而為觀念方面的展開，啟發了中國道德的人文精神的建立。

在徐復觀看來，周的文化，最初只是殷帝國文化中的一支；滅殷以後在文化制度上的成就，乃是繼承殷文化之流而向前發展的結果。而周之克殷，乃係一個有精神自覺的統治集團，戰勝了一個沒有精神自覺或自覺得還不夠的統治集團。從周人的身上，可以看到一種新的精神面貌，一種人文精神的躍動。正是因為這種躍動，才使傳統宗教有了轉向，從而使得整個古代文化有了新的發展。

那麼，周人身上這種新的東西，究竟是什麼呢？這就是徐復觀提出的「憂患」意識。

按徐復觀的說法，周人革掉殷人的命、成為新的勝利者之後，通過周初文獻看到的，並不是像一般民族戰勝後往往容易表現出來的那種趾高氣揚，而是一種類似《易傳》所言及的「憂患」意識。〔註5〕這種「憂患」意識，是

〔註4〕參見陳鼓應《老子注譯及評介》之「修訂版序」，北京：中華書局，1984版，第14頁。

〔註5〕徐復觀注意到，《易傳》有云：「鼓萬物不與聖人同憂」（繫辭上）；「《易》之興也，其於中古乎？作《易》者其有憂患乎？」「其出入以度，外內使知懼，又明於憂患與故。」（繫辭下）

對長遠未來的一種擔心、不安，一種深謀遠慮。徐復觀解釋說：

> 「憂患」與恐怖、絕望的最大不同之點在於，憂患心理的形成，
> 乃是從當事者對吉凶成敗的深思熟慮而來的遠見；在這種遠見中，主
> 要發現了吉凶成敗與當事者行爲的密切關係，及當事者在行爲上所應
> 負的責任。憂患正是由這種責任感來的要以己力突破困難而尚未突破
> 時的心理狀態。所以，憂患意識，乃人類精神開始直接對事物發生責
> 任感的表現，也即是精神上開始有了人的自覺的表現。〔註6〕

在以信仰爲中心的宗教氣氛之下，人感到由信仰而得救；把一切問題和
責任都交給神，此時不會發生憂患意識。所以，這種憂患意識實際上蘊涵著
一種堅強的意志和奮發的精神。

在憂患意識躍動之下，人的信心的根據，漸漸由神而轉移到自己本身行爲
的謹愼與努力。而這種謹愼與努力，在周初，是表現於「敬」、「敬德」、「明德」
等觀念裏面。所以，徐復觀講，周人的哲學，可以用一個「敬」字作代表。

> 周人建立了一個由「敬」所貫注的「敬德」、「明德」的觀念世
> 界，來照察、指導自己的行爲，對自己的行爲負責，這正是中國人
> 文精神最早的出現。而此種人文精神，是以「敬」爲其動力，這便
> 使其成爲道德的性格，與西方之所謂人文主義，有其最大不同的內
> 容。在此人文精神之躍動中，周人遂能在制度上作了飛躍性的革新，
> 並把他所繼承的殷人的宗教，給予以本質的轉化。〔註7〕

由憂患意識，導致原始宗教的轉化，人文精神覺醒。中國儒家、道家思
想的起源，都可追溯到這裡。

簡言之，殷周之際，人文精神躍動，古代宗教墜落，天由神的意志的表
現轉進而爲道德法則的表現，儒家由道德法則之天，向下落實形成由心善而
言性善的人性論，成爲中國文化的主流。但隨宗教的墜落，而使天成爲一自
然的存在，這更與人智覺醒後的一般常識相符，老子即取此自然之天的路向。

二、論老子之道

徐復觀認爲，老子之道的原初動機乃爲解決人生安頓的問題。但老子由
對政治社會、人生、歷史的觀察，發現現象界無一不變、無一長久、無一可

〔註6〕《中國人性論史》，第14頁。
〔註7〕《中國人性論史》，第16頁。

謂安全之地。於是他從現象界追索上去，發現在萬物根源處，有個創生萬物、以虛無爲體的「常道」。這樣，他由對人生的要求，漸漸發展出他的形上學的宇宙論；人也是從不變的常道來，人如果能「體道」，與道合一，也能得到安全、長久。於是，他又由其宇宙論建立起他的人生論；而人生最大的毒害，來自政治，於是他又將其人生論延展成爲政治論。所以，老子之道實際上是其宇宙觀、人生觀與政治觀的統一，並且由於老子之道之產生，古代的宗教殘渣，被滌蕩得一乾二淨。

（一）宇宙論

徐復觀首先指出，老子之所謂道，乃指創生宇宙萬物的一種基本動力。

這種動力，只能「意想」而「不可聞見」，因而「無」是道的特性。作爲特定意義的「無」有兩個不同的層次，形容道的特性的「無」，是上一個層次，即是超現象界的「無」，下一個層次的「無」，即現象界中的「無」，此處之「無」，即等於「沒有」。雖然這個「無」是從上一個層次的「無」所體認出來的，但它不是創生的動力，因此與上一個層次的「無」有本質的不同。

道的創生的歷程，亦即是道的下落，以成就現象界的過程，這個過程就是老子所說的「天下萬物生於有，有生於無」，「道生一，一生二，二生三，三生萬物。」對於道的這個創生過程，徐復觀特別指出：在老子的思想中，天地與萬物是各別創生的，創生天地的程序，乃在萬物之前，天地爲創生萬物所不可缺少的條件。因此，「一生二」，即是一生天地。但天地對萬物，只是一持載的形式，天地並不能直接生萬物，萬物依然要由一而生，天地與一而爲三，此之謂「二生三」，這樣，既有作爲創生動力的「一」，又有可以持載萬物之天地的「二」，於是生萬物之條件始完備，此之謂「三生萬物」。徐復觀指出，道的創生過程，同時也是無形質落向有形質的過程，這一過程，可以由道與德的關係得到說明。道與德的關係是「全」和「分」，「一」和「多」的關係。德是道的分化，實際上，它們是同一個東西。

這裡需要特別指出的是，徐復觀在討論老子之宇宙論時，附帶講了一個問題，即能否用黑格爾之辯證法來解釋老子之「有」「無」之思想。徐復觀對這個問題講得很有自己的特色，深刻而又獨到，值得我們重視。

徐復觀認爲黑格爾的辯證法以矛盾鬥爭、超克、發展，爲其正、反、合的主要內容，而老子關於無和有的思想則與此完全不同。在徐復觀看來，老子的無，固然包含無限的有，但這並不是矛盾。他舉例說老子常以「母」「子」

喻「無」之生「有」、「有」之生「萬物」。但子在母腹，說不上是矛盾。由無到有的創生，只是「自然」的創生，並非矛盾破裂，創生之情形，只是「無爲無不爲」，決不意味著什麼鬥爭。創生以後，又「各歸其根」，這也決不同於向更高層次的發展。由道而來的人生，也只是柔弱虛靜的人生，決不同於辯證法下帶有強烈戰鬥意味的人生。由此，徐復觀總結說，在根源之地，不認爲含有絕對性的矛盾，這是中國文化與西方文化乃至其它宗教一種本質上的分別，充分說明中國文化乃徹底的和平性格，不應輕易與西方文化相附和。〔註8〕

　　從這裡徐復觀所謂附帶講的問題，我們可以非常清楚地看到，徐復觀討論哲學問題的特色。正如一些學者所指出的那樣，徐復觀他不是哲學家，他關注的是文化問題，是思想史問題。若就其具體觀點，特別是對一些哲學問題的觀點看，如這裡關於「有」和「無」的關係、關於道之創生萬物的理解問題，徐復觀的理解可能顯得不夠嚴謹、確切。特別是若要對照前面唐君毅、牟宗三對同樣問題的闡釋，以唐之圓潤、親切，牟之通透、周嚴，徐之觀點和看法更是不及。但我們不能以哲學家的標準來苛求他。徐復觀之討論文化問題，自有其文化方面的價值。如這裡，徐復觀對中國文化的和平性格的認識和觀點就非常深刻，能給我們不少啓迪。

（二）人生論

　　老子由道與德以說明宇宙萬物創生的過程，道與德是萬物的根源，當然也是人的根源。因此，他對道與德的規定，亦即是他對人生的規定。

　　老子的人生論是要求人回歸到「道」與「德」這一終極根源處。老子認爲，人雖秉虛無之德而生，但一旦生成，便有形質，有形質便有「知」與「欲」，而「知」與「欲」的形質總是表現出對「德」的背反，因爲心的「知」與耳目口鼻的「欲」會驅迫人向前追逐，以喪失其德，因而使人陷入於危險。這就必須通過「爲道日損」的進路，作「致虛守靜」、「抱一」、「歸樸」等工夫克服這一背反，從「知」、「欲」中超拔出來，以得到「常」與「久」。

　　在這裡，徐復觀特別強調，老子主張無「知」無「欲」，並不是要否定人之生理自然的欲望，而是反對把心知作用加到自然欲望裏面去，因而發生營謀、競逐的情形，並反對以伎巧來滿足欲望。因此，老子所要求的無「知」

〔註 8〕《中國人性論史》，第 204～205 頁。

無「欲」，在根本處，只是要求無「知」，而決不是對生理基本欲望的否定。儒家要求欲望應服從於由心性所透出的理性，老子則要求欲望不受心知的指使撥弄，而只以純生理的本能而存在。不受心知影響的生理本能，只是在稟受以生的德的範圍之內，各人得到自然的滿足，與人無爭，因而自己也不至受到由爭而來的災害。

總之，徐復觀認爲，老子的人生態度、境界，由其對人之所以生的德的回歸而來，而其主要的工夫則爲徹底把心知的作用消解掉。因此，他對於發展心知的「學」，以及由學而來的「聖知」、「仁義」，認爲都是德以外的東西，自然取否定的態度。

（三）政治論

老子的政治論，即是體虛無之道，以爲人君之道，通過由人君向德的回歸，以促成人民向德的回歸。「道常無名、樸。雖小，天下莫能臣也。侯王若能守之，萬物將自賓。」「道常無爲，而無不爲。侯王若能守之，萬物將自化。」「昔之得一者，天得一以清，地得一以寧，……萬物得一以生，侯王得一以爲天下貞。」這裡的所謂「樸」、「得一」，實際就是無欲，而無欲，便無爲，無爲則人民不受政治的干擾，他們則能自己解決自己的問題。老子說：「我無爲而民自化，我好靜而民自正，我無事而民自富，我無欲而民自樸。」自化、自正、自富、自樸，即是自然，自然的意義，表現在政治上，實等於今日之所謂「自治」。統治者的無爲、好靜、無事、無欲，即是「以輔萬物之自然」。

徐復觀認爲，老莊和孔孟一樣，都有積極的理想，並非一般認爲的消極，他們都相信人性是善的，基於對人性的信賴，推及政治，而爲對人民的信賴，政治思想都以人民爲主體，兩家都有眞正的慈、仁。

三、論莊子的「心」

徐復觀認爲，莊子的思想是老子思想的發展和落實。

通過對莊子和愼到等的區分，徐復觀認爲，莊子並不主張與物隔絕，只是要心不隨物轉，以保持心的虛靜的本來狀態，莊子所追求的其實是人生所要達到的一種虛靜的精神境界。

徐復觀指出，道家提出「道」的思想，並不是有意要建立宇宙論，而是要在宇宙根源上找到人生安頓之地，所以道家的宇宙論，實即道家的人性論。「由上向下落，由外向內收，這幾乎是中國思想發展的一般性格。」他認爲

莊子是把老子的道，漸向下落，向內收，消納到了人的身上，老子是希望在宇宙發現一「常」字，來逃避世事的變化，而莊子則強調一「化」字，隨萬事萬物而化，不以世事攖心。因此，莊子自然把目光落實到人身上，落實到人生境界上，講述自己的人生哲學。徐復觀通過對《莊子》中的「道、天、德」，「情、性、命」，「形、心、精神」等的闡述，最後發現了莊子的生命主體「心」。莊子只是想讓心照物而不隨物遷，保持心的虛靜本性，即保持那種無成見、無欲望、無好惡的心理狀態，此時心即呈現出一種狀態，這就是人生所達到的精神境界。徐復觀認為這種精神境界，實際上就是精神的絕對自由。莊子把這種自由精神解放的狀態稱之為「遊」，而要達到這種自由，一方面自己要無所待，不受外力的牽連，另一方面，自己不要與外物相對立，要徹底地和諧。所以，莊子強調「自然」、「自取」。這種無所待的絕對自由精神境界，莊子在書中屢次稱之為「獨」，而在現實世界中如何達到這種「獨」呢？莊子提出了「化」、「忘」的觀念。通過「化」、「忘」，人便能與道合為一體，乘萬化而不窮，精神上無一物與之對立，而達到「獨」的境界。徐復觀通過對《莊子》的具體分析，得出結論說：「個人精神的自由解放，同時即涵攝宇宙萬物的自由解放此一要求乃貫穿於《莊子》全書之中。」

把莊子的思想歸結為精神的自由解放，這當然也是徐復觀的特色。

四、論道家支派與末流

徐復觀認為道家思想創始於老子，大成於莊子，因此老莊是道家思想的正宗。在正宗之外，由於時代及個人的特徵，也會產生不少的旁支別派，儒家如此，道家也是如此。老莊之所以稱得上正宗，主要在於他們否定了現實人生社會的後面，卻從另一個角度、另一個層次，又給予人生社會的全盤的肯定。他們雖以虛無為歸趨，但他們是有理想性的虛無主義，有涵蓋性的虛無主義，所以他們的氣象、規模是非常闊大的。而道家支派的思想，幾乎都有一個共同的特徵，即是理想性的減退、涵蓋性的貧乏。道家支派的上述思想特徵，主要體現在他們的人性論之中。

徐復觀認為，在生即是性的觀念之下，道家支派大體上是沿著兩個方向展開的：一是緊緊的把握住自己的具體生命以為立足點，與政治社會完全隔離開來，這就是楊朱的「為我」、「貴己」。由楊朱的「為我」、「貴己」，再向下墮落一步，即是由《列子·楊朱篇》所代表的縱慾思想；二是以社會為立

足點，力圖把與社會相牴觸而招自身之危害的生理作用加以消除。爲了要與社會相安共存，使人我之間，都能得到和諧、滿足，不從內在的精神上加以涵融，不從萬物的根源上把握其均齊，而只是想完全沒有個性的隨世順俗，並想靠作爲統治工具之「法」來將社會加以均齊，這就使道家與法家發生了關係，從而形成了田駢、愼到這一道家支派。這一支派向下墮落一步，便是申、韓的法家。

總之，徐復觀認爲，道家支派，無論是以楊朱爲代表的「爲我」「貴己」派，還是隨世順俗，依靠權勢的田駢愼到派，他們在氣象、規模、理想性、涵蓋性和深刻性上都無法和老莊正宗派相比。

第三節 《中國藝術精神》中的莊子觀

徐復觀在《中國藝術精神》一書中以「藝術精神」詮釋莊子，發前人所未發，也引起激烈的爭論。該書自 1966 年由臺灣中央書局出版後，迅即引起海內外學界廣泛關注，至今討論熱烈，毀譽交加。譽者如劉綱紀認爲：「很有創見，對中國美學史的研究具有重要價值。」〔註9〕李澤厚有關莊子審美的人生態度說法也與徐說類似，而陳鼓應近年來著力研究的莊子心學更是顯然完全接受了徐復觀的觀點。〔註10〕而關於徐復觀《中國藝術精神》一書的質疑，據筆者觀察，似乎主要集中在這樣兩點：徐復觀是否誤讀了莊子？以「中國藝術精神」來詮釋莊子之道是否合適？其實，只有瞭解了徐復觀對中國文化做「現代的疏釋」的整體理路，才可能進入徐復觀的語境和思想世界。徐復觀所謂對莊子的「再發現」的實質是將莊子所成就的「虛靜的人生」推進到「藝術的人生」。徐復觀準確把握了莊子追求精神的自由解放這一實質，通過會通莊子精神與藝術精神而悟到莊子的心就是藝術精神的主體，莊子之道的精神正是徹頭徹尾的藝術精神，莊子之所「成」實乃藝術的人生。徐復觀對莊子的這一「再發現」並沒有誤讀莊子，正如他自己所言是「瞥見莊生眞面目」，有著極爲重要的價值。

〔註 9〕 劉綱紀《略論徐復觀美學思想》，見李維武編《徐復觀與中國文化》武漢：湖北人民出版社，1997 年版，第 511 頁。

〔註10〕 可參見陳鼓應《〈莊子〉內篇的心學：開放的心靈與審美的心境》一文，《哲學研究》，2009 年第 2 期。

一、文化視野和反省態度：進入徐復觀語境與思想世界的前提

　　作為港臺新儒家的代表人物之一，徐復觀對中國傳統文化有其整體的思考和獨到的理解。他先後完成的兩部中國思想史名著《中國人性論史・先秦篇》和《中國藝術精神》也有其一貫的理路和共同的基礎。由於融入了他自身獨特的生命體驗，加上獨立於諸位師友的個性化思考，徐復觀的學問更貼近、更關心中國人現實的生活世界，他歷來主張將自己的學問同中國人的現實生活打成一片。「他沒有像熊（十力）、唐（君毅）、牟（宗三）那樣，以重建中國哲學本體論為現代新儒家思潮的方向，而是力主消解形而上學，強調通過對文、史、哲、畫的融貫與綜觀，對中國思想史作出『現代的疏釋』，來闡發自己對中國人文精神的追求和對中國人文世界的開闢。」〔註11〕

　　徐復觀認為，道德、藝術、科學，是人類文化中的三大支柱。就科學而言，由於中國文化的主流是人間的性格、現世的性格，固然沒有反科學的因素，可是中國文化畢竟走的是人與自然過份親和的方向，征服自然以為己用的意識不強，於是以自然為對象的科學知識，未能得到順利的發展。使得中國文化在科學方面僅限於「前科學」的成就，只有歷史的意義，而沒有現代的意義。與此不同的是，中國文化在道德和藝術兩大領域則有重要的創獲，在這兩方面的成就，不僅有歷史的意義，而且有現代的和未來的意義。

> 　　在人的具體生命的心、性中，發掘出道德的根源，不假藉神話、迷信的力量，使每一個人，能在自己一念自覺之間，即可於現實世界中生穩根、站穩腳；並憑人類自覺之力，可以解決人類自身的矛盾，及由此矛盾所產生的危機──中國文化在這方面的成就，不僅有歷史的意義，同時也有現代的、將來的意義。我寫《中國人性論史》，就是要把中國文化在這一方面的意義，特別顯發出來。〔註12〕

　　寫《中國人性論史》，是為闡發中國文化中的道德精神，而寫《中國藝術精神》，則更是為闡發中國文化在藝術精神方面的成就。

> 　　在人的具體生命的心、性中，發掘出藝術的根源，把握到精神自由解放的關鍵，並由此而在繪畫方面，產生了許多偉大的畫家和作品，中國文化在這一方面的成就，不僅有歷史的意義，並且也有現代的、將來的意義。雖然百十年來，中國的知識分子，對於這一

〔註11〕李維武《徐復觀學術思想評傳》，北京：北京圖書館出版社，2001年版，第4頁。
〔註12〕徐復觀《中國藝術精神》，第1頁。

方面的成就，沒有像對於上述道德方面的成就，作瘋狂的諉蠛。但自明清以來，因知識分子在八股下的長期墮落，使這一方面的成就，也漸漸末梢化、庸俗化了，以至與整個的文化脫節；只能在古玩家手中，保持一個不能為一般人所接觸、所瞭解的陰暗角落。我寫這部書的動機，是要通過有組織的現代語言，把這一方面的本來面目，顯發了出來，使其堂堂正正地匯合於整個文化大流之中，以與世人相見。〔註13〕

正是因為這樣，徐復觀自謂，自己上述兩部中國思想史著作是人性王國中的兄弟之邦，目的在於「使世人知道中國文化，在三大支柱中，實有道德、藝術的兩大擎天支柱」〔註14〕。而這樣做的深層目的在於為中國傳統文化正名。作為新儒家，徐復觀要正告那些妄自菲薄的人，中國文化絕非百事不如西洋文化，而是有著自身偉大的成就、永恒的價值。

二、徐復觀所謂對莊子的「再發現」的實質

徐復觀《中國藝術精神》一書內容共分十章。第一章題為「由音樂探索孔子的藝術精神」，略論孔門仁樂統一的路向及其中蘊涵的孔門藝術精神。〔註15〕第二章為全書核心內容，以「中國藝術精神主體之呈現——莊子的再發現」為題，以近 6 萬字的篇幅，深度闡發作者的莊子觀。而自第三章到第十章，以 8 章之篇幅專門談畫，用徐復觀自己的話說，「可以看作都是為第二章作證、舉例」。可見，徐復觀《中國藝術精神》一書的精華盡在第二章對莊子的「再發現」。

所謂「再發現」，乃針對作者以前對莊子的研究和發現而言的。作者前面所寫的《中國人性論史》以儒道兩家思想為骨幹展開，對莊子思想實有深刻的探究。

〔註13〕徐復觀《中國藝術精神》，第1～2頁。
〔註14〕徐復觀《中國藝術精神》，第2頁。
〔註15〕關於此處安排一章寫孔門，徐復觀實有其深刻的用意。大家都知道，徐復觀《中國藝術精神》一書可說是專門寫莊子的，徐復觀著力闡發莊子的藝術精神。如果沒有這一章寫孔門藝術精神，則全書寫莊子，一發而不可收，必成為「往而不返」、「收拾不住」了。而徐復觀畢竟是新儒家，他對中國文化有其整體的思考和理路，有其一以貫之的「儒道會通」觀。中國藝術精神雖由莊子來彰顯，但孔門畢竟也不是全無此義。所以，徐復觀在全書之首特意安排一章寫孔門藝術精神，實為其「儒道會通」做好鋪墊。此與牟宗三之「共法說」相類似，只不過在此書中隱而未發，含而不張。

　　就人性論而言，在徐復觀看來，儒道兩家的人性論，雖內容不同，但在把群體涵融於個體之內，因而成己即要求成物這一點上，有著相同的性格。以仁義爲內容的儒家人性論，極其量於治國平天下，從正面擔當了中國歷史中的倫理、政治的責任。但以虛靜爲內容的道家人性論，在成己方面，後世受老子影響較深的多爲操陰柔之術的巧宦。而受莊子影響較深的多爲甘於放逸之行的隱士。從這一點說，莊子的影響，實較老子所發生的影響，猶較近於本色，而且亦遠有意義。但在成物方面，卻於先秦時代，已通過慎到而逐漸與法家相結合；致使此一追求政治自由最力的思想，一轉手而成爲扼殺自由最力的理論根據。就整體而言，老莊思想與儒家相比較，更富於思辨的、形上學的性格；但其出發點及其歸屬點，依然落實在現實人生之上。「假定此種思想，含有眞實的價值，則在人生上亦必有所成。」「或許可以說，他們所成的是虛靜的人生。」〔註16〕這就是徐復觀以前對莊子研究之所得。

　　但是，虛靜的人生又是怎樣的人生？這依然多少有些掛空的意味。莊子所追求的人生，究竟是虛無而一無所成？還是實際上確有所成而不易被一般人所瞭解？這是徐復觀寫完《中國人性論史》後經常忐忑不安的原因。他內心依然覺得莊子可能還有重要的內容，未被發掘出來。後來隨著他授課涉及藝術方面的探究，終於「恍然大悟，老莊思想當下所成就的人生，實際是藝術的人生，而中國的純藝術精神，實由此一思想系統所導出」（同上）。徐復觀指出：儒家發展到孟子，指出四端之心；而人的道德精神的主體，乃昭澈於人類「盡有生之際」，無可得而磨滅。在這種地方所發生的一切爭論，都是自覺不自覺的爭論，或自覺程度上的爭論。道家發展到莊子，指出虛靜之心；而人的藝術精神的主體，亦昭澈於人類盡有生之際，無可得而磨滅。但過去的藝術家，只是偶而而片段地「撞著」到這裡，這主要是因時代語言使用上的拘限，所以有待於這篇文章的闡發。〔註17〕

　　也就是說，實際上，將莊子所成就的「虛靜的人生」推進到「藝術的人生」，這就是徐復觀所謂對莊子的「再發現」。應該說，徐復觀對於自己的這一創見的重要價值是有著非常的自覺和自豪的。他曾興奮地作七絕一首：「茫茫墜緒苦爬搜，劌腎鑴肝只自仇。瞥見莊生眞面目，此心今亦與天遊。」（《中國藝術精神》自敘）但問題是，徐復觀「再發現」的是莊子的眞面目嗎？他

〔註16〕徐復觀《中國藝術精神》，第28頁。
〔註17〕徐復觀《中國藝術精神》，第29頁。

的「再發現」又是如何證成的呢？

三、徐復觀對莊子「再發現」的具體內容

徐復觀首先指出：

> 老莊所建立的最高概念是「道」；他們的目的，是要在精神上
> 與道爲一體，亦即是所謂「體道」，因而形成「道的人生觀」，抱著
> 道的生活態度，以安頓現實的生活。說到道，我們便會立刻想起他
> 們所說的一套形上性質的描述。但是究極地說，他們所說的道，若
> 通過思辨去加以展開，以建立由宇宙落向人生的系統，它固然是理
> 論的、形上學的意義（此在老子，即偏重這一方面），但若通過工夫
> 在現實人生中加以體認，則將發現他們之所謂道，實際是一種最高
> 的藝術精神，這一直要到莊子而始爲顯著。〔註18〕

顯然，老子乃至莊子，在他們思想起步的地方，根本沒有藝術的意欲，
更不曾以某種具體藝術作爲他們追求的對象。可以說，莊子之道與藝術，完
全是風馬牛不相及。徐復觀對此有清醒的認識：「假使起老莊於九原，驟然聽
到我說的『即是今日之所謂藝術精神』，必笑我把他們的『活句』當作『死句』
去理會。」〔註 19〕但是，若不順著他們思辨的形上學的路數去看，而只從他
們由修養的工夫所到達的人生境界去看，則他們所用的工夫，乃是一個偉大
藝術家的修養工夫；他們由工夫所達到的人生境界，本無心於藝術，卻不期
然而然地會歸於今日之所謂藝術精神之上。「也可以這樣說，當莊子從觀念上
去描述他之所謂道，而我們也只從觀念上去加以把握時，這道便是思辨的形
而上的性格。但當莊子把它當作人生的體驗而加以描述，我們應對於這種人
生體驗而得到了悟時，這便是徹頭徹尾的藝術精神。」〔註20〕

正因爲這樣，對於莊子之道與藝術精神兩者之間的關聯，徐復觀有著明
確的界定。

> 但因爲他們本無心於藝術，所以當我說他們之所謂道的本質，
> 實係最眞實的藝術精神時，應先加兩種界定：一是在概念上只可以
> 他們之所謂道來範圍藝術精神，不可以藝術精神去範圍他們之所謂

〔註18〕徐復觀《中國藝術精神》，第 29 頁。
〔註19〕徐復觀《中國藝術精神》，第 30 頁。
〔註20〕徐復觀《中國藝術精神》，第 30 頁。

道。因爲道還有思辨（哲學）的一面，所以僅從名義上說，是遠較藝術的範圍爲廣的。而他們是面對人生以言道，不是面對藝術作品以言道，所以他們對人生現實上的批判，有時好像是與藝術無關的。另一是說道的本質是藝術精神，乃就藝術精神最高的意境上說。人人皆有藝術精神，但藝術精神的自覺，既有各種層次之不同，也可以只成爲人生中的享受，而不必一定落實爲藝術品的創造，因爲「表出」與「表現」，本是兩個階段的事。所以老、莊的道，只是他們現實的、完整的人生，並不一定要落實而成爲藝術品的創造。但此最高的藝術精神，實是藝術得以成立的最後根據。〔註21〕

這是徐復觀對莊子的再發現的最基本的論斷。徐復觀並不是簡單地將莊子之道等同於藝術精神，而是承認莊子之道的雙重性格，即莊子之道有思辨的一面。而只有當通過工夫在現實人生中加以體認時，才可講莊子之所謂道，實際是一種最高的藝術精神。「所不同的是：藝術家由此而成就藝術的作品；而莊子則由此成就藝術的人生。莊子所要求、所期待的聖人、至人、神人、眞人，如實地說，只是人生自身的藝術化罷了。」〔註22〕爲什麼徐復觀能說莊子之道會通於最高藝術精神呢？因爲他把握住了兩者基本的共同點，即：精神的自由解放。

在《中國人性論史》一書之第十二章中，徐復觀曾指出，莊子思想的出發點和歸宿點，是由老子要求精神的安定，發展而爲要求得到精神的自由解放，以建立精神自由的王國。

莊子身處大動亂的時代，對人生如桎梏、倒懸般的痛苦有著切身感受，因而要求得到自由解放，而這種自由解放不可能求之於現世，也不能求之於天上、來生，而只能求之於自己的心。「心的作用、狀態，莊子即稱之爲精神；即是在自己的精神中求得自由解放。」〔註23〕

莊子把精神自由解放的狀態，以一個「遊」字來加以象徵。《莊子》一書第一篇即題爲《逍遙遊》，逍遙遊，乃遊的極致。按徐復觀的說法，遊的意義，當作遊戲之遊講。而遊戲的性格乃是除了當下所得的滿足，別無其它目的。「莊子之所謂至人、眞人、神人，可以說都是能遊的人。能遊的人，實即藝術精

〔註21〕 徐復觀《中國藝術精神》，第30頁。
〔註22〕 徐復觀《中國藝術精神》，第34頁。
〔註23〕 徐復觀《中國藝術精神》，第37頁。

神呈現了出來的人，亦即是藝術化了的人。」〔註 24〕遊的境界，即是精神自由解放的境界。用莊子的話說，就是「聞道」、「體道」，是「與天為徒」、「入於寥天一」。「用現代的語言表達出來，正是最高的藝術精神的體現，也只能是最高藝術精神的體現。」〔註 25〕

徐復觀認為，莊子雖有取於「遊」，但所指的並非具體的遊戲，「而是有取於具體遊戲中所呈現出的自由活動，因而把它昇華上去，以作為精神狀態得到自由解放的象徵」〔註 26〕。徐復觀借用康德言「美的判斷」的話講就是一種「純粹無關心的滿足」。所謂無關心就是既不指向實用，也無涉及認識。其極致就是莊子所謂的「忘年忘義」，其中，年是人的最後的欲望，義是由知而來的是非判斷，欲望與認知雙忘，故為忘之極致。

莊子《逍遙遊》中有云：「至人無己，神人無功，聖人無名。」在徐復觀看來，其真實內容實即莊子所謂「心齋」「坐忘」，這是莊子整個精神的中核。達到心齋、坐忘的歷程，主要有兩條途徑。一是消解由生理而來的欲望，使心不受欲望的奴役，從欲望的要挾中解放出來。欲望解消了，「用」的觀念便無處安放，精神當下就獲得自由。二是心與物相接時，不讓心對物作知識的活動，不讓是非判斷給心以煩擾。心從對知識無窮的追逐中解放出來，從而獲得自由。如此「離形去知」，「無己」「喪我」，從而達到「虛」「靜」「明」的境界，實現「逍遙遊」。這樣，徐復觀就認為，達到心齋、坐忘的歷程，正是美的觀照的歷程，而心齋、坐忘之心，正是美的觀照得以成立的精神主體，也是藝術得以成立的最後根據。

莊子有云：「聖人之靜也，非曰靜也善，故靜也。萬物無足以撓心，故靜也。」（《天道》）徐復觀解釋說，這是說明，並不是把靜作為一個理念去加以追求，乃是說在由萬物而來的是非、好惡得到解脫時，便自然而然地是靜的狀態。若從涵容方面說，同時亦即是虛的狀態。由此可知，從老子「致虛極，守靜篤」起，發展到莊子的無己、喪我、心齋、坐忘，是以虛靜作把握人生本質的工夫，同時即以此為人生的本質。並且宇宙萬物，皆共此一本質，所以可稱之為「大本大宗」。故當一個人把握到自己的本質時，同時即把握到了宇宙萬物的本質。他此時即與宇宙萬物為一體，所以便說：「天地與我並生，

〔註 24〕徐復觀《中國藝術精神》，第 38 頁。
〔註 25〕徐復觀《中國藝術精神》，第 37 頁。
〔註 26〕徐復觀《中國藝術精神》，第 38 頁。

而萬物與我爲一。」（《齊物論》）

遵循上面的理路，徐復觀對莊子之遊總結了兩個基本條件〔註27〕：「無用」與「和」。

在徐復觀看來，世人之所謂「用」，皆係由社會所決定的社會價值。無用於社會，即不爲社會所拘束，由此可得到精神的自由。但僅憑「無用」得到的自由，易流於逃避社會的孤芳自賞，而不能涉世，不能及物。故「無用」可謂遊之消極條件。較「無用」更爲積極的乃莊子所提倡的「和」的觀念。因而「和」是遊的積極條件。老莊所謂的「一」，若從形上的意義落實下來，則是「和」的極致。和即和諧、統一，這也是藝術最基本的性格。

徐復觀認爲，莊子在心齋的地方所呈現出的「一」，實即藝術精神的主客兩忘的境界。莊子稱此一境界爲「物化」，或「物忘」。這是由喪我、忘我而必然呈現出的境界。《齊物論》「此之謂物化」，《在宥》「吐爾聰明，倫與物忘」，皆此謂也。所謂物化，是自己隨物而化，如莊周夢爲蝴蝶，即「栩栩然蝴蝶也，自喻適志與，不知周也」。此時之莊周即化爲蝴蝶。這是主客合一的極致。因主客合一，即不知有物，而遂與物相忘。

如前所述，莊子爲求得精神上之自由解放，不期然而然地達到現代所謂之藝術精神的境域。但他並非爲藝術而作此反省，而是爲在當時所處的大動亂時代安頓自己、成就自己具體的生命。比較老莊的人生態度，我們不難發現，在老子那裏，由禍福計較而來的計議之心太多，故後來的流弊，演變爲陰柔權變之術。而莊子則要超越這些計議、打算之心，以歸於「遊」的生活。能忘故能遊，這是莊子人生實際受用之所在。忘與遊的人生，正是藝術精神全體呈現的人生。在此意義上，徐復觀得出結論說，莊子心齋之心，正是藝術精神的主體呈現，莊子之道，就是徹頭徹尾的藝術精神，而他所成就的人生，也就是藝術的人生。

四、莊子美的觀照：幾則寓言意象的再評析

以莊子心齋之心接物、處世，自成美的觀照。徐復觀認爲，「由莊子以虛靜爲體的人性的自覺，實將天地萬物涵於自己生命之內，以與天地萬物直接照面，這是超共感的共感，共感到已化爲物的物化；是超想像的想像，想像

〔註27〕 此處徐復觀用「條件」一詞殊爲不妥，因爲按他實際表述，無用與和，兩者皆爲遊之活動所顯發的獨特意味及表徵。似可改爲「特徵」。

到『物物者與物無際』（《知北遊》）的無所用其想像的想像。而落實下來，實由莊子的藝術精神，觸物皆產生出意味的表象，亦即是產生出第二的新的對象。所以《莊子》書中所敘述的事物，都成為象徵的性質，而藝術實際即是象徵」。〔註28〕

　　《莊子》一書中，有著大量的寓言意象，作為莊子精神自由解放的產物，既是莊子藝術化人格的自然流露，外化為人生意象的極致，同時也是藝術之美的極致，因是極致，故意味無窮。結合徐復觀對莊子的理解，這裡筆者擇取四則作一簡單賞析。

　　　　堯治天下之民，平四海之政；往見四子藐姑射之山，汾水之陽，
　　窅然喪其天下焉。（《逍遙遊》）

　　此則可謂「忘」的極致。從老子「致虛極、守靜篤」，到莊子的無己、喪我、心齋、坐忘，皆以虛靜作把握人生本質的工夫。當莊子說到「忘年忘義」時，不可謂忘得不徹底，然莊子《天下篇》中依然有「內聖外王」之說。只有在最高的藝術精神「遊」之前，即便以堯之「內聖外王」，依然不值一提。正是莊子所謂「無用」之極致，也是「忘」之極致。

　　　　藐姑射之山，有神人居焉。肌膚若冰雪，綽約若處子。不食五
　　穀，吸風飲露。乘雲氣，御飛龍，而遊乎四海之外。其神凝，使物
　　不疵癘而年穀熟。（《逍遙遊》）

　　此則可謂「美」之極致，非莊子那般精神之大自由、大解放不能想像，也是莊子所謂「和」的極致。確非一般語言所能評說。就反對儒家主張而言，莊子當然不是沒有自己的理由，人們也都知道，莊子有自己的嚮往。然則莊子的嚮往究竟是什麼呢？這則寓言就可給我們啓示。按照莊子的理解，人的生死不過是氣化而已，所以他有更大的世界觀和人生觀視野，而絕不是簡單地逃避社會責任。在莊子看來，人間不過是暫時的一個階段，人的生命還有更好的出路，那就是神仙的世界。與人間相比，神仙的世界更完美。所以在莊子眼中，現實的人間還真不值得留戀。而這則寓言，正好讓我們對莊子的嚮往有所瞭解。

　　　　昔者莊周夢為蝴蝶，栩栩然蝴蝶也，自喻適志與，不知周也，
　　俄然覺，則蘧蘧然周也。不知周之夢為蝴蝶與？蝴蝶之夢為周與？
　　周與蝴蝶，則必有分矣。此之謂物化。（《齊物論》）

〔註28〕徐復觀《中國藝術精神》，第 57 頁。

此則爲「物化」之極致。不知有我，不知有物，物我兩忘，主客合一。此中境界，只是一個混全之「一」，故「自喻適志」，當下就是大滿足，只是「美的觀照」。莊子被公認爲是「超主客觀的境界形態」，此爲最典型的寫照。牟宗三將道家精神簡別成「境界形態」，原因也在於此。可見「莊周夢蝶」影響之深也。

> 故至德之世，其行塡塡（《成疏》：滿足之意），其視顚顚（《成疏》：高直之貌）。當是時也，山無蹊隧，澤無舟梁。萬物群生，連屬其鄉。禽獸成群，草木遂長。是故禽獸可係羈而遊；烏鵲之巢，可攀援而窺。（《馬蹄》）

此則一般認爲是莊子對「理想政治」的描述。其實不然。依筆者之見，當看作莊子對「物化」的描述。只不過與前面「莊周夢蝶」不同，「莊周夢蝶」可謂個體生命的「物化」，而此處「至德之世」可謂社會整體之「物化」。

試比較老子對「理想政治」的描述：「小國寡民。使有什伯之器而不用。使民重死而不遠徙。雖有舟輿，無所乘之。雖有甲兵，無所陳之。使人復結繩而用之。甘其食，美其服。安其居，美其俗。鄰國相望，雞犬之聲相聞。民至老死不相往來。」（《老子·八十章》）

不可否認，老子的「小國寡民」理想在現實社會中畢竟有實現的可能，至少有理論上的可能。但莊子「至德之世」則絕無實現可能。原因何在？老子畢竟還有對社會現實和利害的關切，而在莊子那裏，則只有純粹的「美的觀照」，絕無對現實利害的關切。唯其純粹，方爲極致；唯其徹底，方爲唐君毅所激賞的道家式的眞正高妙的理想。而這也正是徐復觀說在莊子是徹頭徹尾的純藝術精神原因之所在。

第四節　《中國藝術精神》中的儒道會通觀

徐復觀《中國藝術精神》是與他另一部著作《中國人性論史·先秦篇》齊名的兩部中國思想史研究名著之一。作爲「人性王國中的兄弟之邦」，兩書分別闡釋中國文化中的藝術精神和道德精神，「使世人知道中國文化，在三大支柱中，實有道德、藝術的兩大擎天支柱」。關於中國藝術精神，徐復觀指出：「中國文化中的藝術精神，窮究到底，只有由孔子和莊子所顯出的兩個典型。」其中，由孔子所顯發的藝術精神，追求仁與樂的合一，是道德與藝術合一的性格，而由莊子所顯發的藝術精神，則是純粹的藝術精神，因而更能代表中國藝術精神。必須承認，在《中國藝術精神》一書中，徐復觀對孔門藝術精

神和莊子藝術精神這兩個典型的闡釋是並列平鋪、各成系統的。然則中國藝術精神的這兩個典型究竟有無關聯、能否會通，或者說，在中國藝術精神這樣一個主題下，其中儒道之間到底是一種什麼樣的關係？徐復觀在此書中確無明晰的說法。同爲徐復觀中國思想史研究的兩大名著，《中國人性論史・先秦篇》對先秦儒、道、墨諸家人性論學說除了有深入詳盡的分別闡釋外，還有整體上發生發展的全面考察和諸家理路關聯的透徹會通。《中國藝術精神》並非專論莊子藝術精神，所以也必然會要求有對中國文化的整體考察。在我看來，徐復觀對此有自覺的認識。所以，該書安排第一章寫孔子，徐復觀實有其深刻的用意。大家都知道，徐復觀《中國藝術精神》一書著力闡發莊子的藝術精神。如果沒有這一章寫孔門藝術精神，則全書寫莊子，一發而不可收，必成爲「往而不返」、「收拾不住」了。而徐復觀畢竟是新儒家，他對中國文化有其整體的思考和理路，有其一以貫之的「儒道會通」觀。中國藝術精神雖由莊子來彰顯，但孔門畢竟也不是全無此義。所以，徐復觀在全書之首特意安排一章寫孔門藝術精神，實爲其「儒道會通」做好鋪墊。此與牟宗三之「共法說」理路相類似，只不過在此書中隱而未發，含而不張。基於這些考慮，本節擬遵循徐復觀闡釋中國思想文化的一貫理路，對其《中國藝術精神》一書中潛在的儒道會通觀作一發掘和擴展的嘗試。

一、生命的藝術境界：儒道兩家共同推崇的最高人生境界

人們一般以爲，「內聖外王」當爲中國文化中的最高人生境界。其實不然。

孔子有言：「興於詩，立於禮，成於樂。」（《論語・泰伯》）而莊子《逍遙遊》中有云：「至人無己，神人無功，聖人無名。」他們都沒有將所謂「內聖外王」視爲最高追求。按徐復觀的說法，儒道兩家人生個體生命修養工夫的進路，都是由生理作用的消解，而主體始得以呈現，此即所謂「克己」、「無我」、「無己」、「喪我」。而在主體呈現時，方是個人人格的完成。這時的人格，是藝術化的人格；這時候呈現的主體，是藝術精神的主體，是美的觀照的主體。人在美的觀照中，不僅超越了日常的各種計較、得失，而且超越了生死，所謂「忘年忘義」，只是一種「無關心的滿足」，一種當下的完成。這樣的人生，就是藝術化的人生；這樣的境界，就是個體生命的藝術境界。

這種個體生命的藝術境界，在莊子，就是解完牛的庖丁「提刀而立，爲之四顧，爲之躊躇滿志」；在孔子，就是曾子所謂的「莫春者，春服既成，冠

者五六人，童子六七人，浴乎沂，風乎舞雩，詠而歸」。這種生命的藝術境界，方爲儒道兩家共同推崇的最高人生境界。

我們再看徐復觀在《中國藝術精神》一書中反覆強調的兩個故事。

> 堯治天下之民，平四海之政；往見四子藐姑射之山，汾水之陽，窅然喪其天下焉。（《莊子・逍遙遊》）

徐復觀認爲，「喪」即「忘」義。從老子「致虛極、守靜篤」，到莊子的無己、喪我、心齋、坐忘，皆以虛靜作把握人生本質的工夫。當莊子說到「忘年忘義」時，不可謂忘得不徹底，然莊子《天下篇》中依然有「內聖外王」之說，容易讓人誤以爲莊子思想以「內聖外王」爲極。然而莊子此則寓言故事分明向我們宣示，在最高的藝術精神「遊」之前，即便以堯之「內聖外王」，依然不值一提。

> 子路、曾皙、冉有、公西華侍坐。子曰，以吾一日長乎爾，毋吾以也。居則曰，不吾知也。如或知爾，則何以哉？子路率爾而對曰，千乘之國，攝乎大國之間，加之以師旅，因之以飢饉；由也爲之，比及三年，可使有勇，且知方也。夫子哂之。求爾何如？對曰，方六七十，如五六十，求也爲之，比及三年，可使足民。如其禮樂，以俟君子。赤爾何如？對曰，非曰能之，願學焉。宗廟之事，如會同，端章甫，願爲小相焉。點爾何如？鼓瑟希，鏗爾。舍瑟而作。對曰，異乎三子者之撰。子曰，何傷乎？亦各言其志也。曰，莫春者，春服既成，冠者五六人，童子六七人，浴乎沂，風乎舞雩，詠而歸。夫子喟然歎曰，吾與點也。（《論語・先進》）

孔子何以獨「與點」？古今對此，議論紛紜。徐復觀最推崇朱子《集注》之闡釋。朱子云：「曾點之學，蓋有以見夫人欲盡處，天理流行，隨處充滿，無稍欠缺。故其動靜之際，從容如此。而其言志，則又不過即其所居之位，樂其日用之常，初無捨己無爲人之意。而其胸次悠然，直與天地萬物，上下同流，各得其所之妙，隱然自見於言外。視三子之規規於事爲之末者，其氣象不侔矣。故夫子歎息而深許之。」〔註29〕徐復觀認爲，曾點由鼓瑟及其後所言，呈現出來的正是一種「大樂與天地同和」的藝術境界，而朱子對此也有著深切的體認，故用他深具理學特色的話語「人欲盡處，天理流行，隨處

〔註29〕朱熹《四書章句集注》，北京：中華書局，1983年版，第130頁。

充滿，無稍欠缺」來表述。「初無捨己無爲人之意」，顯發的是「無關心的滿足」的藝術境界，較之於「規規於事爲之末者」之道德境界，氣象遠勝之。而孔子之所以深致喟然之歎，也正是感動於這種藝術境界。

以上所言皆在說明，在儒道兩家，都推崇生命的藝術境界，方爲最高人生境界。實際上，古今賢哲莫不如此。與徐復觀同時代的同門牟宗三先生對此也有眞切的體認，他曾在論及水滸世界時有言：「我只因讀了點聖賢之書，漸漸走上孔聖之路。假若有歸宗《水滸》境界者，必以我爲無出息矣。」〔註30〕

二、莊子虛靜之心，也是儒家仁義道德可以自由出入之地

如前所述，就個體人格的修養工夫及其表現而言，在孔子、莊子那裏，實際上都是以人心之顯發出藝術精神，呈現藝術境界者爲高。也就是說，無論儒家道家，都嚮往一種藝術化的人格，嚮往藝術化的人生。而儒道兩家爲何都有此義蘊呢？這與儒道生命修養工夫之進路有關。按徐復觀的講法，儒道兩家在個體生命修養工夫之進路中，都追求一種虛靜的心靈境界。此由生理作用消解而來，正如所謂「克己」、「無我」、「無己」、「喪我」，無主客的對立，無個性與群性的對立，此爲中國文化根源之地，爲儒道兩家所推崇，通常人們熟知的所謂「體道」、「見道」，實際所指向的都是這種理境。此境由虛而靜，由靜而明，由明而和，由和而樂。「上下與天地同流」、「大樂與天地同和」，故又通現代所謂「藝術境界」。

徐復觀指出，若就虛靜之心本身而論，並無路嚮之限制。虛靜之心，是社會自然大往大來之地，也是仁義道德可以自由出入之地。所以宋明的理學家，幾乎都在虛靜之心中轉向「天理」，而「天理」一詞，也即在《莊子》一書中首先出現。儒道二者間的微妙關係，於此也可見出。而進入到虛靜之心的千瘡百孔的社會，也可以由自由出入的仁義加以承當。不僅由此可以開出道德的實踐，更可由此以開出與現實、與大眾融合爲一體的藝術。

故言儒道兩家，都涵「虛靜之心」，兩家都有藝術精神。於此而言儒道之會通，最內在的根據即在於兩家共有的虛靜之心。此虛靜之心，向爲莊子所顯揚暢達，但就根源上講，也是儒家仁義道德可以自由出入之地。

〔註30〕牟宗三《生命的學問》，桂林：廣西師範大學出版社，2005 年版，第 194 頁。

三、爲人生而藝術，儒道兩家藝術精神的共同本質

徐復觀認爲，中國文化與西方文化最不同的基調之一，乃在中國文化根源之地，無主客的對立，無個性與群性的對立。「成己」與「成物」，在中國文化中認爲是一而非二。但儒道兩家的基本動機，雖然同是出於憂患意識，不過儒家是面對憂患而要求加以救濟，道家則是面對憂患而要求得到解脫。因此，進入到儒家精神內的客觀世界，乃是「醫門多疾」的客觀世界，當然是「吾非斯人之徒與而誰與」（《論語‧微子》）的人間世界；而儒家由道德所要求、人格所要求的藝術，其重點也不期然而然地會落到帶有實踐性的文學方面——此即所謂「文以載道」之文，所以在中國文學史中，文學的古文運動，多少會隨伴著儒家精神自覺的因素在內。而進入到道家精神內的客觀世界，固然他們決無意排除「人間世」，莊子並特設《人間世》、《應帝王》兩篇。但人間世畢竟是罪惡的成分多，此即《天下篇》之所謂「沈濁」。面對此一世界而要「和之以天倪，因之以曼衍」（《齊物論》），在觀念中容易，在與現實相接中困難。多苦多難的人間世界，在道家求自由解放的精神中，畢竟安放不穩，所以《齊物論》說到「忘年忘義」時，總帶有蒼涼感喟的氣息；而《人間世》也只能歸結之於「不材避世」。因此，涵融在道家精神中的客觀世界，實在只合是自然世界。

在這個意義上，徐復觀說，儒道之孔子和莊子，都是「爲人生而藝術」，此方爲儒道兩家藝術精神之共同本質。「爲人生而藝術」，才是中國藝術的正統。在徐復觀看來，儒家所開出的藝術精神，常需要在仁義道德根源之地，有某種意味的轉換。沒有這種轉換，儒家便可忽視藝術，不成就藝術。因爲儒家還有仁義道德去關切。而莊子的本意也是著眼於人生，根本無心於藝術。他對藝術精神主體的把握及其在這方面的成就，乃直接由人格中流出。所以，道家所開出的藝術精神，是直上直下的。對儒家而言，或可稱莊子所成就的爲純藝術精神。

四、眞正的問題：藝術的人生又是怎樣的人生？

眾所周知，徐復觀《中國藝術精神》一書是在他的《中國人性論史》一書之後寫的，其核心內容在於書中第二章對莊子的「再發現」。所謂「再發現」，乃針對作者以前對莊子的研究和發現而言的。作者前面所寫的《中國人性論史》以儒道兩家思想爲骨幹展開，對莊子思想實有深刻的探究。在徐復觀看來，儒道兩家的人性論，雖內容不同，但在把群體涵融於個體之內，因而成己即要求成物這一

點上，有著相同的性格。以仁義爲內容的儒家人性論，極其量於治國平天下，從正面擔當了中國歷史中的倫理、政治的責任。但以虛靜爲內容的道家人性論，在成己方面，後世受老子影響較深的多爲操陰柔之術的巧宦。而受莊子影響較深的多爲甘於放逸之行的隱士。從這一點說，莊子的影響，實較老子所發生的影響，猶較近於本色，而且亦遠有意義。但在成物方面，卻於先秦時代，已通過慎到而逐漸與法家相結合；致使此一追求政治自由最力的思想，一轉手而成爲扼殺自由最力的理論根據。就整體而言，老莊思想與儒家相比較，更富於思辨的、形上學的性格；但其出發點及其歸屬點，依然落實在現實人生之上。「假定此種思想，含有眞實的價值，則在人生上亦必有所成。」「或許可以說，他們所成的是虛靜的人生。」〔註31〕這就是徐復觀以前對莊子研究之所得。

　　但是，虛靜的人生又是怎樣的人生？這依然多少有些掛空的意味。莊子所追求的人生，究竟是虛無而一無所成？還是實際上確有所成而不易被一般人所瞭解？這是徐復觀寫完《中國人性論史》後經常忐忑不安的原因。

　　實際上，徐復觀這裡的自我追問是一個眞正的問題。莊子精神有無現代意義，道家是否「至死人之理」？這確是我們必須面對的問題。徐復觀對此也有自覺的認識，所以在《中國藝術精神》自敘中，關於這個問題有一段精彩的回應：

　　　　也或者有人要問，以莊學、玄學爲基底的藝術精神，玄遠淡泊，只適合於山林之士，在高度工業化的社會，競爭、變化，都非常劇烈，與莊學、玄學的精神，完全處於對立的地位，則中國畫的生命，會不會隨中國工業化的進展而歸於斷絕呢？我的瞭解是：藝術是反映時代、社會的。但藝術的反映，常採取兩種不同的方向。一種是順承性的反映；一種是反省性的反映。順承性的反映，對於它所反映的現實，會發生推動、助成的作用。因而它的意義，常決定於被反映的現實的意義。西方十五六世紀的寫實主義，是順承當時「我的自覺」和「自然的發現」的時代潮流而來的，對於脫離中世紀，進入到近代，發生了推動、助成的作用。又如由達達主義所開始的現代藝術，它是順承兩次世界大戰及西班牙內戰的殘酷、混亂、孤危、絕望的精神狀態而來的。看了這一連串的作品——達達主義、超現實主義、抽象主義、破布主義、光學主義等等作品，更增加觀

〔註31〕徐復觀《中國藝術精神》，第 28 頁。

者精神上殘酷、混亂、孤危、絕望的感覺。此類藝術之不為一般人
所接受，是說明一般人還有一股理性的力量與要求，來支持自己的
現實生存和對將來的希望。中國的山水畫，則是在長期專制政治的
壓迫，及一般士大夫的利欲薰心的現實之下，想超越社會，向自然
中去，以獲得精神的自由，保持精神的純潔，恢復生命的疲困而成
立的，這是反省性的反映。順承性的反映，對現實猶如火上加油。
反省性的反映，則猶如在炎暑中喝下一杯清涼的飲料。專制政治今
後可能沒有了；但由機械、社團組織、工業合理化等而來的精神自
由的喪失，及生活的枯燥、單調，乃至競爭、變化的劇烈，人類是
需要火上加油性質的藝術呢，還是需要炎暑中的清涼飲料性質的藝
術呢？我想，假使現代人能欣賞到中國的山水畫，對於由過度緊張
而來的精神病患，或者會發生更大的意義。〔註32〕

　　徐復觀此段文字非常有名，但平心而論，僅言反思現代化、治療心理疾
患之類，並不足以顯發莊子精神的現代意義。即便就前述具體問題而言，徐
復觀寫《中國藝術精神》之前的自問：虛靜的人生又是怎樣的人生？這依然
多少有些掛空的意味。莊子所追求的人生，究竟是虛無而一無所成？還是實
際上確有所成而不易被一般人所瞭解，這都未有充分的解決。徐復觀《中國
藝術精神》中對莊子的「再發現」，不過將莊子「虛靜的人生」推進到「藝術
的人生」。如果我們順著前面徐復觀的自問繼續追問：藝術的人生又是怎樣的
人生？這依然掛空。莊子的藝術精神或者說中國藝術精神與我們現在的實際
生活如何關聯？這依然是我們需要面對的真問題。

五、儒道會通及解決問題的出路

　　當徐復觀講到「莊子虛靜之心，也是儒家仁義道德可以自由出入之地」
時，他實際上在嘗試從學理上會通儒道。在《中國藝術精神》一書中，安排
第一章寫孔子，徐復觀實有其深刻的用意，旨在會通孔子的道德心與莊子的
審美心。通觀《中國藝術精神》一書，儒道會通的意圖是存在的，只不過從
形式上看隱而未發，含而不張。但若結合徐復觀學問著作的整體來考察，我
們對徐復觀儒道會通的理路還是可以看出一些端倪。

　　如我們所知，徐復觀歷來強調「心的文化」，他曾指出：「中國文化最基

〔註32〕徐復觀《中國藝術精神》，第5頁。

本的特性，可以說是『心的文化』。」〔註33〕《中國藝術精神》一書實際上也是闡釋莊子的審美心和孔子的道德心。

以心爲對象，研究闡釋中國文化傳統，實際上也是徐復觀及其師友們共同的特點。如牟宗三講「心體」與「性體」，唐君毅講「生命存在」與「心靈境界」等，可以說都是這一理路。唐君毅講「心通九境」，牟宗三由「道心發爲玄智」而言「共法說」，異曲同工，都是試圖以心爲對象，對中國文化的整體做一通透的闡釋與會通。徐復觀講「憂患意識」也不例外。就《中國藝術精神》一書而言，徐復觀講「莊子虛靜之心，也是儒家仁義道德可以自由出入之地」，也是試圖從心上入手，打通儒家仁義道德與莊子心齋逍遙導致的兩種人生樣式從根源上會通的可能途徑。

人同此心，心同此理。以開放的心靈摒棄門戶之見，眞正顯發中國文化傳統中的智慧和價值，推動人類生存方式和生活質量的發展和進步。這是我們共同的責任。

第五節　徐復觀之道家觀評析

如郭齊勇所言，作爲思想史家的徐復觀，主要創獲在梳理先秦人性論史、兩漢思想史和中國藝術精神方面。實際上，他在中國現代思想史上的影響，政論雜文可能還要大過思想史研究。他在如下兩方面不同於唐、牟：一是他乃史學家而不是哲學家；二是他乃文化保守主義陣容中最具有現實批判精神、最易於與自由主義思潮相頡頏又相呼應、相融洽的代表人物。〔註34〕

帶著這樣的認識，我們再來考察徐復觀的道家觀，可以發現徐復觀關於道家的思想和看法有這樣幾個明顯的特點：

一是徐復觀的觀點是相對較爲零散的，不像唐君毅、牟宗三之有系統、有貫通。儘管從表面看，似乎徐復觀討論涉及的問題也很多，內容也很廣泛，但實際上，那是徐復觀興之所至，不言不快。徐復觀討論範圍廣，這是問題表面的廣，其實他並未像唐、牟那樣，從義理層面對道家系統做一深入、細緻的研究，而求義理之圓融。這本來也不是其關注點。因爲他不是哲學家，

〔註33〕徐復觀《心的文化》，見其《中國思想史論集》，臺北：中央書局，1959年版，第242頁。

〔註34〕郭齊勇《唐君毅、牟宗三、徐復觀合論》一文，後收入其《中國哲學智慧的探索》一書，北京：中華書局，2008年版，第326～327頁。

不是以哲學的方式來討論、來研究。

二是徐復觀出入於政治與學術之間，畢生追求自由，其對哲學問題的研究也能體現這種特色。如其對儒道起源的研究，對老子的政治觀的闡釋、對莊子作藝術精神的解讀，時刻不忘批判中國傳統中存在的專制，不忘人們對自由的嚮往和追求。所以人們說，徐復觀最具儒家之抗議精神，最能體現傳統知識分子之風骨。

三是徐復觀偏好道家和司馬遷，雖然不是以哲學的方式研究哲學問題，但從思想史角度研究，往往有其特別的收穫，也自有其重要的學術和文化價值。如徐復觀對儒道的研究，他自己就講是爲了正告那些瞧不起中國文化的人，「使世人知道中國文化，在三大支柱中，實有道德、藝術的兩大擎天支柱」〔註35〕。再如徐復觀研究儒道起源時提出的「憂患意識」觀，極爲準確地體現了中國文化的性格，得到唐君毅、牟宗三的激賞，也爲學界廣泛認同。

四是通觀徐復觀之著作，類似表述不夠精當、邏輯不夠謹嚴、立論不夠安穩的現象實不鮮見，而徐之著作乃至學問，也常因此被人詬病。但平心而論，徐復觀爲人爲學態度是非常眞誠的，而在其行文表述風格方面也有其獨到之處，文筆犀利，熱誠耐心，遠非泛泛所能及。就表述嚴謹而言，與牟宗三等相較，可能「雅非所長」，但徐之學問著作中那些天才般的慧識和洞見，更值得我們關注，誠不可以此責誣先賢也。

徐復觀畢生關注政治、崇尙自由，爲社會之民主、進步，奔走呼號。在弘揚中國傳統文化的同時，他接續儒家抗議精神之傳統，堅決批判專制黑暗，充分體現了中國知識分子的風骨。而身在新儒家陣營的他，與殷海光等代表的現代自由主義思潮長期交鋒、相互砥礪，既在現實實踐層面爲推動社會的民主進步作出了實際貢獻，又在理論層面爲我們留下了許多寶貴的思想財富和經驗啓迪。

徐復觀在《中國藝術精神》中認爲，儒道兩家其實在靈魂最深處都嚮往藝術化的人生；而他本人又畢生求索於文、史、哲、畫之間〔註36〕，加上他富有傳奇色彩的人生經歷，再加上他一生致力於對美好人生、美好社會的追求，本文論徐復觀之章，冠以求「生之美」，以別於唐君毅之求「心之善」、牟宗三之求「理之眞」，庶幾可也。

〔註35〕徐復觀認爲，道德、藝術、科學，是人類文化中的三大支柱。
〔註36〕此從李維武說。參見其《徐復觀學術思想評傳》。

第五章　總論港臺新儒家之道家觀

　　以唐君毅、牟宗三、徐復觀爲代表的港臺新儒家，懷著花果飄零、流亡海隅的時代悲情，面對前所未有、桑田滄海之社會變局，以一片赤子之心，堅持守護民族傳統文化。他們著書立說、教書育人，使中國傳統的文化精神不斷發揚光大；在一些國際學術和文化交流場合弘揚推廣、不懈陳辭，擴大中國傳統文化在全世界的影響。通過幾十年的艱苦努力、慘淡經營，他們逐漸積纍了厚重的學術資本，培養了一批學術傳人，並且把儒學價值傳揚到了國外。可以說，在民族文化面臨存亡繼絕的危機時代，是他們的努力，和大陸部份優秀的學者一起，通過不同的方式，共同護持了傳承民族文化的這把香火；是他們的成就，突出代表了中國傳統哲學在現代發展的新水平。唐君毅、牟宗三、徐復觀三人，同爲港臺新儒家之重鎮，他們的學術成就都是立足於民族傳統文化，輔之以新時代之眼光和世界性之視野而取得，所以他們的哲學都是屬於當代中國哲學的寶貴財富。具體就他們的道家觀而言，因爲儒道兩家都是作爲中國本土產生的兩大最富原創性的哲學思想體系，儒道的關係怎麼梳理，道家精神如何詮釋，這是他們必須面對、不容迴避的問題。對於道家哲學義理和精神，唐君毅、牟宗三、徐復觀三人都做出了各自精彩的論析。

第一節　唐君毅、牟宗三、徐復觀道家觀之比較研究

　　如前所述，唐君毅、牟宗三、徐復觀他們對於道家義理和精神都有各自精彩的詮釋。同時，他們同爲現代港臺新儒家重鎮，三人又師出同門，來往密切，在長期的學問生涯中，相互扶持，相互影響。所以，他們的道家觀雖然各有特色，各有精彩，但相互之間依然有一種特殊的關聯。考察他們三人

各自的道家觀，並做一比較研究，通過辨析他們觀點的同異，可以發現他們作爲港臺新儒家的群體性特徵，有助於我們提高對他們思想的理解，對他們梳理中國文化傳統的理路的把握。

一、理解港臺新儒家之道家觀之兩個前提原則

關於唐君毅、牟宗三、徐復觀他們的道家觀，前面各章均有具體之評析。本章總論他們的道家觀，筆者以爲，欲準確理解港臺新儒家之道家觀，首先要把握兩個前提原則：

（一）欲準確理解其道家觀，離不開其學問全體

作爲港臺新儒家的代表人物，唐君毅、牟宗三、徐復觀的學問思想都可謂博大精深，他們都有自己的思想體系。而他們的道家觀僅僅是他們學問思想的一部份。所以，要想準確理解他們的道家觀，必須瞭解他們各自的學問全體，理解他們各自思想體系的特色和本質。孤立地講他們的道家觀，是無謂的、無根的。只有從他們的學問全體出發，討論他們的道家觀才有意義；也只有從他們的學問全體出發，才有可能正確理解他們的道家觀。

（二）言不盡意，不可膠著、拘泥於其話語本身

討論港臺新儒家的道家觀，當然離不開他們的文本，離不開他們關於道家思想的看法表述。但我們又不能過於膠著，拘泥於他們的話語本身。之所以這樣講，主要有兩個方面的原因：

一是言語本身有局限。如《易傳》所云，「書不盡言，言不盡意」。他們關於道家思想的看法之表述，未必就能完整、準確地表達他們對道家思想的看法；[註1] 二是在他們長達幾十年的研究和著述過程中，或因傳道授業之語境不同而隨機立言，或因個人看法之改變調整，關於道家思想之看法表述可能不盡一致，甚或前後相牴觸，這都是有可能的。

所以，我們要準確理解他們的道家觀，就不能過於膠著、拘泥於他們的話語本身。只有從他們學問全體出發，透過話語之表象，把握他們的義理實質，才有可能正確理解他們的道家觀。

〔註1〕 事實上，關於言不盡意，唐君毅、牟宗三都有自己精彩的論述，可參看牟宗三《才性與玄理》一書之第七章，其中「言意之辨」之緣起、名言能盡意與不能盡意之辨之義理的疏解、順唐君毅先生之辨進一解等節，即深入討論這個問題。

二、唐、牟、徐道家觀之同異

若依前述兩個前提原則，來比較考察唐君毅、牟宗三、徐復觀的道家觀，透過他們表述之不同之表面，就其看法之本質而言，則可發現，他們關於道家思想的觀點，從其本質來講，基本上都是共通的。而其相異，不過是他們討論問題的角度不同，學問研究各有側重，加上爲人爲學風格有異，所以他們的思想觀點才呈現出各自不同的風貌。

如徐復觀，他在考察儒道起源的過程中提出「憂患意識」的說法，言唐、牟所未言，但卻得到了唐、牟的贊許；如唐君毅，他所提出的關於人類之道家式思想形態，即在面對現實生活，尤其面對現實之陰暗面、生活之不如意時，人們往往容易起一種意願，以求自拔於世俗之生活之上，從而產生種種「高妙之理想」。對於這種情形，唐君毅名之爲人類之道家式思想形態，他進而斷言，只要人類社會還有污濁，就必然會有這種道家式思想形態產生。因而此種道家式思想形態實有其永恆性。可以說，對於唐君毅這一觀點，牟、徐也必會首肯；同樣，如對於牟宗三之共法說，唐、徐也當無疑義。

說唐、牟、徐觀點相通，並非說他們完全一致。就一些具體觀點之表述而言，他們三人完全可能有不一樣甚至意見相左的地方。但這種不一致僅僅是局部的、細節的不一致。若就其學問全體而言，三人可謂各擅勝場，但從總體來看，三人的思想觀點確實是相互補充、相互呼應、相互支持、相互貫通的。正是從唐、牟、徐學問全體或觀點本質來講，他們的觀點是共通的，而不同僅僅是在於他們各自學問的側重不一及表現思想形態的風格之異。

（一）觀點之共通之處

1. 對道家思想及其義理境界本身的評價很高

唐、牟、徐雖然同爲港臺新儒家重鎮，但他們對道家思想都很重視。在他們看來，無論是從歷史發展中的影響，還是從中國文化的未來發展來看，道家思想都非常重要。

唐君毅在《中國哲學原論》系列著作中，對道家思想的闡釋佔了很大篇幅。在《生命存在與心靈境界》一書中，唐君毅對道家思想的評價非常高，認爲道家之境界不僅可居「觀照淩虛境」，便是於「我法二空境」甚至最高之「天德流行境」也未嘗不可有一席之地。而唐君毅對人類的道家式思想形態的欣賞及斷言其具永恒之價值，也都充分顯示了唐君毅對道家思想的重視。

牟宗三著作中經常將道家思想與儒家並列而論，而其《才性與玄理》一書專門闡釋道家玄理，並有共法說之提出，即言道家式從工夫、實踐上言無之作用之理路視爲所有大教共有之法，也可見牟宗三對道家之重視。

徐復觀於《中國人性論史》、《中國思想史論》等書中亦盛談道家思想，而其《中國藝術精神》一書，更是高標莊子精神即爲中國藝術精神，更直言該書爲自己對莊子的「再發現」。可以說，徐復觀對道家思想之重視溢於言表，在唐、牟、徐三人中最爲明顯。

2. 都以莊子爲老子之發展，而以莊子高於老子

在討論道家早期之發展過程時，唐、牟、徐三人均認爲莊子思想屬於老子一系，而爲老子思想之進一步發展之形態。因而在老子與莊子之比較中，他們均以莊子高於老子。此意在前面章節中均甚爲明顯，這裡不再贅述。需要強調的是，唐、牟、徐都特別重視莊子追求精神自由境界之積極意義，對莊子逍遙理境都非常贊許，同時對於老子之道之於中國歷史發展及民族性格形成方面的複雜影響（積極和消極）都有或多或少的認識。

3. 都視道家思想本質爲一種觀照之境界形態

如前所述，正因爲唐、牟、徐他們視莊子爲老子之進一步發展，且以莊子高於老子，所以往往以莊子爲道家之代表，因而視道家思想本質爲一種觀照之境界形態。

唐君毅言莊子的靈臺心，歸莊子於「觀照淩虛境」；徐復觀以藝術精神解讀莊子，均盛發此義。而牟宗三更是直接將道家簡別爲主觀的、實踐的境界形態。

4. 都認爲儒道兩家各有所長，而道家之境界儒家未必就不能涵具

可以說，在對儒家和道家比較與會通時，唐、牟、徐都認爲儒道各有所長，而且道家之高妙之理境，儒家也未必就不能涵具。此意在前面章節中甚明，這裡也不再贅述。

如果說儒家期望過道德之生活，道家則超道德，更純粹。道家觀照之態度來自內在之純粹之超越精神，因而呈現一種對現實、對知識、對道德、對世俗生活的一種批判精神。如唐君毅謂，只要人生、社會還有不好的因素在，道家的精神就有永恒的價值。

所以，儒家與道家之間，道家重超越，時刻提醒我們，不要因爲有道德之關切，就陷溺於現實，從而可以爲我們提供一個永恒的高遠之目標。儒家

重實踐，深知人心之複雜，世事之艱難，不可能畢其功於一役，至善不可能那麼容易就實現。表面看，儒道似乎是各有所長，而實際上，道家之理境儒家也可涵有，只是儒家還有道家所沒有的牽掛，所以儒家呈現出與道家不同的形態。

（二）風格之異

唐君毅、牟宗三、徐復觀三人雖同為新儒家重鎮，但其個人性格及為人為學風格當然各異，學界公認唐牟徐三人分別為仁者型、智者型、勇者型。關於三人之區別，郭齊勇曾謂：唐偏好黑格爾和華嚴宗，牟偏好康德和天台宗，徐偏好司馬遷和道家；從學術風格上看，唐寬容、圓潤，牟嚴峻、明晰，徐激情、剛強。〔註2〕在道家觀之闡述方面，三人亦呈現不同的風格。

1. 唐君毅之求「心之為善」

唐君毅寬容圓潤，重視弘揚人類文化和宗教中的人文意識和人文精神，對古今中外大聖大賢立言垂教之勸善教化之意有獨到的體認，從道德自我，推擴至生命存在與心靈境界，創「心通九境」之說，仁心洋溢，故其風格可謂之求「心之為善」。

2. 牟宗三之求「理之為真」

牟宗三長於思辨，畢生致力於傳統文化中深邃義理之現代詮釋，往往於義理之精微玄妙處亦能解說周詳，條分縷析，其筆力之雄健、思辨之綿密，確實令人不能不為之心折。就道家觀而言，牟獨創「兩層存有論」，以「境界形態」簡別道家哲學，至有「共法說」之提出，講究以理服人，故其風格可謂之求「理之為真」。

3. 徐復觀之求「生之為美」

徐復觀激情剛毅，和唐牟不同，他不願做書齋式的學問，對形上學並無興趣，但有強烈的現實關懷，強調學問不能遠離生活和生命，是著名的自由主義鬥士，畢生追求自由民主，寫下了大量的時政雜文，又著《中國藝術精神》一書，對莊子精神有著獨到的解讀，嚮往莊子式的精神自由，故其風格可謂之為求「生之為美」。

唐、牟、徐畢生努力不懈，或求「心之善」，或求「理之真」，或求「生之美」。他們對儒道精神的研究呈現出不同的樣式和風格，多面相地為我們展

〔註2〕見郭齊勇論文《唐牟徐合論》。

示了他們對中國傳統文化的闡釋。他們艱苦卓絕的努力和輝煌卓越的成就，真實呈現了中華文化傳統的苦難和精彩。雖然不能說已經完成，雖然或有缺憾，但人類追求眞理和進步的事業永遠都是「在路上」，永遠都是正在進行時。所以，他們的成就才是眞實的成就，而這種呈現也才是眞實的呈現。於此亦正可見人類追求眞理和進步之路之艱難和嚴肅！而港臺新儒家之道家觀的價值和意義也端在於此。

三、唐、牟、徐之道家觀之作爲港臺新儒家之群體性特徵

　　唐君毅、牟宗三、徐復觀三人同爲港臺新儒家的重鎮，考察比較他們的道家觀，可以發現他們作爲港臺新儒家之一些群體性特徵。

（一）三人之道家觀具有內在的邏輯統一性

　　唐牟徐他們的道家觀雖然各有特色，側重不同，因而呈現出不同的風貌，但從內容實質看，具有內在的邏輯統一性。

　　以他們三人各自道家觀的核心內容爲例，如唐君毅，他提出關於人類之道家式思想形態，即在面對現實生活，尤其面對現實之陰暗面、生活之不如意時，人們往往容易起一種意願，以求自拔於世俗之生活之上，從而產生種種「高妙之理想」。對於這種情形，唐君毅名之爲人類之道家式思想形態，他進而斷言，只要人類社會還有污濁，就必然會有這種道家式思想形態產生。因而此種道家式思想形態實有其永恒性。而牟宗三則於道家先賢各種形形色色的語言表述中，敏銳地抓住其觀照態度這一核心本質，因而去其蕪雜，探其驪珠，直接以「境界形態」簡別道家哲學。至於徐復觀，則對莊子追求自由之精神有獨到的理解和契會，因而以徹頭徹尾的藝術精神解讀莊子，認爲莊子追求的不過是藝術的人生。

　　可以說，唐君毅看到了道家的「高妙的理想」，牟宗三看到了道家「觀照之態度」，徐復觀看到了道家「藝術的人生」，而所有這些都說明，他們三人對於道家背後之重視生命的精神層面、對個人和社會現實層面富有批判精神這一本質特點都有充分的認識、深入的契會。他們的道家觀看起來雖然各有側重，實際上指向同一目標。因爲有「高妙之理想」，故能採取「觀照之態度」，最後成就「藝術的人生」。所以，他們的道家觀實際上相輔相成，具有內在的邏輯統一性。

（二）群體性特徵

1. 他們對道家義理的詮釋，往往和他們對傳統儒學的現代重建結合在一起

這是由他們的新儒家立場決定了的。作爲港臺新儒家的代表人物，唐君毅、牟宗三、徐復觀他們畢生致力於傳統儒學的現代重建，而這又建立在他們梳釋中國文化傳統的基礎上。道家思想是中國傳統文化的重要部份，所以他們必然要認眞梳理，而在梳理道家的同時，他們惦記的是儒家的重建，心裏不忘的是與儒家的比較，與儒家的會通。所以說，他們對道家義理的詮釋，往往和他們對傳統儒學的現代重建結合在一起。對道家的研究，成爲他們重建儒學這一工作的一部份。

2. 他們都有「攝道歸儒」的傾向

如前所述，對道家的研究，在唐牟徐看來，這是他們重建儒學這一工作的一部份。在對儒家和道家比較與會通時，唐、牟、徐都認爲儒道各有所長，但是，在他們看來，道家之高妙之理境，儒家也未必就不能涵具。此意在前面章節中甚明。他們爲了重建儒學，在會通儒道時，走的都是「攝道歸儒」的理路。

在中國傳統文化史上，中國儒家傑出的先賢們爲了儒家思想自身的發展，一直注意以開放的心態，學習和吸收其它文化傳統的合理因素，讓儒家思想得以不斷完善和發展。以朱熹、王陽明爲代表的宋明大儒當年都以「攝道歸儒」的理路，從道家思想中學習和借鑒，在促進儒家義理精微方面向前進了一大步，才有了宋明儒學復興的盛況。

現代港臺新儒家同樣以重建儒學爲自己的歷史使命。所以他們在梳釋中國文化傳統的過程中，自然也有「攝道歸儒」的傾向。而這其中，牟宗三以「境界形態」簡別道家，「攝道歸儒」的傾向尤爲典型。而他的這一做法也引起很多質疑。實際上，這是牟宗三爲了發展儒學而進行義理創新的必然選擇。

3. 他們都持開放式的儒家觀，都有世界性視野和時代發展觀，致力於傳統與現代的對接

儒道兩家，本來就同根同源，在中華民族性格和精神形成的歷史長河中是以「道通爲一」的方式發生作用的。它們一直相互影響、相互促進，

共同成爲我們民族文化之根。它們有共同的語境、共通的話語。《莊子・天下篇》中言道、言聖人，何曾有兩個道、兩個聖人？只是一也。荀子有言：「倫類不通，仁義不一，不足謂善學。學也者固學一之也。」又曰：「全之盡之，然後學者也。君子知夫不全不粹之不足以爲美也，故誦數以貫之，思索以通之，爲其人以處之。」今天讀唐、牟、徐之著作，看他們講義理，無論儒、釋、道，無論往聖、時賢之言，隨機取用，信手拈來，融會貫通，何曾有隔？

　　從這個意義上講，港臺新儒家理解的儒家，不是有門戶之見的儒家，而是一種開放的、包容的儒家思想。門戶之見，是固步自封，夜郎自大，不有開放，何談發展？何以回應時代之要求？

　　所以，儒家思想若要進一步發展，必須是開放的、包容的。正如牟先生弟子蔡仁厚在展望當代新儒學發展時所言：「風會之來，豪傑呼應。天下有道，必歸於儒。歸於儒，不是歸於作爲一家一派的儒，而是歸於道，歸於大中至正的時中大道。」〔註3〕此即新儒家所以爲一種發展、一種創新之所在。

　　牟宗三曾言，儒家的路向，不能不有現實關懷，不能不有歷史之事業。而人求效求成之事業心又不能太重。一旦事業心太重，念念不忘「我要做一件事」，則「我」與「一件事」俱表示人生命之降落與局限。〔註4〕由此，他說：「如是，吾人有一個上帝，有一個孔聖人，兩者之外，還有一個《水滸》世界。」（同上，第191頁）

　　即便是開放的、包容的，新儒家也不是文化的全部，更不是一切。對於人類社會進步和人生幸福來說，儒家也是有局限的。唐、牟、徐對此都有清醒的認識。所以才有唐君毅之發憤辦學，才有牟宗三之所謂新外王三書，才有徐復觀之爲自由民主吶喊呼號。

　　我們當前研究新儒家、弘揚新儒學，面對社會上所謂國學熱、文化熱，對儒家思想及中國傳統文化的局限一定要有清醒的認識，文化不是一切。當年徐復觀與殷海光論戰導致兩敗俱傷，這也是歷史的教訓。識者於此當有察焉。

〔註3〕蔡仁厚《山東去來：第五屆當代新儒學國際學術會議》一文，《鵝湖》1998年第280期；又見於蔡仁厚《哲學史與儒學論評：世紀之交的回顧與前瞻》一書，臺灣學生書局，2001年版，第411頁。

〔註4〕此爲牟在《現時中國之宗教趨勢》一文中評梁漱溟先生時所言。見牟宗三《生命的學問》，桂林：廣西師範大學出版社，2005，第88～89頁。

第二節　港臺新儒家道家觀之貢獻及其反省

（一）港臺新儒家對道家的研究成果豐碩，大大提高了道家研究的學術水平

如前所述，港臺新儒家大師們在重建儒學的過程中，對道家思想也有深入的研究，並取得了豐碩的成果。雖然唐君毅、牟宗三、徐復觀他們的道家觀風貌不一，但各有各的精彩，大大提高了道家之現代研究的學術水平。

就唐君毅而言，他在《中國哲學原論》系列著作中，對老子言道之六義貫釋與四層陞進有精彩的解析；在比較老子之道與儒家之道時，他認爲老子之道有智及而無仁守；在考察早期道家思想的流變時，唐君毅提出，早期道家有三大形態，即：田駢彭蒙愼到之客觀境界，老子之以主觀攝客觀境界，莊子之超主客觀境界；唐君毅又指出人類的道家式思想形態及其永恆價值；而在其「心通九境」論中，唐君毅對道家思想境界也有自己獨到的安排。

而在牟宗三，他以「境界形態」簡別道家；而他在《才性與玄理》中對先秦道家玄理的弘揚使該書成爲對先秦道家思想做現代詮釋的典範；其從「品鑒之人學」到全幅人性之了悟的學問獨具特色；牟宗三對秦政與法家的批判，揭露了老子之學被法家利用的嚴重後果；而牟宗三共法說的提出，顯示了他高人一等的見識和智慧，且必將對中國哲學的未來發展發揮重要而獨到的積極作用。

而於徐復觀來講，他的「憂患意識」說已經得到學界廣泛認可；而他用藝術精神解讀莊子，認爲莊子成就的乃藝術的人生，顯示了徐復觀之道家觀之獨到與深刻。

（二）港臺新儒家對道家的研究爲儒學的發展乃至中國傳統文化的現代轉化提供了借鑒和方法論啟示

如前所述，港臺新儒家對道家的研究往往是和他們對儒學的重建結合在一起，甚至就是他們重建儒學工作的一部份。而唐君毅、牟宗三、徐復觀他們在研究道家思想的過程中由於側重點不一，方法也有異，因而呈現出不同的風貌。但他們都持開放式的儒家觀，都有世界性視野和時代發展觀，致力於傳統與現代的對接。在研究道家思想的同時，念念不忘與儒家思想的比較與會通，而他們對中國傳統文化的梳釋及對中西文化的比較和融會也都有開創性的新貢獻。在這個意義上，我們說，他們對道家的研究無論在成果上、

方法上，都可以爲儒家本身的發展乃至對中國傳統文化的現代轉化提供寶貴的借鑒和啓示。

（三）港臺新儒家道家觀之反省

1. 具體觀點方面的反省

唐君毅、牟宗三、徐復觀他們在研究道家思想方面都取得了豐碩的成果，當然也包括他們一些各具特色的觀點和說法，體現了他們獨到的見識和大師的風采。但就一些具體觀點而言，也受到了不少的質疑。

具體而言，如唐君毅論老子之道之六義，以唐君毅所言之六種義涵詮釋老子之道，究竟是否確當？牟宗三將道家簡別爲「境界形態」，然則老子之道之實體意味果眞只是一種可以化掉的姿態？徐復觀以藝術精神解讀莊子，這種做法又究竟是否合適？

我個人以爲，就一些具體觀點而言，其實都是可以商榷的，具體的問題本身也應該有討論的餘地。但是，眞正的難點還不在此。在我看來，哲學的難點還是在義理的融會與通透。比如，牟宗三在《老子〈道德經〉演講錄》中提到當年香港塡海的事件，從文字記錄看，牟先生對此事態度是完全讚賞的，認爲是「參天地、贊化育」；而當提到大陸當時的一些同類事件如移山、修水庫等則勃然大怒，斥爲「逆天」、「造作」。然則天人之分究竟何在？牟宗三也並未能給出令人信服的回答。如果天人之分不能明確，則作爲道家思想核心的「自然」觀就會依然掛空。

2. 方法論方面的反省：以牟宗三將道家簡別爲「境界形態」爲例

如前所述，牟宗三以「境界形態」簡別道家，引起相當多的質疑。其中最集中的焦點爭論在於，老子之道所具有的實體意味究竟能否化除。其實，對於這一理論難點，牟宗三本人當然也是心知肚明。他在引用老子文本指出老子之道具有客觀性、實體性、實現性之後，又說：「如是，道德經之形上系統，因有此三性故，似可爲一積極而建構之形上學，即經由分析而成之積極而建構之形上學。但此積極形上學似乎保不住，似乎只是一姿態。客觀性、實體性、實現性，似乎只是一姿態。似乎皆可以化掉。」〔註5〕雖然牟宗三在這裡用了幾個「似乎」這樣的字眼，但其實，他對以「境界形態」定位道家是非常堅定的，自始至終都沒有動搖。

〔註 5〕牟宗三《老子〈道德經〉演講錄》。

　　臺灣學者杜保瑞對此明確提出質疑，並認爲牟宗三完全是站在新儒家立場，非要「矮化」道家，以爲自己「攝道歸儒」、重建儒學而強行爲之。〔註6〕

　　其實，牟宗三對道家的簡別和堅持也有他自己的深意。牟宗三曾指出，《孟子‧告子上》開篇談與告子辯論「性猶杞柳也，義猶桮棬也」，否定「生之謂性」，強調「仁義內在」，千百年以下無人能懂，其實這是在講道德自律，不如此，不能入道德之門。故孟子稱性善，言必稱堯舜。〔註7〕

　　往聖先賢，立言垂教，自有深意，有時亦不得不然。孟子豈眞不瞭解人性之複雜？說一句「生之謂性」豈不更簡單、更易理解？然孟子爲了弘揚儒家之道，必有所爲，蓋有其深意也。孟子稱性善，言必稱堯舜，乃旗幟鮮明地高揚儒家之特色，既深得孔子之意，而言孔子之未言。所以象山有云：「夫子以仁發明斯道，其言渾無罅縫，孟子十字打開，更無隱遁，蓋時不同也。」（《象山語錄‧上》）不打開，就依然只是如孔子之原始混沌，沒有發展。正如牟宗三所曾講：「在孔子，仁與性未能打拼爲一，至此（此，即孟子稱性善。汪注）則打拼爲一矣。在孔子，存有問題在踐履中默契，或孤懸在那裏。而在孟子，則將存有問題之性即提升至超越面而由道德的本心以言之，是即將存有問題攝於實踐問題解決之，亦即等於攝『存有』於『活動』（攝實體性的存有於本心之活動）。如是，則本心即性，心與性爲一也。至此，性之問題始全部明朗。」〔註8〕所以，孟子稱性善，其實是對孔子的一種發展。

　　縱觀儒學發展史，類似孟子稱性善這樣標新立異的還有其它例子。如：王陽明晚年所創「四句教」，開言即謂「無善無惡心之體」，也引起爭議一片。因爲儒家經典歷來強調「至善」、「性善」，焉有「無善無惡」之說？那不是淪爲佛道之邪說嗎？而事實上，王陽明正是「攝道歸儒」、「攝佛歸儒」，使傳統的儒家學說在義理精微方面前進了一大步。所以，王陽明「四句教」也是對儒學的發展。〔註9〕

　　故在我看來，牟宗三之以「境界形態」簡別道家，其意正與孟子和王陽明類似，爲了儒家義理的發展和重建，必有所爲也。簡別，則意味著約化、

〔註6〕參見杜保瑞論文：《對牟宗三道家詮釋的方法論反省》、《對牟宗三由道家詮釋而建構儒學的方法論反思》，「杜保瑞的中國哲學教室」網站：http://homepage.ntu.edu.tw/~duhbauruei/。

〔註7〕牟宗三《莊子〈齊物論〉演講錄》。

〔註8〕牟宗三《心體與性體‧上》，上海古籍出版社，1999年版，第22頁。

〔註9〕可參看本文前部「共法說的意義」章節。

歸併，同時必然有所取捨。不如此，則原封不動，人云亦云，何來義理創新？所以，牟宗三以「境界形態」簡別道家，實際上，也是一種義理創新，無論是對儒學的重建，還是對道家學說的發展，都有重要的意義，只是現在還未能充分顯發出其重要性而已。

第三節　道家精神的現代意義再論——基於開放式的儒家觀視角

港臺新儒家在重建儒學的過程中，對道家思想都很重視，關於道家思想的現代價值，他們也都有自己的思考和看法。如前所述，徐復觀在《中國藝術精神》自敘中，關於這個問題有一段精彩的回應：

> 也或者有人要問，以莊學、玄學爲基底的藝術精神，玄遠淡泊，只適合於山林之士，在高度工業化的社會，競爭、變化，都非常劇烈，與莊學、玄學的精神，完全處於對立的地位，則中國畫的生命，會不會隨中國工業化的進展而歸於斷絕呢？我的瞭解是：藝術是反映時代、社會的。但藝術的反映，常採取兩種不同的方向。一種是順承性的反映；一種是反省性的反映。順承性的反映，對於它所反映的現實，會發生推動、助成的作用。因而它的意義，常決定於被反映的現實的意義。西方十五六世紀的寫實主義，是順承當時「我的自覺」和「自然的發現」的時代潮流而來的，對於脫離中世紀，進入到近代，發生了推動、助成的作用。又如由達達主義所開始的現代藝術，它是順承兩次世界大戰及西班牙內戰的殘酷、混亂、孤危、絕望的精神狀態而來的。看了這一連串的作品——達達主義、超現實主義、抽象主義、破布主義、光學主義等等作品，更增加觀者精神上殘酷、混亂、孤危、絕望的感覺。此類藝術之不爲一般人所接受，是說明一般人還有一股理性的力量與要求，來支持自己的現實生存和對將來的希望。中國的山水畫，則是在長期專制政治的壓迫，及一般士大夫的利欲薰心的現實之下，想超越社會，向自然中去，以獲得精神的自由，保持精神的純潔，恢復生命的疲困而成立的，這是反省性的反映。順承性的反映，對現實猶如火上加油。反省性的反映，則猶如在炎暑中喝下一杯清涼的飲料。專制政治今

後可能沒有了；但由機械、社團組織、工業合理化等而來的精神自
由的喪失，及生活的枯燥、單調，乃至競爭、變化的劇烈，人類是
需要火上加油性質的藝術呢，還是需要炎暑中的清涼飲料性質的藝
術呢？我想，假使現代人能欣賞到中國的山水畫，對於由過度緊張
而來的精神病患，或者會發生更大的意義。〔註10〕

　　徐復觀此段文字非常有名，但平心而論，若僅言反思現代化、治療心理
疾患之類，並不足以顯發莊子精神的現代意義。道家精神的現代意義也絕不
是如此簡單。

　　前文講過，港臺新儒家在重建儒學的過程中，往往都有「攝道歸儒」的
傾向。事實上，道家思想自先秦時期產生之後，在長期的歷史過程中與其它
思想如儒家、法家、明陽家以及自外傳入的佛教思想等互相影響和滲透，故
有不斷之發展和流變。然而作爲中國文化的主體之一，它有一些貫穿始終、
足以代表其思想特徵的精神意識和核心觀點。正是這些精神意識和核心觀
點，成爲了道家思想長期獨立存在的理由。不然，經過歷史上不斷的「攝道
歸儒」等發展與流變，道家思想早就失去其獨立存在的必要了。所以，道家
之所以爲道家，是因爲它確實存在一些無可替代的精神意識和核心觀點。道
家獨立存在的理由在於此，而道家的現代意義也來源於此。可以說，這些道
家特色的精神意識和核心觀點具有其永恒的價值。

一、道家特色的精神意識和核心觀念

（一）曠達、順適的氣化生死觀

道家特色的生死觀是由莊子表述的。

　　　生也死之徒，死也生之始，孰知其紀。人之生，氣之聚也。聚
　則爲生，散則爲死。若死生爲徒，吾又何患？故萬物一也：是其所
　美者爲神奇，其所惡者爲臭腐。臭腐復化爲神奇，神奇復化爲臭腐。
　故曰：「通天下一氣耳！」（《莊子·寓言》）

　　莊子把人的生死看成氣之聚散，生死之間純粹是氣的變化，沒什麼大不
了的。生死之間相互依存、相互轉化，這是無法改變的客觀事實和規律，所
以，面對生死，人要達觀，安時處順。

―――――――――――
〔註10〕徐復觀《中國藝術精神》，第5頁。

　　　　予惡乎知說生之非惑邪！予惡乎知惡死之非弱喪而不知歸者
　　　邪！麗之姬，艾封人之子也。晉國之始得之也，涕泣沾襟。及其至
　　　於王所，與王同筐床，食芻豢，而後悔其泣也。予惡乎知夫死者不
　　　悔其始之蘄生乎？

　　莊子認爲，人們普遍所有的「悅生惡死」之情完全可能是一種迷誤。他用麗姬悔哭的故事生動地說明了這個道理。人們一般都「悅生惡死」，但這可能是一種習慣性迷誤，因無知而引起。一旦對生死看透了，明白生死不過是氣之聚散而已，人們就應該改正「悅生惡死」的習慣性迷誤，坦然面對，隨遇而安。

　　千古艱難唯一死。可以說，看透生死是人的生命意識向上超拔、昇華的關鍵性起點。生命的意義從這裡生發，精神文化的創造和精彩都從這裡開始。

（二）拒絕同流合污、追求高遠之理想的「道家式精神意識」

　　如前所述，唐君毅曾特別指出，道家有一種非常可貴的嚮往高遠之理想的精神意識，他稱之爲「道家式精神意識」。

　　唐君毅認爲，在人類的世俗社會之中，存在著有價值、無價值或反價值的各種事物，其中有價值者，總是與無價值或反價值者夾雜混淆，如泥沙與水相棍雜，遂形成世俗社會的污濁性。人在生活中感受到這種世俗社會的污濁性之時，心中產生的第一念，就是「求自拔於此污濁，而自保其一身之心靈之清潔，生命之清潔」，由此即產生種種「高遠之思想」。人在具有這種高遠的思想之後，又再反過來探究如何處此污濁社會之道，這就是道家思想形成的途徑。

　　唐先生還斷言，若人類社會永有污濁，就永遠會有這種道家式精神意識的產生。而任何社會的個體存在者，不論他屬於何種民族，信奉何類學派，只要他具有超脫於世俗社會的污濁以自清、而嚮往高遠之思想意識，他就應屬於道家類的思想形態。

　　需要指出的是，道家儘管強烈地追求超越現實世界污濁性的理想，但並不是要求生活於彼岸世界，而是思考如何生活於現實世界。

（三）明於天人之分，反對人爲造作

　　莊子對於天人之分特別重視，主張人應該安於自己的本分，不要逆天而行。

日：「何謂天？何謂人？」北海若曰：「牛馬四足，是謂天；落

馬首，穿牛鼻，是謂人。故曰：『無以人滅天，無以故滅命，無以得

殉名。謹守而勿失，是謂反其眞。』」（《莊子・秋水》）

明於天人之分，拒絕人爲造作，這才是本眞的生活。

應該說，莊子這裡指出的明天人之分，過本眞生活，這個觀點在歷史上
影響很大。但是，究竟何爲天人之分？這也是一個眞正的難題。所以，關於
何爲天人之分，歷來爭議很多，而莊子也未能給出讓人信服的說法。即便莊
子這裡所舉具體事例，也有不同看法。如朱熹就有一句調侃：

如穿牛鼻絡馬首，這也是天理，合當如此。若絡牛首，穿馬鼻，

定是不得。（《朱子語類・卷第九・學三・論知行》〔註11〕）

再如前文講過，牟宗三在《老子〈道德經〉演講錄》中提到當年香港塡
海的事件，他認爲是「參天地、贊化育」；而當提到大陸當時的一些同類事件
如移山、修水庫等則勃然大怒，斥爲「逆天」、「造作」。然則天人之分究竟何
在？牟宗三也並未能給出令人信服的回答。

當然，就具體事件的看法來講，這是可以商榷的。但莊子提出明天人之
分這個大的方向，對於人之回歸本眞生活，無疑是非常重要的。

（四）清靜無為、知足知止的人生態度

對於現實人生的利害計較、物欲貪念，老子有深刻的思考和清醒的認識。

名與身孰親？身與貨孰多？得與亡孰病？甚愛必大費；多藏必

厚亡。故知足不辱，知止不殆，可以長久。（《老子・四十四章》）

五色令人目盲；五音令人耳聾；五味令人口爽；馳騁畋獵，令

人心發狂；難得之貨，令人行妨。是以聖人爲腹不爲目，故去彼取

此。（《老子・十二章》）

天下有道，卻走馬以糞。天下無道，戎馬生於郊。禍莫大於不

知足；咎莫大於欲得。故知足之足，常足矣。（《老子・四十六章》）

現實人生的苦痛，往往都是和欲望有關。所以，老子告誡人們，要克服
物欲，克服貪念，知足知止，知所取捨，無執無爲。有了這種清靜無爲的態
度，人生才可能長久、長樂、長在。

〔註11〕見黎靖德，編，王星賢，校，《朱子語類》第一冊，北京：中華書局，2004
年版，第156頁。

（五）更廣闊的世界觀和人生觀視野

與儒家相比，道家有一種更高遠的嚮往，超越了儒家崇尚的道德，超越了世俗看重的現實利害，體現了一種比儒家更廣闊的世界觀和人生觀視野。道家這種高遠的嚮往，可由莊子對神仙境界的悠然神往和對所謂「至德之世」的美好憧憬表現出來，而這兩種嚮往分別代表了莊子對人生和世界的最高遠的理想。

> 藐姑射之山，有神人居焉。肌膚若冰雪，綽約若處子。不食五穀，吸風飲露。乘雲氣，御飛龍，而遊乎四海之外。其神凝，使物不疵癘而年穀熟。（《莊子・逍遙遊》）

這種神仙境界讓莊子悠然神往。從文字看，可謂「美」之極致，非莊子那般精神之大自由、大解放不能想像，確非一般語言所能評說。莊子反對儒家主張，因為莊子有自己的嚮往。然則莊子的嚮往究竟是什麼呢？這則寓言就可給我們啟示。按照莊子的理解，人的生死不過是氣化而已，所以他有更大的世界觀和人生觀視野，而絕不是簡單地逃避社會責任。在莊子看來，人間不過是暫時的一個階段，人的生命還有更好的出路，那就是神仙的世界。與人間相比，神仙的世界更完美。所以在莊子眼中，現實的人間還真不值得留戀。而這則寓言，正好讓我們對莊子的生命之嚮往有所瞭解。

除了對個人生命之神仙境界的嚮往之外，對於理想的社會和世界，莊子也有自己的嚮往，這就是他對所謂「至德之世」的美好憧憬。

> 故至德之世，其行填填，其視顛顛。當是時也，山無蹊隧，澤無舟梁。萬物群生，連屬其鄉。禽獸成群，草木遂長。是故禽獸可係羈而遊；鳥鵲之巢，可攀援而窺。夫至德之世，同與禽獸居，族與萬物並。惡乎知君子小人哉！同乎無知，其德不離；同乎無欲，是謂素樸。（《莊子・馬蹄》）

人與禽獸居，族與萬物並，無知無欲，天人咸和。莊子說這是一種「素樸」，實際上，這是莊子對他所謂「物化」的描述。如果說，「莊周夢蝶」是個體的「物化」，則此處「至德之世」可謂社會整體之「物化」。

試比較老子對「理想政治」的描述：

> 小國寡民。使有什伯之器而不用。使民重死而不遠徙。雖有舟輿，無所乘之。雖有甲兵，無所陳之。使人復結繩而用之。甘其食，美其服。安其居，美其俗。鄰國相望，雞犬之聲相聞。民至老死不

相往來。(《老子・八十章》)

不可否認，老子的「小國寡民」理想在現實社會中畢竟有實現的可能，至少有理論上的可能。但莊子「至德之世」則絕無實現可能。原因何在？老子畢竟還有對社會現實和利害的關切，而在莊子那裏，則只有純粹的「美的觀照」，絕無對現實利害的關切。唯其純粹，方為極致；唯其徹底，方為唐君毅所激賞的道家式的真正高妙的理想。而這也正是徐復觀說在莊子是徹頭徹尾的純藝術精神原因之所在。

綜觀莊子對所謂個人生命之神仙境界的嚮往及對至德之世的嚮往，體現的都是莊子那種道家式的高遠之理想。若要對莊子這種理想之境界之高評說，不妨先看莊子另一則寓言：

泉涸，魚相與處於陸，相呴以濕，相濡以沫，不如相忘於江湖。

與其譽堯而非桀也，不如兩忘而化其道。(《莊子・大宗師》)

莊子嚮往的理想其境界正是「相忘於江湖」的境界，這完全是大道已化、天德流行的境界。它超越了儒家所謂道德追求，更無論現實之利害關切。這種高遠之理想體現了莊子和道家更為廣闊的世界觀和人生觀視野。

二、道家精神的現代意義

(一)道家曠達的生死觀，可以幫助人們安頓心靈

如前所述，莊子的生死觀認為，人的生死不過是氣之聚散而已，所以生固不足喜，死亦不必懼。這種曠達的生死觀，可以幫助人們安頓心靈，安時處順。

而生死觀對人們的精神生活非常重要，因為看透生死是人的生命意識向上超拔、昇華的關鍵性起點。生命的意義從這裡生發，精神文化的創造和精彩都從這裡開始。所以道家生死觀，正可以啟發人們，讓生命向上超拔，找尋生命存在的意義。

(二)道家逍遙的人生態度和智慧，可以對治現代都市生活和心理疾患

道家崇尚自然，主張清靜無為、知足知止，超越現實，而又不是把希望寄託在彼岸世界。這是一種逍遙於出世與入世之間的人生智慧，其基礎就在於明天人之分。明天人之分，則可以避免讓人的生命沉溺於無休無止的物欲與貪念，從而回歸生命的本真。

現代人身陷繁忙的現代都市生活，工作和生活節奏很快，精神壓力巨大。在對現實利益的追逐和計較中，人們往往容易心理失衡，因而各種心理疾患肆虐。而道家的人生態度和智慧正好可以對治這種現代病，讓人們在對現實的追逐中，多一點從容，多一點冷靜。

（三）道家更廣闊的世界觀和人生觀視野，可以轉化爲一種批判精神

道家有高遠之理想，此乃對現實而言。正如唐君毅所指出，道家這種拒絕同流合污、嚮往高遠之理想的精神意識非常可貴，具有永恒的價值。可以說，道家這種嚮往高遠之理想的精神意識，體現了對生命的尊重，對自然的敬畏，展示了一種更廣闊的世界觀和人生觀視野。這種永不滿足、永不妥協的精神意識，正好可以轉化爲一種批判精神，讓人們在對社會和人生不斷的反思中奮力前行。

道家這種批判精神來自它高遠之理想，它以更廣闊的世界觀和人生觀視野，不斷提醒我們，對世界要保持一分冷靜，對自然保持一分敬畏。在面對自然世界的時候，道家這種批判精神提醒我們，要遠離人類中心主義，遠離那種狂妄自大、恣意妄爲，遠離破壞自然的罪惡。面對儒家等文化傳統的時候，道家這種批判精神又告訴我們，要遠離那種理性的盲目自大，目空一切。面對社會現實的時候，道家的追逐批判精神又告誡我們，要遠離那種自我滿足，自我陶醉，要尊重一切生命，要繼續追求精神的自由解放。道家告訴我們，和道家高遠的理想比起來，我們現在還差的太遠，還要更加努力。就是這樣，道家高遠之理想、更廣闊的世界觀和人生觀視野，可以轉化爲一種批判精神，讓我們在對社會和人生不斷的反思中奮力前行，讓生命更美好，讓社會更進步。

道家追求的最高境界是大道已化、天德流行，相忘於江湖。莊子說：「道隱於小成，言隱於榮華。」所以我們要清醒地看到，像儒家，即便有華麗之言也是遠遠不夠的，連小成都算不上。儒家一定要以開放的視野，摒棄狹隘的門戶之見，清醒地看到自己的局限，這樣才可能保持活力，不斷地向前發展；這樣儒家思想才有存在的價值和意義。

參考文獻

一、書籍類

1. （宋）程顥，程頤：《二程遺書》，上海：上海古籍出版社，2000。
2. （宋）朱熹：《四書章句集注》，北京：中華書局，1983。
3. （宋）朱熹，呂祖謙：《朱子近思錄》，上海：上海古籍出版社，2000。
4. （宋）陸九淵，（明）王守仁：《象山語錄　陽明傳習錄》，上海：上海古籍出版社，2000。
5. （清）郭慶藩：《莊子集釋》（全三冊），王孝魚，點校，北京：中華書局，1961。
6. 王國維：《王國維文學論著三種》，北京：商務印書館，2001。
7. 樓宇烈：《王弼集校釋》，北京：中華書局1980。
8. 楊伯峻：《孟子譯注》，北京：中華書局，1960。
9. 湯用彤：《魏晉玄學論稿》，上海：世紀出版集團，2005。
10. 馮友蘭：《中國哲學簡史》，北京：北京大學出版社，1996。
11. 馮友蘭：《中國哲學史新編》（上中下），北京：人民出版社，1999。
12. 馮友蘭：《中國哲學史史料學》，南京：江蘇教育出版社，2006。
13. 唐君毅：《中國哲學原論・原性篇》，北京：中國社會科學出版社，2005。
14. 唐君毅：《中國哲學原論・導論篇》，北京：中國社會科學出版社，2005。
15. 唐君毅：《生命存在與心靈境界》，北京：中國社會科學出版社，2006。
16. 唐君毅：《人生之體驗續編》，桂林：廣西師範大學出版社，2005。
17. 唐君毅：《文化意識與道德理性》，桂林：廣西師範大學出版社，2005。
18. 唐君毅：《文化意識宇宙的探索：唐君毅新儒學論著輯要》，北京：中國廣播電視出版社，1992。

19. 牟宗三：《生命的學問》，桂林：廣西師範大學出版社，2005。

20. 牟宗三：《中國哲學的特質》，上海：古籍出版社，1997。

21. 牟宗三：《心體與性體》（上中下），上海：古籍出版社，1999。

22. 牟宗三：《中國哲學十九講》，上海：古籍出版社，1997。

23. 牟宗三：《政道與治道》，桂林：廣西師範出版社，2006。

24. 牟宗三：《才性與玄理》，桂林：廣西師範出版社，2006。

25. 牟宗三：《歷史哲學》，桂林：廣西師範出版社，2007。

26. 牟宗三：《中西哲學之會通十四講》，上海：古籍出版社，1997。

27. 牟宗三主講，蔡仁厚輯錄：《人文講習錄》，桂林：廣西師範出版社，2005。

28. 牟宗三：《康德：判斷力之批判》，西安：西北大學出版社，2008。

29. 牟宗三：《道德理想主義的重建：牟宗三新儒學論著輯要》，北京：中國廣播電視出版社，1992。

30. 徐復觀：《中國藝術精神》，上海：華東師範大學出版社，2001。

31. 徐復觀：《中國人性論史》，上海：華東師範大學出版社，2005。

32. 徐復觀：《中國思想史論集》，上海：上海書店出版社，2004。

33. 李澤厚：《己卯五說》，北京：中國電影出版社，1999。

34. 李澤厚：《論語今讀》，合肥：安徽文藝出版社，1998。

35. 李澤厚，劉緒源：《中國哲學如何登場？李澤厚2011年談話錄》，上海：上海譯文出版社，2012。

36. 陳鼓應：《莊子今注今譯》（上中下），北京：中華書局，1983。

37. 陳鼓應：《老子注譯及評介》，北京：中華書局，1984。

38. 陳鼓應：《道家文化研究》，第20輯，北京：三聯書店，2003。

39. 熊鐵基，劉固盛，劉紹軍：《中國莊學史》，長沙：湖南人民出版社，2003。

40. 熊鐵基，馬良懷，劉紹軍：《中國老學史》，福州：福建人民出版社，2005。

41. 余敦康：《魏晉玄學史》，北京：北京大學出版社，2004。

42. 方克立：《現代新儒學與中國現代化》，長春：長春出版社，2008。

43. 李明輝主編、蔡仁厚等著：《牟宗三先生與中國哲學之重建》，臺北：文津出版社，1996。

44. 杜維明：《道、學、政：論儒家知識分子》，上海：上海人民出版社，2000。

45. 鄭大華，等：《中國歷代思想家：現代：三》，北京：九州出版社，2011。

46. 郭齊勇：《中國哲學智慧的探索》，北京：中華書局，2008。

47. 郭齊勇：《中國哲學史》，北京：高等教育出版社，2006。

48. 郭齊勇：《中國儒學之精神》，上海：復旦大學出版社，2009。

49. 李維武:《徐復觀學術思想評傳》,北京:北京圖書館出版社,2001。

50. 李維武:《中國哲學的現代轉型》,北京:中華書局,2008。

51. 徐水生:《中國哲學與日本文化》,北京:中華書局,2012。

52. 胡治洪:《儒哲新思》,北京:中華書局,2009。

53. 吳汝鈞:《老莊哲學的現代析論》,臺北:文津出版社,1998。

54. 李山:《牟宗三傳》,北京:中央民族大學出版社,2002。

55. 袁保新:《老子哲學之詮釋與重建》,臺北:文津出版社,1995。

56. 劉笑敢:《莊子哲學及其演變(修訂版)》,北京:中國人民大學出版社,2010。

57. 鄭家棟:《斷裂中的傳統:信念與理性之間》,北京:中國社會科學出版社,2001。

58. 許紀霖:《20世紀中國思想史論》,上海:東方出版中心,2000。

59. 高晨陽:《儒道會通與正始玄學》,濟南:齊魯書社,2000。

60. 張世保:《大陸新儒學評論》,北京:線裝書局,2006。

61. 程志華:《牟宗三哲學研究:道德的形上學之可能》,北京:人民出版社,2009。

62. 程志華:《中國近現代儒學史》,北京:人民出版社,2010。

63. 崔罡,等:《新世紀大陸新儒家研究》,合肥:安徽人民出版社,2012。

64. 單波:《心通九境:唐君毅哲學的精神空間》,北京:人民出版社,2001。

65. 宋志明:《現代新儒學的走向》,北京:北京師範大學出版社,2009。

66. 吳光:《當代新儒學探索》,上海:上海古籍出版社,2003。

67. 陳鵬:《現代新儒學研究》,福州:福建人民出版社,2006。

68. 余世存:《非常道:1840～1999的中國話語》,北京:社會科學文獻出版社,2005。

69. 劉俊哲,等:《熊十力唐君毅道德與文化思想研究》,成都:巴蜀書社,2008。

70. 康中乾:《魏晉玄學本體思想再解讀》,北京:人民出版社,2003。

71. 楊明:《現代儒學重構研究》,南京:南京大學出版社,2002。

72. 曾亦,郭曉東:《何謂普世?誰之價值?當代儒家論普世價值》,上海:華東師範大學出版社,2014。

73. 謝曉東:《現代新儒學與自由主義:徐復觀殷海光政治哲學比較研究》,北京:東方出版社,2008。

74. 方祖猷:《王畿評傳》,南京:南京大學出版社,2001。

75. 孟曉路:《儒學之密教:龍溪學研究》,保定:河北大學出版社,2007。

二、論文類

1. 郭齊勇：《唐牟徐合論》，《學人》第五輯，南京：江蘇文藝出版社，1994年 2 月。

2. 郭齊勇：《現代性與傳統的思考：五四的反省與超越》，《開放時代》，1999年 10 月號。

3. 郭齊勇：《中國大陸地區近五年來（1993～1997）的儒學研究》，《儒學思想在現代東亞：中國大陸與臺灣篇》，臺灣中研院文哲所，2000 年 3 月。

4. 郭齊勇：《近 20 年當代新儒學研究的反思》，《求是學刊》，2001 年第 1期。

5. 郭齊勇：《近 20 年中國内地學人有關當代新儒學研究之述評》，《人文論叢》2001 年卷，武漢大學出版社，2002 年 10 月。

6. 李維武：《20 世紀中國哲學傳統與 21 世紀中國哲學發展》，《學術月刊》，2006 年第 3 期。

7. 劉笑敢：《「反向格義」與中國哲學研究的困境：以老子之道的詮釋爲例》，《南京大學學報》：哲社版，2006 年第 2 期。

8. 黃海德：《現代新儒家與傳統道家哲學：唐君毅對老、莊哲學思想的研究與涵攝》，《四川師範學院學報（哲社版）》，1992 年第 4 期。

9. 鄧文金：《徐復觀道家觀探析》，《漳州師範學院學報（哲社版）》，2008年第 4 期。

10. 朱哲：《唐、牟、徐道家思想比觀》，《雲南社會科學》，1995 年第 5 期。

11. 白欲曉：《「哲學名理」與「教下名理」：對牟宗三道家義理定位的論衡》，《中國哲學史》，2014 年第 1 期。

12. 陸暢：《「境界形態形上學」的開展：試論牟宗三對道家哲學重要概念的梳理》，《商丘師範學院學報》，2014 年第 7 期。

三、電子文獻類

1. 牟宗三：《莊子〈齊物論〉講演錄》（共十五講），
http://www.360doc.com/content/09/1028/05/238678_7965731.shtml。

2. 牟宗三：《老子〈道德經〉講演錄》（共十講），
http://www.360doc.com/content/14/0126/16/1003261_348128167.shtml。

3. 胡治洪：《近 20 年我國大陸現代新儒家研究的回顧與展望》，
http://www.rujiazg.com/article/id/709/。

4. 單波：《心通九境：唐君毅與道家思想》，
http://blog.sina.com.cn/s/blog_a6eb92f00101eh08.html。

5. 杜保瑞：系列論文

《對牟宗三道家詮釋的方法論反省》

《對牟宗三由道家詮釋而建構儒學的方法論反思》

《從〈四因說演講錄〉和〈圓善論〉論牟宗三先生的道家詮釋》

「杜保瑞的中國哲學教室」網站：http://homepage.ntu.edu.tw/~duhbauruei/

四、本人發表過的部份相關論文

1. 汪頻高：《漢子氣與水滸世界：牟宗三論水滸的哲學義理與啓示》，《江漢大學學報（人文版）》，2008 年第 2 期，後被人大複印資料《中國哲學》2008 年第 7 期索引輯目。

2. 汪頻高：《陽明四句教及四有四無說論爭之現代詮釋》，《江漢大學學報（人文版）》，2009 年，第 5 期，後被人大複印資料《中國哲學》2009 年第 12 期全文轉載。

3. 汪頻高：《瞥見莊生真面目：徐復觀《中國藝術精神》中的莊子觀評析》，《江漢大學學報（人文版）》，2011 年第 4 期。

4. 汪頻高：《論牟宗三對秦政及法家思想的批判》，《學校黨建與思想教育》，2011 年第 6 期。

5. 汪頻高：《徐復觀《中國藝術精神》中的儒道關係解析》，《咸寧學院學報》，2011 年第 7 期。

附錄：陳鼓應先生的道家觀、
相關爭議及其啓示

　　陳鼓應先生是中國文化研究尤其是道家研究領域著名的前輩學者。由於其個人的特殊經歷，先生曾先後長期在臺灣大學和北京大學從事教學和研究工作。也正因爲這個原因，陳鼓應先生的中國文化研究，尤其是其道家研究，在海峽兩岸都有著極大的影響。其早年撰寫的《老子今注今譯》〔註1〕《莊子今注今譯》暢銷海內外已近半個世紀，早已成爲人們研讀老莊必備的經典。1970 年代隨著長沙馬王堆出土簡帛《老子》古本等一批重要的道家文獻面世後，海內外掀起了一股道家研究的熱潮。特別是 1985 年召開的全國老子思想學術研討會，將道家研究熱推向了一個新的階段。從那時候起，陳鼓應開始陸陸續續，先後發表了一系列重要的道家研究論文，展現了他獨特的道家觀，一反長期以來的陳言舊說，如天外飛仙，爲海內外學界所矚目。簡單言之，陳鼓應先生的道家觀之所以獨特，主要有兩點：一是陳鼓應提出，《易傳》哲學思想屬於道家，打破了幾千年了人們公認的《易傳》屬於儒家經典的慣有認識；二是陳鼓應主張「中國哲學道家主幹說」，在學界也是獨樹一幟。從歷史上看，陳鼓應的道家觀受到了人們極大的關注，也引發了極大的爭議。事實上，陳鼓應先生的觀點確有值得商榷之處，但也有他獨到的思考和深刻的地方。研習陳鼓應獨特的道家觀，能給我們很多有益的啓示。

―――――――――――――――

〔註 1〕現在大陸常見的通行本書名叫《老子注譯及評介》，但據陳鼓應先生自己所講，原來開始寫的書名就叫《老子今注今譯》《莊子今注今譯》。見陳鼓應《莊子今注今譯》之《修訂版前言》，陳鼓應，《莊子今注今譯》，北京：中華書局，1983 年版，第 2 頁。

一、陳鼓應獨特的道家觀

（一）陳鼓應的「《易傳》哲學思想屬於道家說」

1987 年在山東舉行的「國際《周易》學術研討會」上，陳鼓應先生首次提出「《易傳》哲學思想屬於道家說」，語驚四座。其後數年內，陳鼓應先後在《哲學研究》《周易研究》等刊物連續發表了十四篇論文〔註 2〕，一反陳陳相因之舊說，力證《易傳》屬於道家學派的作品。1994 年，相關論文由臺灣商務印書館結集出版，書名《易傳與道家思想》。

陳鼓應力證《易傳》哲學思想屬於道家，其理由和依據主要有這樣幾點：一是，陳鼓應認爲，在先秦天道觀的發展歷程中，有一條《易經》——老莊——《易傳》的線索。老莊思想在其中承前啓後；二是，就《易傳》的思想體系而言，其依天道推衍人事的思維方式，陰陽交感、剛柔相推的辯證法思維顯然主要受道家影響；三是，就《易傳》的文化精神而言，其中重占筮、重革新、尚功利、善包容的特色是受齊學楚學的影響，而與封閉、保守、尚古的魯文化精神格格不入；四是，由於帛書《繫辭》等較今本《繫辭》，其中道家思想色彩更濃，帛書《黃帝四經》等黃老學派的著作對《易傳》有更直接的影響。

（二）陳鼓應的「中國哲學道家主幹說」

從某種意義上講，「中國哲學道家主幹說」和「《易傳》哲學思想屬於道家說」兩個問題緊密相關，甚至可以說是同一個問題的兩個方面。由於《易傳》在中國文化史上的極大影響，可以說，如果《易傳》思想屬於道家的說法成立，則中國哲學史上道家主幹說也就成立。

1990 年陳鼓應在《哲學研究》上發表文章《論道家在中國哲學史上的主幹地位》〔註 3〕，主張道家思想在中國哲學史上佔有主幹地位，在學界引起軒然大波。事實上，早在 1986 年，周玉燕、吳德勤就在《哲學研究》上發表了論文《試論道家思想在中國傳統文化中的主幹地位》〔註 4〕，只是當時未能引

〔註 2〕 此據蕭漢明先生的說法。見蕭漢明《關於〈易傳〉的學派屬性問題——兼評陳鼓應〈易傳與道家思想〉》一文（載《哲學研究》1995 年第 8 期）。

〔註 3〕 見陳鼓應《論道家在中國哲學史上的主幹地位》一文，載《哲學研究》1990年第 1 期。

〔註 4〕 見周玉燕等《試論道家思想在中國傳統文化中的主幹地位》一文，載《哲學研究》1986 年第 9 期。

起太多反響。這兩篇文章雖然有些不同，但其立論方式基本類似，都是依據西方哲學觀即哲學以形上學和知識論為主要內容而言，力主道家哲學思想符合這個要求，而老子更是在中國哲學史上第一個建立了相當完整的形上學體系，而源於老子的道家思想則形成了自己特色的「理論構架、思維方式」，直接影響了幾千年中國哲學乃至思想文化的發展。所以，道家在中國哲學史上占主幹地位。

二、陳鼓應道家觀引發的相關爭議

陳鼓應的觀點提出後，在海內外激起強烈的反響。學者們的態度基本上可以分為三類：一類是贊同，如王葆玹、胡家聰等，感佩於陳鼓應的學識和勇氣，紛紛發文對陳鼓應的觀點表示了贊同；一類是存疑，如蕭漢明先生，蕭先生在《關於〈易傳〉的學派屬性問題——兼評陳鼓應〈易傳與道家思想〉》一文中（載《哲學研究》1995 年第 8 期），對於陳鼓應先生之論基本上持肯定態度，唯對幾個具體問題尚存疑慮，表示只好俟諸來者。

蕭先生疑慮主要來自兩個方面：

一是漢代魏伯陽在《周易參同契》中謂『歌敘大易，三聖遺言』，顯然將《易傳》作者歸於孔子。更棘手的是《莊子・天下篇》中所言：

> 其在於詩書禮樂者，鄒魯之士縉紳先生多能明之。《詩》以道志，《書》以道事，《禮》以道行，《樂》以道和，《易》以道陰陽，《春秋》以道名分。（《莊子・天下篇》）

顯然，《莊子》這裡視《易傳》為儒家經典。那麼，如何解釋這個事實？

蕭先生疑慮之二，主要是對稷下道家如《管子》成書的年代，與《象》《繫》等成書年代，孰先孰後，可能尚待進一步明確。

其實，像蕭漢明先生這樣的說法，表面雖說對陳鼓應先生之論持肯定態度，但因為疑慮仍然存在，實際上還是對陳鼓應先生之說並不信服，因為你不能消除我的疑慮，不能真正說服我。

第三類就是強烈的反對。這一類的人最多，幾乎所有名家，包括一些學界前輩都出來表明態度，並不迴避。其中，典型的、有代表性的學者有：呂紹綱，李存山，蔡尚思，周桂鈿，張岱年，廖名春，勞思光，李銳，張麗娟等。

需要特別指出的是，在眾多反對陳鼓應「《易傳》屬於道家說」的聲音中，

有一類人比較特別，他們既反對陳鼓應的說法，也不認同《易傳》屬於儒家的觀點，而是強調《易傳》的包容性，認爲《易傳》很難講就是儒家或道家的，因而主張《周易》自成一家，而《繫辭》等《易傳》內容非道非儒、亦道亦儒。這一類的代表性學者有餘敦康、王德有、周立升、趙吉惠等。

（一）陳鼓應引發的早期質疑

質疑陳鼓應的學者中，較早發表文章反對陳鼓應的有呂紹綱、李存山等。

呂紹綱先生在文《〈易大傳〉與〈老子〉是兩個根本不同的思想體系——兼與陳鼓應先生商榷》（文載《哲學研究》1989 年第 8 期）中主要講《易大傳》與《老子》的不同。

呂先生認爲，從表面看，《易大傳》與《老子》的確存一些相似之處。如天道觀方面，《易大傳》之《繫辭傳》講「生生之謂易」，易「明於天之道而察於民之故」，肯定天地與易一樣，是一個生生不息的運動變化的過程，而且是眞實存在的。這表明《易大傳》中的天完全是自然之天，不是主宰之天。而《老子》中的「天」同樣是自然之天，《老子》講「天地不仁，以萬物爲芻狗」，「天之道其猶張弓與？高者抑之，下者舉之。有餘者損之，不足者與之。天之道損有餘而補不足也」。這些說法都是把天看成是自然規律，完全否定了主宰之天。可見，在承認天即自然規律、否定主宰之天這個問題上，《易大傳》與《老子》的觀點基本一致。

但是，在宇宙原始是什麼這個哲學的基本問題上，《易大傳》與《老子》卻表現出它們觀點的截然分歧，屬於根本不同的兩個思想體系。

這一方面，呂紹綱集中論證了「易有太極」的問題。

> 《易‧繫辭傳上》說：「易有太極，是生兩儀，兩儀生四象，四象生八卦。」古人對這四句話的解釋頗多歧義，而以爲這四句話是講宇宙原始及萬物生成過程和八卦在產生和形成過程中所經歷的幾個階段，最爲通達可信。以這兩個角度理解這四句話，最關鍵的一點是如何解釋「太極」。〔註5〕

那麼，「太極」究竟何謂？呂紹剛先生介紹了漢人鄭玄、虞翻、許慎的觀點及今人金景芳、張岱年的說法。

> 「太極」是什麼？漢人已經講得比較清楚。鄭玄說：「極中之

〔註5〕 呂紹綱《〈易大傳〉與〈老子〉是兩個根本不同的思想體系——兼與陳鼓應先生商榷》，文載《哲學研究》1989 年第 8 期。

道，淳和未分之氣也。」虞翻説：「太極，太一也，分爲天地，故生兩儀也。」許慎的《説文解字》解釋一字説：「惟初太極，道立於一，造分天地，化成萬物。」這些解釋都符合《易大傳》的原意。那麼《易大傳》的太極究竟是什麼呢？金景芳先生説：「太極就是太一，這個一是整體的一，絕對的一。」（金景芳：《周易講座》，63 頁）張岱年先生説：「太極即是天地未分的原始統一體，《繫辭上》以太極爲天地的根源，這是一種樸素的唯物論觀點。」（張岱年：《中國哲學發微》，第 374 頁）〔註6〕

呂先生認爲，按照漢人及兩位前輩的理解，《易大傳》所説的太極是宇宙在天地未分是的一種混沌狀態，一種存在的狀態。《易大傳》把宇宙的根源追溯到太極，而且只追溯到太極，太極之前是什麼，它不講了，於是它就否定了世界是被創造出來的説法。《易大傳》作爲一部哲學著作，作爲一個完整的思想體系，它有自己的特點，它的宇宙論講到太極爲止，它不講太極之前還有什麼別的，所以太極才稱作太極。

呂紹綱講，《莊子・大宗師》説到「在太極之先而不爲高，在六極之下而不爲深」，這顯然是不承認太極是最根本的，而把道凌駕於太極之上。這是對於「易有太極」的反命題。張岱年先生據此認爲《繫辭》這一説法當在《莊子・大宗師》之前，因爲就思想發展的一般規律，反命題總是產生於正命題之後。（張岱年《中國哲學發微》第 370 頁）。同樣，《老子》的最高範疇是道，而不是太極。

> 天下萬物生於有，有生於無。（《老子・四十章》）
>
> 道生一，一生二，二生三，三生萬物。萬物負陰而抱陽，沖氣以爲和。（《老子・四十二章》）

所以，《老子》之宇宙的本始不是有，有的前頭還有無；不是太極，太極的前頭還有道。

除了宇宙論的不同，呂紹綱先生又著力討論了《老子》中的道、德概念與《易大傳》中道、德概念的不同。呂先生認爲，老子的道有宇宙本體和萬物具體規律兩個哲學涵義，前者爲常道，後者爲非常道。常道獨立而不兼德，非常道兼德有舍與道合一。而《易大傳》只言非常道，不言常道，所言之德

〔註 6〕 呂紹綱《〈易大傳〉與〈老子〉是兩個根本不同的思想體系——兼與陳鼓應先生商榷》，文載《哲學研究》1989 年第 8 期。

亦指人的修養而言，意在鼓勵人們加強修養，利用安身，達到《老子》所反對的「爲學日益」的效果，而《老子》言道、德意在引導人們見素抱樸、回歸自然，達到「爲道日損」的效果。所以《繫辭》中的道、德概念與老莊思想中的道、德概念不是同一系統。（呂此論雖不是全無道理，但確有過於簡單化、絕對化之嫌）

除了宇宙論及道、德概念的不同，呂紹綱先生還指出，《易大傳》與《老子》的不同，還反映在他們對待祭祀與鬼神的不同態度上。

《易傳》《老子》在呂先生看來，都是無神論的著作。但《易大傳》肯定甚至提倡以上帝鬼神爲對象的祭祀。如鼎卦《象傳》說：「聖人亨以享上帝，而大亨以養聖賢。」豫卦「大象」說：「先王以作樂崇德，殷薦之上帝，以配祖考。」

《易大傳》在理論上不承認上帝鬼神的存在，所謂「盈天地之間者唯萬物」（《序卦傳》），卻又肯定祭祀。這是《易大傳》與《老子》的一個重要差別。《易大傳》有神道設教、人文化成之深意。

> 觀天之神道而四時不忒。聖人以神道設教而天下服矣。
>
> （觀卦《象傳》）

> 雩而雨，何也？曰無何也，猶不雩而雨也。日月食而救之，天
> 旱而雩，卜筮然後決大事，非以爲得求也，以文之也。故君子以爲
> 文，而百姓以爲神。以爲文則吉，以爲神則凶也。（《荀子・天論》）

呂先生指出，神道設教，重視祭祀，反映了《易大傳》的現實政治手段選擇，而《老子》講究見素抱樸、自然天爲，必然反對《易大傳》的人文教化手段。

關於辯證法，呂先生強調，老子講「反者道之動」，《易大傳》講「一陰一陽之謂道」，差別懸殊，不屬於同一系統。

李存山先生在《道家「主幹地位」說獻疑》（載《哲學研究》1990年第4期）一文中，以陳鼓應《論道家在中國哲學史上的主幹地位》、周玉燕、吳德勤《試論道家思想在中國傳統文化中的主幹地位》兩篇文章爲對象，對他們提出的道家主幹地位說發表了自己的質疑。首先，李先生對前述兩文論證方式即依據西方哲學觀即哲學以形上學和知識論爲主要內容的前提觀點做了分析，認爲那個標準本身就不合理；其次，以儒家經典《中庸》爲中心，李先生著力闡釋了儒家的核心義理，認爲儒家本身有著結構合理、完整自治、圓

融無礙、天人合一的豐富內容，而並不是陳鼓應他們講的那樣儒家本身知識結構不完整，只有道家才有完整的理論架構；最後，李先生就中國傳統文化的現代化而言，認爲要建設新文化，需要學習和吸收其它文明的優秀成果，要以開放和包容的態度，正視儒道關係的複雜性和豐富性，不要糾纏於狹隘的門戶之見。

（二）陳鼓應對質疑的回應

陳鼓應先生在《哲學研究》1990 年第 5 期專門發了一篇《對兩篇商榷文章的答覆》，文中，陳鼓應主要試圖對李存山先生《道家「主幹地位」說獻疑》一文及呂紹剛 [註 7] 先生的長文《〈易大傳〉與〈老子〉是兩個根本不同的思想體系——兼與陳鼓應先生商榷》予以答覆和回應。

對於李存山《道家「主幹地位」說獻疑》一文，陳鼓應的答覆也了無新意。首先，陳鼓應堅持認爲孔子「關注人道而不及天道」，「能否稱爲天人之學，頗可疑義」。如果說儒家涉及天道，那也是荀子之後的事，乃荀子受稷下道家之學的影響所致；其次，陳鼓應繼續糾纏於孔老孰先孰後的問題，堅持認爲老在孔前。陳鼓應認爲，哲學始於驚訝，故必當先有自然哲學，後方有倫理學，故當先有老子之天道觀，後才有孔子之仁學；最後，陳鼓應就《繫辭》與《老子》的關係問題，堅持認爲，《繫辭》受《老子》的明顯影響。

對於呂紹綱的文章《〈易大傳〉與〈老子〉是兩個根本不同的思想體系——兼與陳鼓應先生商榷》，陳鼓應則深感雙方思想差距太大，無法溝通，難以對話。他說：

> 從呂先生文章的題目，使我想起莊子的一句話：「自其異者視之，肝膽楚越也；自其同者視之，萬物皆一也。」呂先生對於《老子》和《易傳》的關係，可謂「自其異者視之」，而對於儒家和《易傳》的關係，則是「自其同者視之」。[註 8]

此處所引莊子話語出自《莊子·德玄符》，莊子借孔子之口言道，原文爲：「仲尼曰：『自其異者視之，肝膽楚越也；自其同者視之，萬物皆一也。』」

陳鼓應先生此處對莊子話語的引用和援入恰到好處，令人忍俊不禁。充分顯示了陳先生的睿智與幽默。事實上，莊子的話語自有其深刻處，陳先生

[註 7] 原文如此，見陳鼓應《對兩篇商榷文章的答覆》，《哲學研究》1990 年第 5 期。應爲陳鼓應先生筆誤，當爲「呂紹綱」。

[註 8] 陳鼓應《對兩篇商榷文章的答覆》，《哲學研究》1990 年第 5 期。

以其責呂先生，固有其高明之處，然若以之責陳先生自己，則又何嘗不可？固莊子此語本足以發人深省，我們在比較、研究相關全異話題時，往往難以逃此詰問！

（三）持續至今的對陳鼓應的質疑

如前所述，陳鼓應先生對質疑其道家觀的人是有答覆的，但那些答覆並不能讓人信服，所以，在那之後，人們對其道家觀的質疑不絕於耳，一直持續至今。

如大陸哲學名家蔡尚思 1991 年在其著作《周易思想要論》一書中特別指出，老子與孔子有著明顯的區別，而《易傳》屬於儒家言，與《老子》乃兩個不同的體系。

周桂鈿 1993 年在《周易研究》第 1 期上發表文章《道家新成員考辨——兼論〈易‧繫辭〉不是道家著作》，對近些年來道家研究過程中「把傳統認爲是儒家一個人物和著作收入道家，成了道家的新成員」這一現象作了考辨。

周先生詰問有三句：講「道」的就是道家嗎？此問主要針對熊鐵基《秦漢新道家略論稿》一書而言，該書認爲西漢初年的陸賈爲道家，因爲他的代表作《新語》一書第一篇爲《道基》。熊鐵基先生認爲：「這一篇名表明，作者認爲道是天地萬物的基礎，是萬物的本原，這就是《老子》『天地之始』『乃萬物之母』的意思。」〔註 9〕

周先生通過對陸賈文字內容的分析，得出結論：

> 陸賈的這個「道」是治理天下的仁義之道，是儒家傳統之道，
> 不是道家作爲天地乃萬物本原的那個「道」。《道基》實指治道的根
> 基在於仁義，並非「道是天地萬物的基礎」的意思。〔註 10〕

西漢董仲舒歷來被公認爲大儒，班固《漢書》稱之爲「群儒首」、「儒者宗」。東漢王充說：「文王之文在孔子，孔子之文在仲舒。」（王充《論衡‧超奇篇》）南宋儒學大師朱熹稱之爲「醇儒」。近人康有爲說：「因董子以通《公羊》，因《公羊》以通《春秋》，因《春秋》以通《六經》，而窺孔子之道。」「若微董生，安從復窺孔子之大道哉！」（康有爲《春秋董氏學》自序，中華書局，1990 年 7 月）

〔註 9〕 熊鐵基《秦漢新道家略論稿》，上海人民出版社，1984 年，第 69 頁。
〔註 10〕 周桂鈿《道家新成員考辨——兼論〈易‧繫辭〉不是道家著作》，載《周易研究》，1983 年第 1 期。

　　周玉燕、吳德勤在《試論道家思想在中國傳統文化中的主幹地位》，（載《哲學研究》1986 年第 9 期）一文中認爲，董仲舒講「天不變，道亦不變」，而「天」、「道」都是道家的概念，所以董仲舒也是道家，而董推行「獨尊儒術」的結果，確立了「道家思想在中國傳統文化中的主幹地位」，周桂鈿先生問：董仲舒講了「道不變」，就有資格當道家嗎？

　　孔子說：「道不同，不相爲謀。」（《論語‧衛靈公》）諸子百家多有自己的「道」，是互不相同的。道家的「道」是派生天地萬物的宇宙本原，道家的哲學是「道一元論」。其它各家的「道」都不是作爲宇宙本原的概念。這應該是道家和其它各家講「道」的根本區別。

　　周桂鈿先生第二個詰問爲「一個概念可以確證道家嗎？」

　　陸賈《新語》中有一篇題爲《無爲》，但並不能據此斷定陸賈是新道家。

　　周桂鈿先生認爲，講「無爲」的，有道家，也有儒家，如孔子說：「無爲而治者，其舜也與？夫何爲哉？恭己正南面而已矣。」（《論語‧衛靈公》）因此，講「無爲」的未必就是道家。

　　同樣，周先生認爲，關於名實、關於精氣，也不一定就是名家或道家（稷下道家）所獨有。

　　周先生詰問之三，「肯定道家一個觀點，就能成爲道家嗎？」此說主要針對陳鼓應而言，陳鼓應講：「《繫辭》中所表現的革新性、進取性及開放精神，也不是日愈衰退的魯文化的產物，當是齊國社會文化背景的一種反映。」（陳鼓應《論〈繫辭傳〉是稷下道家之作》，《周易研究》1992 年第 2 期）

　　周先生質疑，孔子儒家怎麼就封閉、保守、落後了？這種狹隘的門戶之見是不能讓人接受的。

　　張岱年 1993 年也在《道家文化研究》第三輯上撰文，肯定《繫辭》與道家的關係，但他強調儒道相通，承認《繫辭》與道家相互有過影響。張岱年特別指出，當時百家爭鳴，其實只有儒墨之間鬥爭激烈，所以莊子才講所謂儒墨之是非。而儒道之間沒有那麼激烈的鬥爭。

　　丁原明 1996 年於《〈易傳〉與道家哲學思想之比較》一文（載《周易研究》1996 年第 1 期）中，從天道觀、變易觀、人道根源於天道思想三個方面比較了《易傳》與道家哲學思想的相通性與相異性。丁先生認爲相通性乃以相異性爲基礎，相異是主要的、根本的，不能過份看重其相通性。

　　著名學者勞思光教授曾批評指出：

　　宣揚揚道抑儒的大陸學人，要想否定儒家的主流地位，從方法論角度看，是要利用邊緣史料來否定主流史料；這正是治史學者的大忌。邊緣史料的功能在能補充主流史料之遺漏。主流史料之可信性，不會因邊緣史料之提出而全部動搖。近年想強說道家爲中國哲學的主流的人士，能運用的邊緣史料其實也很有限，不過是像《黃帝四經》之類的文件而已。此外，他們所做的事基本上是一種概念遊戲。例如，先將一切談及天道與人事關係的理論定爲專屬道家思想的理論，然後便將《易傳》思想說成道家理論的產物。其實任何時期談及天道的人都會有依天道以斷人文的傾向。同時也另有人主張人自有所謂『人道』，而不認爲一切應循天道。這裡並無可以重新詮釋歷史的理據。〔註11〕

　　確實，陳鼓應的論證往往從片言隻語中選擇性舉證，因而邏輯性不強，說服力不夠。

　　李銳 2007 年在《〈易傳〉道家說質疑》一文（載《周易研究》2007 年第 3 期）中，指出陳鼓應先生的論證方法使用了「丐辭」「默證」。因此不能成立。

　　根據陳先生論證，李銳指出，該論證包含了一個典型的形式邏輯的三段論：

　　大前提：所有有「宇宙學說」的，都「從道家那裏汲取了大量養料」（無一不………）；

　　小前提：《象傳》有「宇宙學說」；

　　結論：《象傳》「從道家那裏汲取了大量養料」。

　　李銳指出，問題是，大前提本身尚未證明，陳先生將尚未證明的結論包含在前提之中，這種論證在邏輯學上叫「丐辭」。而一些該論證的觀點不給予論證，看起來似乎不證自明，但實際上缺少了必要的證明，這叫「默證」。「丐辭」和「默證」這兩種錯誤，陳鼓應的文章中經常可以見到。

　　2014 年，福建師範大學的張麗娟還有專門的碩士論文以《陳鼓應的〈易傳〉觀批評》爲題，對陳鼓應的「《易傳》屬於道家說」做了較爲全面、系統的批評。

〔註11〕勞思光《帛書資料與黃老研究》，見勞思光《虛境與希望——論當代哲學文化》一書，香港中文大學出版社，2003 年版，第 45～146 頁。

三、陳鼓應道家觀及其爭議給我們的啟示

在《〈象傳〉的道家思維方式》一文（載《哲學研究》1994 年第 3 期）中，陳鼓應講：

> 孔學倡仁，《論語》中『仁』的概念多達 105 處，而《象傳》未及一見；儒家隆禮，禮學為先秦大儒的核心思想，而《象傳》隻字不提；《孟子》中『仁義』屢屢並舉，多達 30 見，而《象傳》亦無『仁義』之言，由此可證，《象傳》之不屬於儒家作品有著充足的證據。〔註12〕

但實際上，像這裡單以言說的文字、概念，顯然不足以為「充足的證據」。

陳鼓應先生在批判「儒家倫理動力說」時，指出勤勞、刻苦、節儉、忠信等重要的倫理動力，「並不是儒家獨有的傳統」，事實上，這些美德「在西周以來，就已逐漸成為民族文化的特質，經歷了數百年的倡行而成為先秦各家人文思想的一個重要組成部份」〔註13〕。

對於儒家倫理的評述，陳先生此論不虛，但道家認識論、宇宙觀、辯證法體系同樣也不是從天上掉下來的，亦必有其淵源。老莊的貢獻不過在於他們首先作出了較為系統的闡述。將認識論、宇宙觀、辯證法等視為道家獨有的傳統，這顯然也是不正確的。

同樣，在《〈象傳〉的道家思維方式》一文中，陳鼓應先生強調：

至於《象》釋「乾」、「坤」等卦所呈現的高下與順承關係，以及「家人」卦反映的尊卑等級觀念，乃是西周以來早已形成的宗法意識形態，不為儒家一派所專有，稷下道家或黃老之學正是對於這些西周以來的傳統、宗法觀念加以吸收和融合。

但是，對於道家的特色方式，陳鼓應先生卻認為是道家所專有，如他講：《象傳》由天道推衍人事，乃道家獨特的思維方式。

由天道推衍人事，這是歷史上由來已久的處事方式，什麼時候成了道家獨有的思維方式了？所以，在這些問題上，陳鼓應顯然採取了典型的雙重標準，在同一問題上對儒、道兩家區別對待。

錢穆說：「孔墨均淺近，而老獨深遠。孔墨均實質，而老獨玄妙。」但錢氏由此得出「以思想之進程研，老子斷當在孔墨之後」

〔註12〕陳鼓應《〈象傳〉的道家思維方式》，《哲學研究》1994 年第 3 期。
〔註13〕陳鼓應《老莊就論》，香港中華書局，1991 年版，第 364 頁。

（《老子辨》，中國書店 1988 年影印本，第 33 頁）的結論，則未免太囿於學派成見了。〔註14〕

陳鼓應引述錢穆話語來佐證自己認爲孔子不及老子高明的觀點，但不同意錢穆在此處的進一步推論，錢穆認爲以思想之進程而言，老子當在孔墨之後，因爲人類思想的進程，往往應當是先易後難，先淺後深。

應當說，錢穆如此推論，是非常可以理解且合乎情理的，陳鼓應以錢穆『囿於學派成見』責之，顯然不相干而難以讓人信服。

正因爲如此，陳鼓應的道家觀雖然獨具特色，但是一直質疑聲不斷。

究其原因，我們認爲最根本的有二：

一是，如前面所講過的莊子的話：「自其異者視之，肝膽楚越也；自其同者視之，萬物皆一也。」研習事物之間的同異，問題本身就非常複雜；

二是，就中國傳統文化的現代化而言，我們面臨的任務非常艱巨，非常複雜。而以開放的胸襟、包容的態度，虛心學習和吸收人類各種文明的積極成果，眞正推進中國社會進步、改善人民生活，這遠比糾結於區區儒道門戶之見，要高明得多！也要有意義得多！

〔註14〕陳鼓應《論道家在中國哲學史上的主幹地位——兼論道、儒、墨、法多元互補》，《哲學研究》，1990 年第 1 期。